WESTEND

MARTIN HEIPERTZ

MERKELISMUS

Die hohe Kunst
der flachen Politik

WESTEND

Mehr über unsere Autoren und Bücher:
www.westendverlag.de

Die Deutsche Nationalbibliothek verzeichnet diese Publikation
in der Deutschen Nationalbibliografie; detaillierte bibliografische
Daten sind im Internet über http://dnb.d-nb.de abrufbar.

ISBN: 978-3-86489-474-9
1. Auflage 2024
© Westend Verlag GmbH, Waldstr. 12 a, 63263 Neu Isenburg
Umschlaggestaltung: Buchgut, Berlin
Satz: Publikations Atelier, Weiterstadt
Druck und Bindung: Friedrich Pustet GmbH & Co. KG, Gutenbergstr. 8,
93051 Regensburg
Printed in Germany

Inhalt

Für meine Tochter Maria

»*Das Wesen der Macht liegt darin zu beschützen.*«

(Blaise Pascal, Pensées)

Vorwort

Das Wesen der Macht

Macht ist die Fähigkeit, die eigenen Interessen auch gegen entgegengesetzte Kräfte anderer Akteure durchzusetzen. In moralischen Begriffen, zumindest denen, die Blaise Pascal gemäß dem christlichen Glauben formulierte, wird die Macht einem politischen Akteur durch die göttliche Vorsehung verliehen. Der Machthaber hat sodann die Pflicht, die Machtlosen zu schützen. Das ist es, was Pascal die »Eigenschaft der Macht« nennt: zu schützen.

Ein Staat hat Interessen und keine Moral – gemäß Machiavelli, für den die Trennung von Moral und Politik eine Voraussetzung für das Funktionieren und die Stabilität des Staates schlechthin ist. Aber wenn Historiker oder Politikwissenschaftler von nationalen Interessen sprechen, die das Streben nach Macht bestimmen und leiten, ist eine moralische Bewertung dieser Interessen dennoch möglich. Eine solche moralische Bewertung würde fragen: Wessen Interessen werden bedient? Nach Pascal und anderen christlichen Denkern wie Augustinus oder Thomas von Aquin, aber auch nach jüdischen und islamischen Denkschulen, ist jeder Träger von Macht für eine klar definierte Gruppe von Menschen verantwortlich.

In der Antike waren dies die Untertanen von Königen oder Kalifen und dergleichen oder auch der *Demos* einer attischen *Polis*. In einem modernen Nationalstaat hingegen geht es um den *Citoyen*, das heißt um die Gesamtheit der Bürger dieses Staates. In der Europäischen Union (EU), einer politischen Einheit *sui generis*, gibt es nach landläufiger Meinung (noch) keinen *Demos*. Die politische Macht wird zwischen den nationalen Regierungen und den europäischen Institutionen sowohl geteilt als auch gebündelt (»gepoolt«). Die gesamte Verfasstheit soll dem Gemeinwohl dienen – aber was ist das Gemeinwohl in finanzieller Hinsicht, wenn sich die Europäer in Schuldner und Gläubiger, in Nettozahler und Nettoempfänger aufteilen?

Vom moralischen Standpunkt einer traditionellen christlichen Überzeugung aus hat zumindest die deutsche Regierung die Pflicht, den Bürgern Deutschlands zu dienen. Sie kann und muss also die ihr zur Verfügung stehende Macht nutzen, um primär deren Interessen zu schützen. Sie kann sich nicht auf moralische Argumente berufen, um ein anderes Vorgehen zu rechtfertigen, zumindest nicht in Verbindung mit der klassischen christlichen Ethik. Obwohl dies offensichtlich und sogar fast trivial erscheint, lohnt es sich, an diesen Anspruch zu erinnern – nicht zuletzt deshalb, weil sich Angela Merkels Partei nach wie vor als Vertreterin der »Christdemokratie« bezeichnet.

Kompliziert wird es, wenn sich unter mehreren Nationen ein Hegemon herausbildet, der überlegene Machtressourcen zur Verfügung hat. Man kann argumentieren, dass jener hegemoniale Staat aufgrund seiner asymmetrischen Machtposition eine moralische Pflicht – und möglicherweise sogar ein Interesse – hat, auch die Bürger anderer Staaten zu beschützen. Bis zu einem gewissen Grad kann dies sogar erhebliche Kosten für seine eigenen Bürger rechtfertigen. Dieser Umstand wird oft als »Bürde des Hegemons« bezeichnet und führt in der Regel zu langwierigen Debatten über Fragen der Lastenteilung (beispielsweise beim 2-Prozent-Ziel der NATO unter amerikanischer Hegemonie). Dennoch hat die Regierung eines hegemonialen Staates die Pflicht, fortlaufend zu prüfen, ob ihren eigenen Bürgern mit den bestehenden Vereinbarungen und dem Einsatz ihrer Macht unterm Strich gedient ist.

Die USA sind das Paradebeispiel eines hegemonialen Staates, hauptsächlich in militärischen und wirtschaftlichen Belangen.

Deutschland, ein militärischer Zwerg, aber ein wirtschaftlicher Riese, kann aufgrund seiner ökonomischen und finanziellen Machtressourcen als Halbhegemon innerhalb der EU betrachtet werden. Wegen seines Mangels an »harter«, also militärischer, Macht und mehr noch wegen seines mangelnden politischen Willens, überhaupt Macht auszuüben, wurde Nachkriegsdeutschland oft als »Hegemon wider Willen« bezeichnet.

Wenn christliches politisches Denken für »Christdemokraten« von Bedeutung ist, sollten sie eine Vorstellung davon haben, was Augustinus die *Ordo armoris* nannte, eine Rangfolge in der Ordnung der Liebe: Es ist nicht nur erlaubt, sondern sogar geboten, die eigenen Familienmitglieder mehr zu lieben als Fremde und das eigene Volk mehr zu hegen als die Angehörigen fremder Völker. Was für den Staat gilt, gilt auch unter Einzelnen: Nächstenliebe ist im wahrsten Sinne des Wortes die Liebe und das Mitgefühl für einen Menschen, auch für einen Fremden, der aber in unserer Nähe ist und für den wir daher die konkrete Macht und damit die Pflicht haben, zu helfen und ihn zu schützen – ganz im Gegensatz zu räumlich entfernten Personen.

In der Anfangsphase der Eurokrise, über die in diesem Buch berichtet wird, war das Selbstbewusstsein, die Last des wirtschaftlichen Hegemons tragen zu müssen, in den Köpfen von Politikern und Spitzenbeamten durchaus präsent. Die hegemoniale Stabilitätstheorie von Charles P. Kindleberger (1973) war 2010 in diesen Kreisen populär und sorgte für manche Zitate in offiziellen Reden – vor allem dann, wenn sie nicht auf Deutschland allein, sondern auf ein fiktives deutsch-französisches Tandem angewandt wurde.[1]

In einer Spielart der altbekannten »deutschen Frage« galt Deutschland als zu mächtig, um nicht als fiskalische Stütze in der Eurokrise gesehen zu werden, und war gleichzeitig zu schwach, um aus eigener Kraft die institutionelle Architektur der Gemeinschaftswährung grundlegend zu sanieren. Deutschlands Macht bestand, solange die Krise hauptsächlich mit fiskalischen und nicht mit monetären Mitteln angegangen wurde, also etwa von 2010 bis 2012, und solange die monetäre Stabilisierung des Euroraums durch die Europäische Zentralbank (EZB) immer noch eine zumindest stillschweigende deutsche Zustimmung zu erfordern schien. Doch selbst auf dem Höhepunkt seiner Macht fehlten Deutschland die Kraft und der politische Wille, seine Gläubigerinteressen gegenüber Schuldnerstaaten durchzusetzen – oder aber eine radikal andere Strategie für Europa zu verfolgen. Dies ist, kurzgefasst, die Botschaft dieses Buches.

Koste es, was es wolle

Die berühmten Worte »whatever it takes« werden gewöhnlich mit einer Rede von EZB-Präsident Mario Draghi am 26. Juli 2012 in London in Verbindung gebracht: »Im Rahmen unseres Mandats ist die EZB bereit, alles zu tun, was nötig ist, um den Euro zu erhalten. Und glauben Sie mir, es wird ausreichen.«[2] Doch Draghi wiederholte lediglich ein gängiges Thema. Der Slogan »whatever it takes« war zuvor schon gelegentlich von Politikern in der Eurokrise verwendet worden, beispielsweise durch Kommissionspräsident José Manuel Barroso im Mai 2010: »We will defend the euro, whatever it takes.«[3]

Als ich am 5. Oktober 2012 an der Universität Oxford, meiner Alma Mater, über die Krise sprach, verwendete ich eine andere Wortwahl, versuchte aber eine ähnliche Botschaft zu vermitteln: »Unterschätzen Sie nicht unsere Entschlossenheit.«[4] Bundeskanzlerin Angela Merkel erklärte am 19. Mai 2010 im Deutschen Bundestag: »Wenn der Euro scheitert, scheitert Europa.«[5] Und zuvor, am 5. Mai 2010, hatte sie deklariert, ihre Politik sei »alternativlos«.[6]

Beispiele für diese Art von politischer Sprache zur Eurokrise sind Legion. Denn die Krise des Euro war im Wesentlichen eine Krise der politischen Glaubwürdigkeit.

Die Natur politischer Krisen

Eine politische Krise entsteht, wenn sich Politik abrupt der Realität anpasst. Dies kann aus zwei Gründen geschehen:

- Erstens kann es vorkommen, dass sich die Realität sowohl schnell als auch tiefgreifend ändert. In solchen Fällen passt sich die Politik dem Wandel an. Sie tut dies in ähnlicher Weise und durch Ereignisse, die ebenso schnell und tiefgreifend sind – und dies wird gemeinhin als Krise wahrgenommen.

- Zweitens könnte die zugrunde liegende Realität stabil sein – aber die Politik hat sich zu weit und zu lange von ihr entfernt. Dies passiert typischerweise dann, wenn die Politik von einer Ideologie oder von Überzeugungen geleitet wird, die der Realität widersprechen. Die Eurokrise ist ein solcher Fall. Ein erheblicher Teil dieses Buches dient dem Zweck, diese Behauptung zu untermauern.

Beide Arten von Krisen und die entsprechenden politischen Anpassungen sind durch extreme Unsicherheit und Zeitdruck gekennzeichnet. Entscheidungen müssen schnell und oft nach dem Prinzip Versuch und Irrtum getroffen werden. Die Folgen sind in der Regel ungewiss. Um es mit den Worten des ehemaligen US-Verteidigungsministers Donald Rumsfeld zu sagen:[7]

Wir wissen, dass es bekannte Unbekannte gibt; das heißt, wir wissen, dass es einige Dinge gibt, die wir nicht wissen. Aber es gibt auch unbekannte Unbekannte – diejenigen, von denen wir nicht wissen, dass wir sie nicht wissen.

In diesem Buch spielen politische Akteure eine zentrale Rolle. Von großer Bedeutung ist dabei ihre Bereitschaft, Risiken einzugehen. Risiko wird oft als eine mathematische Wahrscheinlichkeit beschrieben, die mit Kosten verbunden ist. Inmitten einer politischen

Krise ist diese Betrachtung jedoch völlig hypothetisch. Angesichts der vorherrschenden Ungewissheit sind sowohl die Wahrscheinlichkeit als auch die Kosten nach Rumsfelds Terminologie »*known unkowns*«. Und das Risiko wird noch durch die Ahnung verstärkt, dass es auch »unbekannte Unbekannte« mit noch höheren Kosten und Wahrscheinlichkeiten geben könnte. Um ein politischer Akteur zu werden und zu bleiben, bedarf es vieler Eigenschaften. Die Fähigkeit, extreme Risiken im oben genannten Sinne zu tolerieren, ist darunter nicht die unwichtigste.

Neben dem Risiko ist das nächstwichtige Element die Zeit. Ein unmittelbares Risiko ist relevanter als ein weitentferntes Risiko derselben Größenordnung. Und ähnlich wie bei den finanziellen Kosten und Erträgen gibt es auch bei den Risiken einen Abschlag und eine zeitliche Veränderung der Bedingungen: Ein hohes Risiko kann weniger relevant sein als ein geringes, wenn Ersteres sich in ferner Zukunft befindet.

Dabei spielen die Persönlichkeit der politischen Akteure und ihre individuelle Situation eine Rolle: Viele Politiker werden erhebliche langfristige Risiken in Kauf nehmen, um im Gegenzug selbst kleine kurzfristige Risiken zu verringern – geleitet von der sprichwörtlichen Tatsache, dass die Zukunft ohnehin unbekannt ist. Diese Einstellung kann sowohl auf die Persönlichkeit als auch auf die Kultur und einfache Umstände zurückzuführen sein, zum Beispiel die Wahlzyklen in demokratischen Systemen, die eher zu Kurzsichtigkeit führen. Sie kann allerdings in entscheidenden Fragen nichts weniger als den Unterschied zwischen Politik und Staatskunst ausmachen.

Schließlich spielt auch die Wahrnehmung des sogenannten Tail Risks eine Rolle. Selbst bei geringen Wahrscheinlichkeiten konzentrieren sich die meisten Menschen und viele politische Entscheidungsträger auf das Worst-Case-Szenario. Sie nehmen oft ein langfristiges Risiko trotz hoher Wahrscheinlichkeiten in Kauf, um im Gegenzug ein kurzfristig drohendes, noch drastischeres, aber unwahrscheinliches Tail-Risk zu vermindern.

Die Staatsführer, die in die Geschichte eingehen, tun aber genau das Gegenteil und gehen extreme Wetten mit kurzem Zeithorizont ein. Die Nachwelt hält diese Persönlichkeiten dann für groß, wenn und weil ihre Wetten tatsächlich den Test der Zeit bestanden haben. Das gilt vor allem im Krieg, oft genug aber auch in Wirtschaft und Finanzen.

Das Erbe Merkels

Dieses Buch ist eine der ersten zeitgeschichtlichen und politologischen Würdigungen des politischen Vermächtnisses von Angela Merkel in einem bestimmten Politikbereich, nämlich der Europäischen Wirtschafts- und Währungsunion (WWU). Es basiert auf der Erkenntnis, dass die Entwicklung der WWU ohne Merkel an mehreren Stellen der Zeitgeschichte durchaus anders verlaufen wäre.

Nachdem sie sechzehn Jahre lang das bevölkerungsreichste und wirtschaftlich bedeutendste Land der EU regiert hat, ist ihr Einfluss auch in vielen anderen Bereichen der europäischen und deutschen Politik wie Migration, Energie und äußere Sicherheit oder auch Brexit monumental. Aber der Verlauf der WWU unter ihrer Regentschaft ist ein Thema, in das ich eine gewisse Einsicht beanspruchen darf und das darüber hinaus bis heute relevant geblieben ist. Zwei Beispiele untermauern diesen Anspruch:

- Erstens ist die Schuldengemeinschaft in der EU seit der Covid-Pandemie und dem Ukraine-Krieg eine allgemeine Tatsache geworden. Davor wurden EU-Schulden von der Europäischen Investitionsbank (EIB) und in sehr geringem Umfang von der Kommission begeben. Seitdem zeichnet sich jedoch ein Wandel hin zu einer immer stärker ausgeprägten Schuldenunion in der EU ab.
- Zweitens, die Monetisierung der Staatsfinanzen ist in der Eurozone zum Allgemeinzustand geworden: Die EZB hält enorme

Summen staatlicher Schuldtitel und stellt dem europäischen Finanzmarkt Liquidität zur Verfügung, der im Gegenzug wiederum Staatsschulden in erheblichem Umfang als Sicherheiten hält.

Wo aber liegen die Ursachen für beide Phänomene? Immerhin enthält der Maastrichter Vertrag über die WWU eine No-Bail-out-Klausel. Dennoch haben Griechenland und nacheinander Irland, Portugal, Spanien und Zypern umfangreiche Kredite, Garantien und Transfers erhalten. Der Vertrag von Maastricht verbietet auch die monetäre Finanzierung von Staaten. Dennoch haben die EZB und das Europäische System der Zentralbanken (ESZB) die Schulden der Mitgliedstaaten in zuvor undenkbarem Umfang aufgekauft und darüber hinaus das Bankensystem mit Liquidität versorgt, um ebenfalls Staatstitel zu kaufen, wie bereits erwähnt.

In diesem Buch zeige ich, dass es einen übergreifenden kritischen Punkt auf dem Weg zur Vergemeinschaftung und Monetisierung von Schulden gab: der 7. bis 9. Mai 2010 und die hochpolitische Debatte um die erste griechische Rettungsaktion. Das meiste, was danach kam, war pfadabhängig.

Die Regierung Merkel spielte eine entscheidende Rolle bei dieser Entwicklung und bei der darauffolgenden Pfadabhängigkeit. Die dabei getroffenen Entscheidungen waren und sind nach wie vor massiv umstritten und Gegenstand intensiver rechtlicher, öffentlicher, politischer und wissenschaftlicher Debatten. In dem Maße, in dem die deutsche Regierung an ihrem Zustandekommen beteiligt war, sind sie zugleich Teil des politischen Erbes von Angela Merkel.

Es besteht kein Zweifel daran, dass die beiden genannten Merkmale – fiskalische Rettungsmaßnahmen und Monetisierung – für die vorläufige Stabilisierung der Gemeinschaftswährung von grundlegender Bedeutung waren. Allerdings geschahen sie um den Preis einer verfestigten, hohen Preissteigerung und der Aushöhlung des regelbasierten Systems der WWU-Governance. Mehr noch, im Zuge dessen hat sich Deutschlands Einfluss auf die Geschehnisse verflüchtigt.

Dies ist ein Fall für die eingangs erwähnte Veränderung von Risikobedingungen im Laufe der Zeit und unter großer Unsicherheit.

In diesem Buch wird argumentiert, dass die Regierung Merkel das unmittelbare und sehr konkrete Risiko eines finanziellen Zusammenbruchs gegen vage langfristige Kosten in Form von Kaufkraft, Beeinträchtigung der europäischen Governance und Schwächung der Macht Deutschlands eingetauscht hat.

Ein Einblick in den Merkelismus

Das Buch bietet eine detaillierte, umfassende und chronologische Rekonstruktion jener Ereignisse und Elemente der politisch-administrativen Positionierung des Bundesfinanzministeriums innerhalb der Regierung Angela Merkel, die wichtige politische Entscheidungen für die WWU im Jahr 2010 beinhalteten oder zu diesen beitrugen. Sie umfasst das erste und prägende Jahr der Eurokrise.

Das Buch behandelt also die Ereignisse der Eurokrise des Jahres 2010 und enthält insofern zwei Fallstudien zu fiskalischen Rettungspaketen: Griechenland und Irland. Interessanterweise beschreiben diese beiden Fälle die polaren Gegensätze möglicher Ausgangslagen von Mitgliedstaaten des Euroraums innerhalb des sozioökonomischen Gefüges der WWU: Griechenland ist archetypisch für ein südeuropäisches, nachfrageorientiertes, importgesteuertes Wirtschaftsmodell mit niedrigem Wachstum, hoher Inflation und hoher Staatsverschuldung – Irland hingegen ist archetypisch für ein nordeuropäisches, exportorientiertes, angebotsseitiges Wirtschaftsmodell mit hohem Wachstum, niedriger Inflation und niedriger Staatsverschuldung.

Der Text erwächst aus der Perspektive des Autors in jener Zeit, tätig im Leitungsstab des deutschen Bundesfinanzministeriums. Es handelt sich also nicht um eine historische Arbeit, die sich auf eine Vielzahl unterschiedlicher Quellen verschiedener relevanter Akteure stützen würde. Vielmehr handelt es sich um den persönlichen und reflektierten Bericht eines im politischen Denken geschulten Zeitzeugen. Die Perspektive ist weder umfassend noch verbindlich – bestenfalls eine Quelle unter vielen für Zeithistoriker und vielleicht auch ein Denkanstoß für interessierte Beobachter der deutschen und europäischen Politik.

Das Buch befasst sich mit dem ersten multilateralen Rettungspaket für Griechenland im Frühsommer 2010 und dem darauffolgenden Fall von Irland im November desselben Jahres, der von einem zu diesem Zweck neu eingerichteten zwischenstaatlichen Rettungsfonds behoben wurde. In diesem Text wird außerdem kursorisch auf die spätere Entwicklung eingegangen; darunter Bankenrettungsmaßnahmen, Schuldenrückkäufe, Bail-in-Beschlüsse für den privaten Sektor und »Haircuts« sowie Umschuldungen und Roll-over-Operationen, Neuverhandlungen und Folgeprogramme für bestimmte Länder.

Indem ich mich auf die Ereignisse im Jahr 2010 beschränke, behandle ich die Entwicklungen, die zum kritischen Zeitpunkt des ersten Staatsbankrotts in der Geschichte des Euro – Griechenland im Mai 2010 – stattfanden und die dadurch im politologischen Sinne eine sogenannte Pfadabhängigkeit für folgende Ereignisse schufen. Ich werde zeigen, wie und warum in Berlin die Entscheidung getroffen wurde, Griechenland zu retten und anschließend einem Rettungsfonds zuzustimmen, dessen erster Anwendungsfall dann Irland im November 2010 war.

Bei den Institutionen und Agenturen wird insbesondere auf die Bildung und Anwendung der zwischenstaatlichen Rettungsfonds, der temporären Europäischen Finanzstabilisierungsfazilität (EFSF) und des permanenten Europäischen Stabilitätsmechanismus (ESM), sowie auf den Einsatz des gemeinschaftlichen Europäischen Finanzstabilisierungsmechanismus (EFSM) eingegangen. Ich verweise auf die spätere Einrichtung des Einheitlichen Aufsichtsmechanismus (SSM) und des Einheitlichen Abwicklungsfonds (SRF) zur Abwendung von Bankenkrisen sowie auf weitere Einrichtungen im Bereich der Finanzmarktpolitik.

Ausgehend von der chronologischen Abfolge der Ereignisse befasse ich mich auch mit der Art und Entwicklung der nationalen Stabilisierungsprogramme und deren Auswirkungen in den Empfängerländern – so wie sie in Berlin wahrgenommen und interpretiert wurden. Die aufeinanderfolgenden Rettungspakete waren an solche Programme geknüpft und sollten die Interessen der Gläubiger schützen, indem sie den Moral Hazard verringerten und die Bedienung und Tilgung der Kredite sicherstellten. Moral Hazard oder moralisches Risiko beschreibt eine Situation, in der ein Akteur dazu verleitet wird, riskantes Verhalten zu zeigen, weil sie vor den negativen Konsequenzen geschützt ist. Dies kann passieren, wenn jemand weiß, dass die Kosten eines Fehlverhaltens oder Scheiterns von anderen getragen werden. Ein gutes Beispiel ist die Versicherung: Wenn eine Person weiß, dass sie im Schadensfall finanziell abgesichert ist, könnte sie weniger vorsichtig agieren. Auf Staatsschulden übertragen, besagt Moral Hazard, dass die Aussicht auf Rettung ein bankrottes Land erst recht zu unsolidem Haushalten verführt: Ist der Ruf erst ruiniert, lebt's sich gänzlich ungeniert.

Ich beschreibe somit das dreifache Leitmotiv der Stabilisierungsprogramme: Bedienung und Tilgung der Kredite, Steigerung des Wachstumspotenzials und Begrenzung des genannten Moral Hazard. Im Fall von Griechenland wurde in allen drei Belangen das Gegenteil erreicht. Solche Programme betrafen typischerweise unter anderem die Bereiche Sozialpolitik, Finanzmarktpolitik, Steuerpolitik und Arbeitsmarktpolitik – oftmals verbunden mit großen Härten, erheblichen innenpolitischen Turbulenzen und Regierungs- und Staatskrisen in den jeweiligen Ländern.

Darüber hinaus behandle ich die Evolution der Geldpolitik, wiederum aus Berliner Sicht. Diese Entwicklungen in Frankfurt begannen mit der Beteiligung der EZB an der sogenannten Troika, welche die Programme der Empfängerländer gemeinsam mit der Europäischen Kommission und dem Internationalen Währungsfonds (IWF) entwarf und überwachte. Ich erörtere die wichtige Entscheidung der EZB, im Mai 2010 im Rahmen des Programms für die Wertpapiermärkte (SMP) griechische und andere Anleihen der Peripherieländer zu kaufen. Dies bahnte die strategische Entscheidung von EZB-Präsident Mario Draghi an, die Notenbank zum unbegrenzten Ankauf von EU-Staatsanleihen zu verpflichten, die schließlich im Sommer 2012 getroffen wurde, und mündete in spätere Ankaufprogramme des ESZB bis heute.

In diesem Buch berücksichtige ich auch Berlins Haltung zu institutionellen und strategisch-politischen Debatten über die europäische Integration, zum Beispiel die ergebnislose Diskussion über einen Schuldenrestrukturierungsmechanismus in der sogenannten Van-Rompuy-Taskforce im Jahr 2010.

Abschließend beschreibe ich auch die innenpolitischen Entwicklungen in Deutschland zu jener Zeit. Dazu gehörten rechtliche und verfassungsrechtliche Herausforderungen, denen sich die Regierung stellen musste, sowie die Entstehung parteipolitischer Konkurrenz zu Angela Merkels Christdemokratie, die mit einer euroskeptischen Ausrichtung im Parteienspektrum nachhaltig Fuß fassen konnte: die Alternative für Deutschland (AfD).

Das Buch basiert ausschließlich auf öffentlich zugänglichen Informationen. Es geht somit nicht um vertrauliche Inhalte, sondern um sogenanntes Mosaikwissen: Ich trage das Mosaik seiner Schilderung aus Steinen zusammen, die für sich genommen bereits im öffentlichen Raum vorhanden sind. Zentrale Elemente meiner Darstellung sind nicht zuletzt durch Wolfgang Schäubles »Erinnerungen« belegt,[8] sodass ich zuversichtlich bin, nicht gegen meine Verschwiegenheitspflicht als Beamter zu verstoßen. Allerdings kann ich aufgrund meiner Treuepflicht nur sehr verhalten auf Umstände hinweisen, die meinen Dienstherren in einem ungünstigen Licht erscheinen lassen könnten. Soweit meine persönlichen Ansichten und Einschätzungen zum Tragen kommen, können diese sich im Laufe der behandelten Zeit geändert haben, wenn neue Informationen und Erkenntnisse verfügbar wurden. Ich bin bemüht, die Entwicklung meines Denkens zu den behandelten Themen so transparent wie möglich darzustellen.

Mit diesem Buch will ich zum Verständnis eines wichtigen Wendepunkts der europäischen Integration beitragen und das nach wie vor bestehende Interesse an umfassenden und objektiven, nichtnormativen, faktischen Innenansichten der politischen und administrativen Ereignisse während der Eurokrise bedienen.

Als historische, narrative Rekonstruktion will ich die akteurzentrierte Institutionenanalyse im Bereich der europäischen Integrationsforschung zur Funktionsweise und Entwicklung der WWU unterstützen. Die Lektüre setzt jedoch kein Expertenwissen in Integrationstheorie oder Wirtschafts- und Finanzpolitik voraus. Ich hoffe, dass ich mit meinem Buch daher sowohl die Integrationswissenschaft als auch Leser mit einem allgemeinen zeitgeschichtlichen Interesse an Europa und an der Krise der Gemeinschaftswährung ansprechen kann.

Über die WWU hinaus liefert das Buch im Kern eine Fallstudie der typischen politischen Entscheidungsfindung im Krisenreaktionsmodus unter Angela Merkel. Ziel ist, besser zu verstehen, wie und warum bestimmte Entscheidungen unter Merkel getroffen wurden, wie die maßgeblichen Akteure sich selbst und ihre Situation wahrnahmen und wie sie zu anderen Akteuren und zur Öffentlichkeit standen. Somit soll ein Gefühl dafür entstehen, warum und wie taktische Überlegungen im Ergebnis stets schwerer wogen als strategische Probleme, die sich später daraus ergaben, oder auch schwerer als strategische Fragen, die man sich zum Zeitpunkt jener Entscheidungen ebenfalls hätte stellen können.

Es handelt sich hier nicht zuletzt um eine Fallstudie zum »Inkrementalismus«, wie er von der Entscheidungstheorie verstanden wird. In konzeptioneller Hinsicht ziele ich darauf ab, die Entwicklung der politischen Herrschaft in der EU unter dem Stress der Krise zu erhellen. Ich will unser Verständnis der jener Krise vorangegangenen Perioden der europäischen Politik in Form von »Steuerung« (1970er- und 1980er-Jahre) und »Governance« (1990er- und 2000er-Jahre) durch ein Konzept des »Durchwurstelns« für die Periode der Krisenreaktion (ab 2010) ergänzen.

Ich widme dieses Buch meiner elfjährigen Tochter Maria und ihrer Generation. Unsere Kinder tragen die Folgen jener Politik, die unter unserer Verantwortung gemacht wurde. Mögen sie trotz unserer Versäumnisse und Unzulänglichkeiten sicher und glücklich leben.

1 Einführung und etwas Theorie

Eine sehr kurze Geschichte der WWU

Die Wirtschafts- und Währungsunion (WWU) in Europa hat eine lange Geschichte, die ich als Ausgangspunkt für dieses Buch gleichwohl in wenigen Absätzen streifen will.

Das politische Ziel einer einheitlichen Währung in Europa entstand in den 1970er-Jahren aufgrund starker Wechselkursschwankungen, nachdem die USA das Bretton-Woods-System fester Wechselkurse aufgegeben hatten. Der Wunsch nach stabilen Wechselkursen innerhalb der damaligen Europäischen Gemeinschaft (EG) führte nach vielen Umwegen zum Europäischen Währungssystem (EWS), einer Übereinkunft zur Koordinierung der Währungspolitik der EG-Mitgliedstaaten.

Das EWS koppelte die Währungen der teilnehmenden Mitgliedstaaten an die Deutsche Mark. Indem sie die Geldpolitik der Bundesbank, der damals mächtigen deutschen Zentralbank, übernahmen, importierten die anderen EWS-Teilnehmer die niedrige deutsche Inflation. Im Gegenzug verzichteten sie auf ihre geldpolitische Souveränität. Bis zu seinem Untergang im Zuge der Währungskrisen Anfang der 1990er-Jahre ermöglichte das EWS Deutschland, den Anstieg des Außenwerts der D-Mark zu verlangsamen, und unterstützte damit das deutsche exportorientierte Wirtschaftsmodell.

Eine Währungsunion bedeutet in ökonomischer Hinsicht nichts anderes als die Ablösung eines dauerhaft festgelegten Wechselkurses durch eine gemeinsame Währung. Der Unterschied liegt im Bereich der Geldpolitik und ist somit ein Unterschied der politischen Macht: Während ein fester Wechselkurs mit einem dominanten Akteur eine asymmetrische Machtverteilung darstellt, überträgt eine gemeinsame Währung mit gebündelter Souveränität über die Geldpolitik diese Macht an die gemeinsame Zentralbank. Bei fehlender politischer Union erreicht die politische Unabhängigkeit dieser gebündelten geldpolitischen Souveränität einen höheren Grad als die bisherige nationale Zentralbank selbst der dominierenden Währung.

Die Bundesbank hatte das Fundament ihrer politischen Unabhängigkeit traditionell in der deutschen Stabilitätskultur gesehen. Eines der stärksten Argumente nordeuropäischer WWU-Kritiker war das Fehlen einer Stabilitätskultur in Südeuropa gewesen. Im Dezember 1989 aber akzeptierte Bundeskanzler Helmut Kohl die Währungsunion gegen den Widerstand der Bundesbank in einem Deal mit dem französischen Präsidenten François Mitterand, der im Gegenzug der deutschen Wiedervereinigung zustimmte. Diese deutsch-französische Übereinkunft ebnete den Weg für die Aushandlung des Vertrages von Maastricht und die Einführung des Euros im Jahr 1999.

Regelbasierte Wirtschafts- und Finanzpolitik

Die Architekten der WWU, zumindest auf deutscher Seite, gingen davon aus, dass die neue Gemeinschaftswährung nur die bisherige D-Mark-Zone der Hartwährungsländer plus Frankreich umfassen würde – vorerst jedoch nicht Italien und andere Weichwährungsländer. Sie hofften, das Fehlen einer politischen und fiskalischen Union durch ein regelbasiertes System für die Wirtschafts- und Finanzpolitik zu kompensieren. In dessen Mittelpunkt standen zwei stabilitätspolitische Referenzwerte: 60 Prozent des Bruttoinlandsproduktes für die Staatsverschuldung und 3 Prozent für das jährliche Staatsdefizit.

1995 rückte der Termin für den Einstieg in die WWU näher, und viel mehr Regierungen als erwartet bemühten sich um den Beitritt ihrer Länder. Deutschland unter Helmut Kohl hielt es damals für klug, diese Konvergenz ganz auf den Referenzwert für das Defizit auszurichten und den Schuldenstand außer Acht zu lassen.[1] Es setzte dafür den Stabilitäts- und Wachstumspakt (SWP) durch mit dem erklärten Ziel, den Defizitreferenzwert in Richtung eines ausgeglichenen Haushalts bei finanzieller Sanktionierung von Überschreitungen der Obergrenze von 3 Prozent zu »operationalisieren«.

Im Endeffekt konnten alle willigen Mitgliedstaaten mit Ausnahme Griechenlands von Anfang an dem Euro beitreten. Neben spürbaren, aber kurzlebigen fiskalischen Anpassungen an den Defizitreferenzwert hatte auch eine Menge kosmetischer öffentlicher Rechnungslegung geholfen. Der Beitritt Griechenlands erfolgte zwei Jahre später inmitten umfangreicher politischer Kontroversen in Deutschland unter Bundeskanzler Gerhard Schröder.

Kurz darauf verschlechterte sich die wirtschaftliche Lage, vor allem in Deutschland, als die Internetblase der Jahrtausendwende platzte. Im Jahr 2003 veranlassten Deutschland und Frankreich den Ministerrat der EU, sich über die Empfehlungen der Kommission im Rahmen des SWP für eine strengere Konsolidierung hinwegzusetzen, und brachten damit das regelbasierte System zum Scheitern. Trotz mehrerer Reform- und Wiederbelebungsversuche konnte sich der SWP von diesem Schlag nie mehr erholen.

Die einheitliche Geldpolitik der WWU zwingt Länder mit sehr unterschiedlichen Wirtschaftsmodellen in ein Prokrustesbett: Anpassungen an wirtschaftliche Abweichungen und Schocks können nicht länger durch Änderungen des Wechselkurses erfolgen. Die gesamte Last der Anpassung fällt auf die Realwirtschaft und treibt das Defizit und den Schuldenstand in dem Maße in die Höhe, wie schuldenfinanzierte öffentliche Investitionen und Staatskonsum zur Stabilisierung erforderlich sind.

Dies ist besonders dann der Fall, wenn es keine Transfers zwischen den Mitgliedstaaten gibt. Solche müssten entweder transnational zwischen Überschuss- und Defizitländern oder supranational durch einen Finanzausgleich und einen zentralen Bundeshaushalt erfolgen – wie es bei den Staatsfinanzen in Deutschland der Fall ist. Die Legitimität eines europäischen Bundesstaates jedoch würde eine vollwertige politische Union mit einer echten demokratischen Regierung und mit einem wirklichen Parlament auf europäischer Ebene voraussetzen.

Die im Vergleich zu diesem Ideal erheblichen, institutionellen Unzulänglichkeiten der WWU waren in akademischen Kreisen und sogar in der breiten Öffentlichkeit bereits lange vor Ausbruch der Eurokrise bekannt. Daher habe ich die Eurokrise auch als eine Krise bezeichnet, in der sich die Politik der Realität anpasst, nachdem sie sich zu sehr und zu lange auf falsche Überzeugungen gestützt hat. Die folgende Darstellung makroökonomischer Ungleichgewichte im Euroraum veranschaulicht diesen Punkt beispielhaft:

Die Eurogruppe der Finanzminister der EU-Mitgliedstaaten, die an der gemeinsamen Währung teilnehmen, hatte 2009 vereinbart, eine eingehende Analyse der Wettbewerbsfähigkeit in ihre makroökonomische Überwachung einzubeziehen. Das hatte Länderberichte zur Folge, die im Laufe des Jahres 2010 in länderspezifische Empfehlungen mündeten.[2]

Deutschland hatte nämlich darauf bestanden, die recht starken Unterschiede in der Wettbewerbsfähigkeit zu erörtern, die sich in den vorhergehenden Jahren herausgebildet hatten. Aus deutscher Sicht hatten Griechenland, Portugal, Spanien und Irland anhaltend zu hohe Inflationsraten, welche die Geldpolitik der EZB untergruben und zu Leistungsbilanzdefiziten beitrugen. Der Kommissionsbericht bestätige die deutsche Position und argumentierte, dass Länder mit schwacher Wettbewerbsfähigkeit und Leistungsbilanzdefiziten erhebliche Anstrengungen für fiskalische und strukturelle Reformen unternehmen sollten – wie es auch Deutschland zuvor mit den Hartz-Reformen unter großen Mühen getan habe.

Die Diskussion in der Eurogruppe am 18. Januar 2010 nahm jedoch eine andere Wendung: Sowohl die Kommission als auch südeuropäische Länder, insbesondere Spanien und Griechenland, kritisierten nunmehr Deutschland wegen seiner übermäßigen Exportorientierung auf Kosten anderer. Die Ungleichgewichte seien in erster Linie von Deutschland selbst verursacht und sollten durch eine Verringerung der deutschen Abhängigkeit von exportorientiertem Wachstum angegangen werden. Die unterschiedlichen Lager dieser Debatte redeten also komplett aneinander vorbei.

Letztlich trug dieser Schlagabtausch nicht dazu bei, die konkrete Politik oder auch nur die Wahrnehmung in Deutschland oder in den anderen Ländern zu ändern. Europäisches Regieren, das sich wie in diesem Beispiel ganz überwiegend auf »sanfte Koordinierung« stützte, erzielte wenig bis gar keine Wirkung. Die Irrelevanz europäischer »Governance« erklärt, warum jene Phase durch eine Zeit der Krisen und des Durchwurstelns abgelöst wurde – für die Angela Merkel steht wie niemand sonst.

Der Weg in die Krise

Der Boden für die Zuspitzung des Jahres 2010 wurde vor allem durch die vorangegangenen Jahrzehnte überbordender Staatsverschuldung in allen modernen Industriestaaten bereitet. Diese allgemeine Überschuldung wurde in verschiedenen europäischen Governance-Foren viel häufiger diskutiert als makroökonomische Ungleichgewichte und war potenziell ja sogar Gegenstand der seltenen, »harten« Form der politischen Koordinierung (in Form des SWP) – allerdings ebenfalls ohne Wirkung und Erfolg. Griechenland war nicht der einzige überschuldete Staat – es war schlichtweg der am weitesten fortgeschrittene Fall und litt im Vergleich zu anderen europäischen Ländern unter dem schwächsten institutionellen Umfeld.

Demokratische Regierungen sind keineswegs besser als autoritäre Regime dazu in der Lage, solide zu wirtschaften. Theoretische Erklärungen für diesen Umstand verweisen auf eine sogenannte Defizitneigung von Demokratien: Die demokratische Wählerschaft erliege systematisch einer »fiskalischen Illusion«. Sie toleriere dauerhaft ein Niveau von Staatsausgaben, das systematisch oberhalb der Einnahmen liege. Die Wähler akzeptierten also eher höhere Staatsschulden als höhere Steuern und neigten dazu, spätere Generationen zu belasten. Insbesondere die indirekte politische Vertretung der Wähler durch Parteien in Parlamenten habe dazu geführt, dass die Kosten der staatlichen Kreditaufnahme für das Gemeinwesen systematisch unterschätzt würden. Gleichzeitig werde die Finanzierung dieser Schulden über die Finanzmärkte durch einen Überfluss an monetärer Liquidität und die Auswirkungen der Bankenregulierung erleichtert, welche die Anhäufung von Staatsschulden durch die jeweiligen Finanzsektoren dieser Staaten auch noch begünstigten: Banken seien dazu veranlasst, Staatsschulden in enormem Ausmaß als Sicherheiten zu halten.

Wie bereits erwähnt, führte die währungspolitische Vereinigung von getrennten Nationalstaaten mit separater und nur schwach koordinierter Wirtschafts- und Finanzpolitik zu einem Durchschnittszinssatz, der zu keiner bestimmten Volkswirtschaft optimal passt. Die Länder der Peripherie konnten sich in der frühen Phase der Währungsunion zu im historischen Vergleich sehr niedrigen Realzinsen verschulden, während Deutschland als Kernland schmerzhafte realwirtschaftliche Anpassungen (hauptsächlich Reallohnsenkungen) vornehmen musste, um zu im historischen Vergleich relativ hohen Realzinsen über die Runden zu kommen.

Außerdem wurde das durch die fortgesetzte Verschuldung aufgenommene Geld oft genug schlecht investiert oder durch Staatskonsum sogleich wieder ausgegeben. Hochgradig ineffiziente Wohlfahrtssysteme versuchten, Wählerstimmen zu gewinnen, indem sie in einer Vielzahl an Ausgabenprogrammen mit begrenzter Rationalität riesige Summen an ärmere Teile der Bevölkerung umverteilten, während die sehr beträchtlichen und mobilen Kapitalgewinne und arbeitsfremden Einkommen der reichsten Teile der Gesellschaft im Großen und Ganzen von gemeinnütziger Beanspruchung verschont blieben. Besonders intelligentes Großkapital konnte sich nicht nur in Richtung Steueroasen aus dem Staub machen (Panama-Papers), sondern sogar unbehelligt an der Staatskasse vergreifen (Cum-Ex- und Cum-Cum-Skandal). Wolfgang Schäuble nahm in seinen »Erinnerungen« kein Blatt vor den Mund, um das Gebaren des Großkapitals zu kritisieren sowie dessen Neigung, große Profite einzustreichen, den Schaden jedoch der Allgemeinheit aufzubürden.[3] Korruption ist allgegenwärtig, und so mancher Staat lässt sich hinter der Fassade von Demokratie durch partikulare Interessen vereinnahmen, welche die öffentlichen Ressourcen für ihre eigenen Zwecke hemmungslos ausbeuten.

Zusammenfassend lässt sich sagen, dass um die Jahrtausendwende die Verschuldung in der gesamten westlichen Hemisphäre zu einem allgegenwärtigen Merkmal des demokratischen Wirtschaftslebens geworden war, das sowohl den öffentlichen Sektor der Nationalstaaten als auch ihre privaten Haushalte und Unternehmen betraf. In den meisten Fällen lag die Gesamtverschuldung der einzelnen Volkswirtschaften bei oder über 200 Prozent des jeweiligen Nationaleinkommens. Dieses Problem war keineswegs auf die Mitgliedstaaten der EU beschränkt – in vielerlei Hinsicht ging der gesamte Trend von den USA aus. Das institutionelle und finanzielle Gefüge des Euroraums erwies sich jedoch als besonders permissiv für die Entstehung des Problems und in der Folge auch als besonders anfällig für die daraus resultierende Krise.

Die Katastrophe begann mit der Insolvenz des am höchsten verschuldeten Mitgliedstaates – Griechenland. Die Anfälligkeit der Eurozone und ihr Unvermögen, die sich schnell entwickelnden Ereignisse dieser Krise zu bewältigen, waren eng mit dem unpolitischen Charakter dieses rein währungs- und wirtschaftspolitischen Gemeinwesens verbunden. Dies wiederum wurde durch die bereits erwähnten grundlegenden Konstruktionsfehler der WWU verursacht.

Die elementaren wirtschaftlichen Aspekte der Währungsunion waren den politischen Prioritäten des Projektes untergeordnet worden. Diese Prioritäten liefen im Wesentlichen darauf hinaus, die durch das Ende des Kalten Krieges eingeleitete, strategische Neuordnung Europas und eine drohende Renaissance deutscher Stärke integrationspolitisch einzuhegen. Als die Sowjetunion implodierte, konnte Deutschland dank amerikanischer Unterstützung die Wiedervereinigung seines nach dem Kriege verbliebenen Territoriums vollziehen und sah sich im Begriff, eine Position wirtschaftlicher Überlegenheit wiederzuerlangen, aus der heraus es durchaus die hegemoniale Vorherrschaft über Europa hätte beanspruchen können.

Stattdessen versuchte Deutschland in bemerkenswerter Selbstbeschränkung, die europäische Integration gemeinsam mit Frankreich, seinem traditionellen Konkurrenten auf dem Kontinent, zu vertiefen. Aus französischer Sicht war die Währungsintegration der Hebel, um einer drohenden deutschen Dominanz zuvorzukommen. Aus deutscher, nachkriegszeitlicher und postnationaler Sicht war die Währungsintegration das Sprungbrett für die politische Integration Westeuropas. Dies hätten die Zutaten für etwas Historisches, etwas Großes sein können. Aber der Konsens zwischen Frankreich und Deutschland bezog sich tragischerweise nur auf die währungspolitische Integration, und deutsche Ambitionen auf eine politische Einigung Europas, wie sie zu Zeiten von Helmut Kohl in Bonn noch gehegt worden waren, wurden unter Gerhard Schröder und Angela Merkel in Berlin begraben und verschwanden schließlich ganz.

Wolfgang Schäuble war einer der wenigen Politiker aus der Kohl-Ära, der noch am Ideal der politischen Einigung Europas festhielt. Als ich im Februar 2010 sein Büro zum ersten Mal betrat, fiel mir eine Bismarck-Statue auf – die ich bei einem Badener wahrlich nicht erwartet hätte. Ich wagte nie, ihn darauf anzusprechen, aber ich vermutete im Stillen, dass er in Bismarcks Einigung des Deutschen Reiches ein Vorbild für die europäische Integration sah.

Diese Annahme bestätigte sich später bei der Lektüre von Schäubles *Erinnerungen*.[4] Der Vergleich scheint mir bis heute plausibel: Preußen ging auf im größeren Ganzen, wie auch Deutschland in Europa aufgehen sollte. Die Einigung vollzog sich zunächst über die Zollunion, sodann die Bereiche Wirtschaft und Finanzen – und schließlich militärisch und politisch. Das hehre strategische Ziel der Vollendung der europäischen Einheit blieb jedoch unter Merkel utopisch.

Dies erwies sich als wirtschaftlich fatal; die Staatsschuldenkrise erbrachte den Beweis, dass die Währungsunion ohne politische Union nicht ordentlich funktionieren konnte. Anstelle eines wirksamen institutionellen Rahmens erhielt die Eurozone einen unpassenden Anstrich aus umfassender, supranationaler monetärer Integration bei fortgesetzter, nationaler Trennung aller Bereiche der Finanz- und Wirtschaftspolitik. Europa war auf halber Strecke steckengeblieben.

Die Dysfunktionalität dieses Konzepts, nicht zuletzt aufgrund allgegenwärtiger Fehlanreize (Moral Hazard), war den meisten Ökonomen von Anfang an klar und hatte anfangs zu deren lautstarker Opposition in Deutschland gegen das Projekt der Währungsunion beigetragen. In der Tat war auch eine beträchtliche Mehrheit der Deutschen gegen die Einführung der gemeinsamen Währung. Aufgrund der Funktionsweise des politischen Systems in Deutschland schlug sich diese eigentlich eindeutige demokratische Präferenz jedoch nicht in der Regierungspolitik nieder. Repräsentative Demokratie bedeutet in der Praxis nicht zwangsläufig die Umsetzung des Mehrheitswillens.

So nahm der Euro halbgar Gestalt an und war bereits für die 2007 ausgebrochene globale Bankenkrise denkbar schlecht gerüstet. Das Platzen einer Blase auf dem amerikanischen Immobilienmarkt, verursacht durch weltweite Überliquidität und regulatorisches Versagen, löste eine Lawine unkontrollierten Schuldverfalls auf dem Finanzmarkt aus und brachte mehrere systemrelevante Institute in die Insolvenz. Die Bankenkrise konnte nur dadurch unter Kontrolle gebracht werden, dass stupende Finanzrisiken in die öffentlichen Bilanzen verlagert wurden.

Infolgedessen wurde die Situation der öffentlichen Verschuldung – die in einigen Ländern des Euroraums bereits unhaltbar war – für die am stärksten exponierten Länder prekär. Die Bankenkrise wirkte gleichsam als Katalysator der Staatsschuldenkrise. Immer mehr Investoren zogen ihre Mittel aus den schwachen Ländern ab. Als Erstes geriet Griechenland Ende 2009 in Liquiditätsengpässe, die sich sehr schnell zu einer ausgewachsenen Staatsinsolvenz ausweiteten. Obwohl die meisten europäischen Regierungen in der Vorkriegszeit reichlich Erfahrung mit Staatsbankrotten gesammelt hatten, herrschte massive Unsicherheit und Angst. Man hatte schlichtweg vergessen, dass auch Staaten pleitegehen konnten. Man fürchtete sich vor den möglichen Folgen einer Staatspleite im Kontext der WWU und der enormen finanziellen Hebelwirkung, die seit der Lockerung der geldpolitischen Zügel um die Jahrtausendwende aufgebaut worden war.

Die Fragilität des institutionellen Gefüges des Euroraums wurde den nationalen und europäischen Staats- und Regierungschefs schmerzlich vor Augen geführt, als sie erkannten, dass ein möglicher Zahlungsausfall Griechenlands ähnliche oder sogar noch schlimmere systemische Folgen haben könnte als die vorangegangene Bankenkrise – symbolisiert durch die Lehman-Pleite. Das deutsche und das französische Bankensystem waren neben dem schweizerischen in besonderem Umfang in griechischen Staatsschulden engagiert. Und angesichts des allgemeinen Mangels an Information und Verständnis bestand eine konkrete, wenn auch nicht bezifferbare, Ansteckungsgefahr für das gesamte Finanzsystem – eine »bekannte Unbekannte« im oben genannten Sinne Rumsfelds.

Wir sprachen von Erstrundeneffekten – das heißt die drohenden Ausfälle in den Bankbilanzen – sowie von nicht mehr quantifizierbaren, ergo unkontrollierbaren, Zweitrundeneffekten: wenn die Banken selbst ausfallen und ihrerseits Löcher in die Bilanzen anderer Institute reißen würden. Der finale Drittrundeneffekt schließlich wäre der Kollaps des gesamten Finanzsystems gewesen. Darüber hinaus bewirkten Rückkopplungen zwischen dem jeweiligen nationalen Bankensektor und dem Staatssektor betroffener Länder, dass sich die Krise schnell geografisch ausbreiten und die Situation auch flächenmäßig außer Kontrolle geraten konnte.

Angesichts der allgemeinen Ungewissheit und grassierender Angst unter den Marktakteuren scheuten die Entscheidungsträger zunächst vor der früher oder später unvermeidlichen Umstrukturierung der griechischen Staatsschulden zurück. Stattdessen spielten sie auf Zeit, indem sie die No-Bail-out-Regel des Maastricht-Vertrages übertraten und für Athen einen Notkredit einräumten. Die No-Bail-out-Klausel kann seither als eine der fundamentalen Lebenslügen der WWU gelten – und hatte in den Finanzmärkten ohnehin nie Glaubwürdigkeit besessen: Ansonsten wären die Zinsraten zum Eintritt in die Währungsunion nicht vollständig konvergiert.

Diese Kreditzusage an Athen reichte jedoch nicht aus, um den fortgesetzten Abfluss von Geldern aus Verbindlichkeiten der europäischen Peripheriestaaten zu bremsen. So sah Deutschland sich schon bald gezwungen, über die griechische Operation hinaus einen massiven Rettungsfonds für die gesamte Eurozone zu akzeptieren, der groß genug sein würde, um den Refinanzierungsbedarf *aller* Peripheriestaaten – mit Ausnahme Italiens – für etwa zwei Jahre abzudecken.

Der groteske Fehlanreiz, der mit einer solchen Einrichtung einherging, war so offensichtlich wie immens: Warum sollte man sich als Schuldnerstaat einem Diktat unterwerfen, wenn man den Schuldendienst gefahrlos auf die lange Bank schieben konnte? Deutschlands Versuche, die Schuldnerländer einer sogenannten Konditionalität zu unterwerfen, ihnen also Anreize zu setzen, ihre Zahlungsfähigkeit aus eigener Kraft wiederzuerlangen, wurden systematisch blockiert. Deutschland und die anderen Gläubigerstaaten hatten es in der Staatsschuldenkrise schließlich mit souveränen Nationen und nicht mehr mit inländischen Banken wie in der vorangegangenen Finanzkrise zu tun.

Die Banken hätte man noch deutlich härter anpacken können und sollen – bis hin zur Verstaatlichung, wie deutlich zupackender in angelsächsischen Ländern geschehen. Aber gegenüber souveränen Nationalstaaten, die sich in finanziellen Engpässen befanden, mussten Deutschland und andere Gläubiger feststellen, dass sie eine recht schwache Position mit wenig Einfluss und Kontrolle über die Verwendung ihrer Mittel besaßen. Eine Bank befindet sich immer innerhalb der Jurisdiktion eines Staates – ein Schuldnerstaat hingegen steht nicht unter der Jurisdiktion des Gläubigerstaates –, und die überstaatliche EU ist zu schwach, um dieses Manko zu kompensieren.

Der Widerstand im griechischen Volk gegen die Enteignung nationaler Güter zum Bedienen ausländischer Verbindlichkeiten jedenfalls war heftig, wuchs rasant und wurde fast über Nacht zum bestimmenden Thema der Innenpolitik. Gleichwohl unternahmen Griechenland und die anderen Schuldnerländer schmerzhafte Reform- und Konsolidierungsversuche und verlangten dafür einen hohen sozialen und wirtschaftlichen Preis von ihren Bürgern. Die jeweiligen politischen Systeme waren bis an ihre Grenzen belastet und hatten sichtlich Mühe, mit einer möglichen weiteren Zuspitzung im Sommer 2012 fertigzuwerden. Vor diesem Hintergrund verpflichtete sich schließlich die EZB, den Euroraum zu stabilisieren, notfalls durch unbegrenzte Monetisierung der Staatsschulden. Abgesehen von der Causa Griechenland, die fiskalisch bis 2015 andauerte, ermöglichte die EZB damit ab 2012 die Umwandlung der Krise von einem fiskalischen in ein monetäres Phänomen und somit den Übergang von einer Periode drohender Staatsinsolvenzen in die bis heute dauernde Phase der Geldentwertung.

Worum geht es?

Wie hat die Regierung Merkel auf den Ausbruch der Eurokrise reagiert? Diese Ausgangsfrage gliedert sich in mehrere Einzelfragen: Welche Optionen haben die Entscheidungsträger wahrgenommen? Welche Informationen standen ihnen zur Verfügung, und wie haben sie sich ein Bild von der Lage gemacht? Welche politischen Zwänge und Einflüsse, außen- wie innenpolitisch, gab es, und welche Interessen verfolgten die Entscheidungsträger? Wie wurde die Entscheidungsfindung im Bundesministerium der Finanzen durch das Bundeskanzleramt überlagert? Können wir außerdem aus den Fallstudien Griechenland und Irland weitergehende Rückschlüsse ziehen – bezüglich späterer Fälle der Eurokrise als auch allgemein im Hinblick auf das politische Krisenmanagement unter Angela Merkel?

Ich werde versuchen, allgemeine Schlussfolgerungen zu drei Themen abzuleiten, die weit über die beiden vorliegenden Fälle hinausgehen.

■ Was lässt sich auf der Grundlage dieser Darstellung über die WWU, den Euro und die EU insgesamt lernen? Erweitern die vorliegenden Fallstudien unser Verständnis der europäischen Integration in Währungs- und Wirtschaftsfragen? Gewinnen wir einen besseren Einblick in die institutionelle Situation der EU und des Euroraums – und lassen sich auf dieser Grundlage konkrete Verbesserungen ableiten?

■ Können wir Erkenntnisse über die Art und Weise gewinnen, wie andere Krisen unter Merkel gehandhabt wurden? Mit anderen Worten: Was lässt sich generell über die Bundesregierung unter Merkel im Krisenreaktionsmodus sagen, auch in Bezug auf Politikbereiche wie Migration, die Covid-Krise oder den Ukraine-Krieg?

■ Welche Art des Regierens herrschte zu dieser Zeit in Deutschland und in der EU vor? Entstand nach der Phase der »Steuerung« in den 1970er- und 1980er-Jahren[5] und dem »Governance-Turn« in den 1990er- und 2000er-Jahren[6] im Zeitalter der »Polykrisen«[7] ein anderer Typus politischer Herrschaft? Brauchen wir nach »Problemlösungsfähigkeit«, »Interaktionsformen« und »Regulierungsstaat« einen weiteren konzeptionellen Ansatz in der Politologie, um die Politikgestaltung in Deutschland und Europa zu verstehen?

Kurz gesagt, dieses Buch schlägt *muddling through* (Durchwurschteln) als passende Beschreibung der Regierungsführung für die Zeit nach jenen Epochen vor, die in der Wissenschaft als »Steuerung« und »Governance« bezeichnet werden – somit für jene Zeit der Krisen, die ab dem Jahr 2007 Einzug gehalten hat und für die Angela Merkel als deutsche Bundeskanzlerin zuständig war.

Durchwurschteln aus Sicht der Wissenschaft

Das »Durchwurschteln« als Handlungsweise in geschäftlichen, aber auch politischen Zusammenhängen ist Gegenstand der sozialwissenschaftlichen Forschung. Dort wird es als »Inkrementalismus« oder »Gradualismus« bezeichnet und hat zu einem wissenschaftlichen Modell der Entscheidungsfindung geführt, das sich insbesondere auf Management und Verwaltung anwenden lässt. Charles E. Lindblom prägte diesen Begriff in den 1950er-Jahren an der Yale University und gilt als einer der bedeutendsten Vertreter dieses Ansatzes.[8] Lindbloms Modell, auch als »Methode der sukzessiven begrenzten Vergleiche« bezeichnet, wird häufig als Gegenentwurf zur rationalen und umfassenden Entscheidungsfindung verstanden. Seine These lautet, dass Entscheidungsträger, die sich durchwurschteln, ihre Politik schrittweise und in kleinen Stufen anpassen, statt große, radikale Veränderungen vorzunehmen. Doch Lindblom war nicht der Einzige, der diese Ideen entwickelte; andere Wissenschaftler wie Herbert A. Simon, Aaron Wildavsky und später John P. Crecine erweiterten den Inkrementalismus und trugen dazu bei, ihn in der politischen Theorie und Praxis zu verankern.

Lindbloms Inkrementalismus beschreibt einen Entscheidungsprozess, bei dem Manager, Politiker und Verwaltungsbeamte eine Vielzahl von Werten oder Zielvorstellungen und ihre möglichen Konsequenzen notgedrungen außer Acht lassen. Stattdessen greifen sie auf eine begrenzte Zahl von Alternativen zurück, die oft aus früheren Erfahrungen stammen und anhand von möglichst kleinen Entscheidungsschritten untereinander verglichen werden. Diese schrittweise Entscheidungsfindung beruht weniger auf theoretischen Modellen als vielmehr auf praktischen Erfahrungen und der Erwartung, dass frühere Maßnahmen als Richtschnur für künftige Handlungen dienen. Dabei wird die Abwägung von Mitteln und Zielen nicht klar voneinander getrennt, sondern findet simultan statt. Diese Methode sieht vor, dass die Beteiligten davon ausgehen, ihre Ziele nur teilweise zu erreichen und ihre Entscheidungen ständig anzupassen, während sich die Bedingungen ändern und neue Informationen verfügbar werden.

Im Zentrum von Lindbloms Argumentation steht die Überzeugung, dass eine vollständige theoretische Erfassung aller politischen Alternativen und Konsequenzen in der Kürze der verfügbaren Zeit unmöglich sei. Stattdessen biete es sich an, Entscheidungen schrittweise zu treffen und sich dabei stark auf vergangene Erfahrungswerte zu stützen. Lindblom beschreibt diesen Prozess als kontinuierlich: Politische Entscheidungen werden getroffen, überprüft und, wenn nötig, korrigiert. Dabei wird angenommen, dass weder politische Akteure noch öffentliche Verwaltungen in der Lage sind, klare und umfassende Vorhersagen über die Auswirkungen ihrer Politik zu treffen. Der Inkrementalismus ist daher ein pragmatischer Ansatz, der die Unsicherheiten der realen Welt berücksichtigt – insbesondere, wenn diese von einer Krise geprägt ist.

Lindblom identifiziert mehrere zentrale Merkmale des Inkrementalismus. Erstens findet eine Verknüpfung von Werten und empirischer Analyse statt, denn die Auswahl von Werten und die Analyse des Handlungsbedarfs sind eng miteinander verbunden. Entscheidungen werden oft getroffen, ohne dass eine klare Trennung zwischen Zielen und Mitteln erfolgt. Zweitens wird nicht versucht, eine umfassende Theorie zu entwickeln, um alle möglichen Konsequenzen einer Entscheidung zu bewerten. Stattdessen wird auf Erfahrungen aus der Vergangenheit zurückgegriffen und die Zahl möglicher Alternativen auf ein Minimum beschränkt. Dieses zweite Merkmal des Inkrementalismus steht im Einklang mit der Theorie der »begrenzten Rationalität« von Herbert A. Simon (1947), der feststellte, dass Entscheidungsträger selten in der Lage sind, alle denkbaren Optionen zu berücksichtigen, und oft auf vereinfachte Entscheidungsprozesse zurückgreifen müssen. Simons Theorie der begrenzten Rationalität erkannte, dass Menschen nicht fähig sind, alle Informationen vollständig zu verarbeiten, die für eine umfassende Entscheidung notwendig sind. Daher tendieren Entscheidungsträger dazu, auf vereinfachte Modelle zurückzugreifen und schrittweise Anpassungen vorzunehmen, statt eine optimale Lösung anzustreben. Simon betonte, dass Inkrementalismus ein notwendiger Bestandteil der Entscheidungsfindung ist.

Als drittes Merkmal des Inkrementalismus ist eine »gute« Politik oft nur dadurch definiert, dass sie einen Konsens zwischen den beteiligten Entscheidungsträgern darstellt, ohne dass Einigkeit darüber besteht, ob die gewählte Vorgehensweise tatsächlich die optimale Lösung darstellt. Durchwursteln greift also auf Konsens zurück, wo immer dieser gefunden werden kann, und legt weniger Wert auf die theoretische Richtigkeit der Entscheidung. Viertens wird die entscheidungsvorbereitende Analyse, soweit sie überhaupt stattfindet, drastisch vereinfacht. Wichtige Konsequenzen und alternative Politikoptionen werden dabei regelmäßig vernachlässigt. Dies ist eine Folge der begrenzten Kapazität zur Verarbeitung von Informationen und der Notwendigkeit, Entscheidungen rasch zu treffen, auch wenn nicht alle Optionen vollständig analysiert wurden. Fünftens spielen theoretische Ansätze eine untergeordnete Rolle, da die Entscheidungsträger sich auf praktische Vergleiche und schrittweise Anpassungen verlassen müssten. Ihr Augenmerk liege auf dem pragmatischen Umgang mit Unsicherheiten, anstatt auf einer umfassenden theoretischen Betrachtung.

Ein zentrales Problem des Inkrementalismus besteht darin, dass die Entscheidungsträger selten in der Lage sind, klare Werte und Ziele zu formulieren. Lindblom weist darauf hin, dass es in der Regel auch keine präzisen Präferenzen der Öffentlichkeit zu vielen politischen Fragen gebe. Oftmals existieren keine spezifischen Präferenzen, weil die öffentliche Diskussion zu bestimmten Themen unzureichend ist und die Aufmerksamkeit der Wählerschaft nicht auf die entsprechenden Fragen gelenkt wird – manchmal allein schon aufgrund der Geschwindigkeit krisenhafter Ereignisse.

Darüber hinaus stellt sich die Frage, ob neben der Anzahl der Personen, die eine bestimmte Politik bevorzugen, auch die Intensität ihrer Präferenzen berücksichtigt werden muss. Diese Unklarheit zwingt die Verwaltung dazu, Entscheidungen zu treffen, ohne zuvor die zugrunde liegenden Werte und Ziele abschließend zu klären. Selbst wenn ein Politiker oder Verwaltungsbeamter seine eigenen Werte als Entscheidungsgrundlage heranzieht, weiß er oft nicht, wie er diese einordnen soll, wenn sie miteinander in Konflikt stehen. Lindblom erklärt, dass es keine einfache Möglichkeit gebe, die relative Bedeutung widersprüchlicher Werte festzulegen. Werte müssen in Bezug auf eine konkrete Entscheidungssituation abgewogen werden, und die Priorität eines Wertes kann sich von einer Entscheidungssituation zur nächsten ändern. Diese Unsicherheit führt dazu, dass sich die politische Verwaltung auf inkrementelle Veränderungen konzentriert, die die Werte auf eine marginale Weise kombinieren, statt zu versuchen, sie vollständig zu klären.

Lindblom betont, dass in Abwesenheit einer klaren Einigung über Werte und Ziele der politische Konsens zum einzigen praktischen

Maßstab für die Richtigkeit einer Entscheidung wird. Dies steht im Gegensatz zu umfassenden, theoretisch fundierten Entscheidungsprozessen, bei denen versucht wird, alle möglichen Konsequenzen und Alternativen zu berücksichtigen. Inkrementelle Politik zeichnet sich durch den Versuch aus, einen breiten Konsens zu finden, auch wenn dieser Konsens nicht notwendigerweise bedeutet, dass die beste Entscheidung getroffen wurde. Lindbloms Inkrementalismus legt also nahe, dass politische Entscheidungen nicht endgültig sind, sondern kontinuierlich überprüft und angepasst werden. Der Prozess der Entscheidungsfindung ist iterativ – Entscheidungen werden getroffen, überprüft, korrigiert und erneut getroffen, während sich die Ziele und Werte anpassen. Dies spiegelt sich in der Vorstellung wider, dass Politikgestaltung ein fortlaufender Prozess von Versuch und Irrtum ist. Eine Politik wird nie als vollständig abgeschlossen betrachtet, sondern immer wieder modifiziert, je nachdem, wie sich die Umstände ändern. Diese Wiederholung und Anpassung von Entscheidungen dienen dazu, schwerwiegende und dauerhafte Fehler zu vermeiden, die aus radikalen politischen Veränderungen resultieren könnten.

Während Lindblom den Grundstein für den Inkrementalismus als wissenschaftliche Behandlung des Durchwurstelns legte, entwickelten andere Wissenschaftler das Modell weiter und verfeinerten es. Aaron Wildavsky untersuchte den Inkrementalismus im Kontext der Haushaltsplanung und stellte fest, dass schrittweise Anpassungen in politischen Prozessen oft stabilere und besser vorhersehbare Ergebnisse liefern als große Brüche.[9] John P. Crecine und Wildavsky argumentierten, dass inkrementelle Veränderungen besonders in komplexen politischen Systemen von Vorteil seien, da sie größere Unsicherheiten und unvorhersehbare Konsequenzen minimieren.[10]

So viel zu Lindbloms Inkrementalismus als wissenschaftliche Betrachtung des Merkelschen Durchwurstelns. In diesem Buch geht es darum, erstens zu argumentieren, dass *muddling through* das ist, was unter Angela Merkel während der Eurokrise geradezu idealtypisch stattgefunden hat, und zweitens, dass Durchwurschteln in der Regierung unter bestimmten Umständen gut und richtig, ja sogar unvermeidlich sein kann – aber dass es um einen hohen Preis geschieht und manchmal unangemessen und sogar höchst schädlich ist. Nachdem wir diesen gedanklichen Weg vorgezeichnet haben, wollen wir ihn nun von Anfang an gehen.

2 Merkel prokrastiniert

Wie es begann

Eine Kette ist nur so stark wie ihr schwächstes Glied. Meinem Tagebuch zufolge war es der 26. Januar 2010, ein Dienstag, als ich mich zum ersten Mal fragte, ob wir Griechenland würden retten müssen. Das war zunächst ein erschreckender Gedanke. Ich erörterte ihn beim Mittagessen, als ich noch *Fonctionnaire* der Europäischen Investitionsbank (EIB) in Luxemburg war. Mein Tischgenosse, ein österreichischer Ökonom, sollte wenige Monate später Mitarbeiter der Europäischen Finanzstabilisierungsfazilität (EFSF) werden, die als Ableger der EIB gegründet wurde und die Aufgabe erhielt, strauchelnde EU-Mitgliedstaaten zu retten. Damals ahnten wir noch nicht, wie sehr die Eurokrise unser weiteres berufliches Leben und Denken prägen würde. Die Entwicklung nahm jedoch schnell Fahrt auf und wurde nicht nur bei Gesprächen während des Mittagessens zentral. Tatsächlich wurden eine mögliche Zahlungsunfähigkeit Griechenlands und die verschiedenen politischen Optionen für die anderen Mitgliedstaaten bald zum Thema Nummer eins, wann immer man in den Etagen der EIB auf dem Kirchberg oder in den Gassen der Luxemburger Altstadt auf Kollegen traf.

Als ich zum letzten Mal die EIB am Feierabend verließ und ins deutsche Finanzministerium nach Berlin wechselte, verabschiedete ich mich an der Bushaltestelle in Luxemburg von einer anderen Kollegin. Sie war Juristin, stammte aus Osteuropa und wartete gerade auf ihren Bus vor dem Altbau der EIB, einer recht imposanten Betonkonstruktion aus den 1970er-Jahren im brutalistischen Stil. Die Osteuropäerin beeindruckte mich durch die Klarheit ihrer Vorhersage:»Sicherlich werden sie Griechenland aus der Patsche helfen. Es gibt keinen anderen Weg. Ich denke, man sollte sofort griechische Anleihen kaufen. Man kann sie jetzt zu Ramschpreisen erwerben, und sie werden sich als eine gute Investition erweisen.« Ich stimmte ihr zu und bedauerte ein wenig, dass ich ihren Rat nicht befolgen konnte, da ich gerade im Begriff stand, in dieser Geschichte ein Insider zu werden, auch im Hinblick auf die rechtlichen und finanziellen Beschränkungen, die meine neue Funktion in Berlin mit sich bringen würde.

Später in dieser Woche, am Donnerstag und Freitag, dem 28. und 29. Januar 2010, nahm ich quasi auf dem Weg von Luxemburg nach Berlin noch an einer Konferenz der Europäischen Zentralbank (EZB) in Frankfurt teil, wo ich zu Beginn meiner Laufbahn zwischen 2004 und 2008 als Finanzökonom gearbeitet hatte. Wir begannen mit einem opulenten Abendessen in einem der besten Restaurants der Stadt, wie es für Notenbanker nicht unüblich ist. Wie nicht anders zu erwarten, sprachen alle über Griechenland – und nur darüber. Um genauer zu sein: Dort hörte ich zum ersten Mal, wie einige Kollegen einen feinen Unterschied zwischen Zahlungsunfähigkeit und Illiquidität machten und argumentierten, dass ein Land illiquide und trotzdem zahlungsfähig sein könne – im Prinzip. In Analogie dazu gebe es einen Unterschied zwischen einem Bail-out (im Sinne der Übernahme der Verbindlichkeiten eines anderen Landes) und einem einfachen Kredit. Aus diesem Gedankengang heraus ergab sich mit raffinierter Leichtigkeit, dass ein Land, das solvent sei und bloß eine»Liquiditätslücke« aufweise (vermutlich aufgrund von Stress oder Hysterie der Finanzmärkte), doch nur eine»Brücke« über diese Lücke hinweg erhalten solle, nicht mehr und nicht weniger.

Die Konferenzteilnehmer argumentierten außerdem, dass die Risikowahrnehmung selbstverstärkend sei. Wenn neue Finanzdaten einträfen und sich als schlecht und sogar schlechter als erwartet herausstellten, schenkten die Wirtschaftsakteure ihnen mehr Aufmerksamkeit, passten ihr Verhalten an und sorgten so dafür, dass der nächste Datensatz noch schlechter ausfalle. Es bestehe eine zirkuläre Kausalität zwischen Wahrnehmung und Realität – und dies sei eine negative Rückkopplungsschleife: Je mehr man sich um das Risiko kümmere, desto mehr Risiken entdecke man auch. Die umgekehrte Richtung eines solchen Kreislaufs, also eine positive Rückkopplungsschleife, sei in früheren Zeiten der Fall gewesen: Griechenland hatte, wie die meisten an der Eurozone teilnehmenden Mitgliedstaaten, bei der Einführung der gemeinsamen Währung ein A1-Rating von Moody's und ein A- von S&P erhalten, das später sogar auf A+ heraufgestuft wurde. Diese ausgezeichneten Ratings machten Kredite billig, und es floss in der Tat massiv Geld nach Griechenland herein, vor allem aus Deutschland, wo Kapital im Überschuss vorhanden war (dank des exportorientierten Wachstumsmodells der hiesigen Volkswirtschaft). In beiden Richtungen verstärkte sich die zirkuläre Dynamik selbst, angetrieben durch partielle Wahrnehmung und unzureichendes Wissen – was schließlich zu unhaltbaren Ungleichgewichten führte. Die Frage war also nicht, ob, sondern wann die Dinge eine andere Wendung nehmen würden.

Meine ehemaligen Kollegen von der EZB trösteten sich: In den vorangegangenen Jahren hatten sie ihr Bestes getan, um vor dem Schuldenberg Griechenlands (und anderer Mitgliedstaaten) zu warnen. In ihrem letzten Jahresbericht,[1] der im April 2010 veröffentlicht wurde, hatte die Bank vor einer »drastischen Verschlechterung der Haushaltslage im Jahr 2009« gewarnt und drei Länder – Irland, Griechenland und Spanien – herausgegriffen, die »zweistellige Defizitquoten« aufwiesen. Ich hatte selbst lange genug an solchen Berichten mitgeschrieben. In Bezug auf Griechenland hatte die EZB festgestellt, dass die Haushaltsdefizite nach einem Regierungswechsel »erheblich nach oben korrigiert« worden seien – was aber nicht ungewöhnlich sei, jedoch in diesem Fall besonders mit »kreativer Buchführung« durch die Vorgängerregierung behaftet.

Apropos kreative Buchführung: Nicht wenige Politiker waren damals von cleveren Investmentbanken zu einer solchen Vorgehensweise verleitet worden, bei der alle Tricks der öffentlichen Rechnungslegung angewandt und eine Art Kreditkartenmentalität suggeriert wurde nach dem Motto: »Jetzt kaufen, später zahlen.« Im Jahr 2001 hatte ich während einer Tätigkeit im Cabinet des Finances des belgischen Finanzministers solche Vorschläge einer Londoner Investmentbank persönlich auf dem Schreibtisch gehabt und war damit beauftragt worden, sie kritisch zu prüfen. Ich hatte davon abgeraten.

Vielleicht war der Stabilitäts- und Wachstumspakt (SWP) tatsächlich falsch gewickelt, hatte ich schon damals im Jahr 2001 gedacht (und darüber promoviert): Der Maastrichter Vertrag hatte noch einen ausgewogenen Schwerpunkt auf das jährliche Defizit eines Landes sowie auf seine Gesamtverschuldung gelegt, die sich vereinfachend aus der Anhäufung vorangegangener Defizite und sogenannter »Stock-Flow-Anpassungen« ergibt (Schulden sind Bestand, jährliche Defizite sind Fluss). Mit dem SWP wurde der Schwerpunkt jedoch von den Schulden auf die Defizite verlagert – und Defizite sind viel leichter zu kontrollieren und zu manipulieren als der Schuldenstand.

In einem Staat wie Griechenland, in dem Vetternwirtschaft und Klientelpolitik herrschen,[2] waren verlockende Angebote von Investmentbankern, der Regierung bei der Massage ihrer Konten zu helfen, offensichtlich sehr erfolgreich: Politiker sind schließlich ständig darauf bedacht, ihrer Klientel zu beweisen, dass sie zu Recht im Amte sind. Das gilt auch für andere Länder, nicht zuletzt für Deutschland – aber manchmal geht man im Norden Europas in solchen Dingen subtiler vor ...

Nicht nur private Ratingagenturen, sondern auch Eurostat, die europäische Statistikbehörde, die für die Regeln des öffentlichen Rechnungswesens und die Validierung der Daten der Mitgliedstaaten zuständig ist, steht in der Kritik, vor den griechischen Zahlentricks die Augen verschlossen zu haben. Eurostat selbst war in den

Jahren zuvor in einen massiven Korruptionsskandal verwickelt und geriet während der SWP-Krise im Jahr 2003 unter Beschuss.[3] Als Generaldirektion der Kommission ist Eurostat in Luxemburg keine unabhängige Einrichtung, sondern arbeitet unter der politischen Kontrolle von Brüssel. Sie übersah die Probleme der *Greek statistics*, wie wir Eurokraten sie nannten, und verfuhr auf falsche Weise mit der Situation. Auf Grundlage korrekter Daten wäre Griechenland im Jahr 2001 wohl nicht der gemeinsamen Währung beigetreten.

Das »sehr ernste fiskalische Ungleichgewicht«,[4] das in Griechenland im Jahr 2009 festgestellt wurde, hatte aber nicht nur mit fiskalischer Laxheit, falscher Aufsicht und kreativer Buchführung zu tun. Es gab ein weiteres Ereignis, das den griechischen Staatshaushalt in den Abgrund gestoßen hatte: Die griechische Regierung hatte, wie viele andere Regierungen, die von der globalen Finanz- und Bankenkrise 2007/2008 betroffen waren, deren Trümmer von den Banken auf die Bilanz des Staates verlagert. Die Überlastung der Staatsbilanz war somit auch eine unmittelbare Folge der öffentlichen Rettung der Banken.

Druck im Kessel

Meinem Tagebuch zufolge dauerte es bis zum 8. Februar 2010, dass der Spekulationsdruck auf den Märkten einsetzte: Die Rendite der griechischen Staatsanleihen – und damit ihr Abstand zu den vermeintlich grundsoliden deutschen Bundesanleihen – begann exponentiell anzusteigen, und der Euro stürzte an den Devisenmärkten ab.

Bei meiner neuen Tätigkeit im Finanzministerium lernte ich etwas Praktisches, was ich in meinen früheren Jahren bei der EZB noch nicht gewusst hatte: Die internationalen Finanzmärkte interessieren sich bei der (Re-)Finanzierung eines souveränen Staates überhaupt nicht für die Maastricht-Referenzwerte, also die Schuldenquote von 60 Prozent und die Defizitquote von 3 Prozent des Bruttoinlandsproduktes. Sie interessieren sich ebenso wenig für das aufwendige Konstrukt des Stabilitäts- und Wachstumspaktes (SWP). Vielmehr geht es ihnen um das Verhältnis von Zinszahlungen zu Steuereinnahmen. Wenn die Marktteilnehmer der Meinung sind, dass die betreffende Regierung sowohl willens als auch in der Lage ist, ihre ausstehenden Schulden zu bedienen, gewähren sie ihr dafür Kredit. Und ihre beste Schätzung hinsichtlich der Fähigkeit des Staates, seine Schulden zu bedienen, ist eben das Verhältnis von Zinszahlungen zu Steuereinnahmen.

Nehmen wir an, die Steuereinnahmen gehen zurück, etwa aufgrund einer Rezession, und die Zinszahlungen steigen, weil der Markt beispielsweise zunehmend eine Risikoprämie verlangt. Je nach Fälligkeitsprofil der ausstehenden Schulden gibt es dann klar festgelegte Termine im Kalender, an denen die Schuldenagentur des betreffenden Staates genügend Geld am Markt beschaffen muss, um die an diesem Tag fällige Tranche zu verlängern – durch die Ausgabe neuer Schulden. Je kürzer die Laufzeiten und je höher der Anteil der Zinszahlungen an den Steuereinnahmen, desto schneller gerät die Situation außer Kontrolle. Mit anderen Worten: Wir begannen, jedes Mal den Atem anzuhalten, wenn eine Tranche griechischer Staatsanleihen abgelöst werden musste (»Roll-over«). Zu diesem Zeitpunkt kannte die Rendite nur noch eine Richtung: geradewegs nach oben. Wir hatten es also mit dem Beginn einer Zahlungsbilanzkrise zu tun.

Der politische Diskurs in ganz Europa – insbesondere in Frankreich – lief meinem neu erworbenen Marktverständnis jedoch diametral zuwider: Während ich das Kapital als ein scheues Reh erkannte, das sich nervös auf der Wiese umsieht und bereit ist, beim ersten Anzeichen von Gefahr in die Wälder zu flüchten, beklagten sich Politiker und Kommentatoren in Athen, Paris oder anderswo (allerdings nicht in London und auf der anderen Seite des Atlantiks) über »spekulative Angriffe« auf die unschuldige und wehrlose Hellenische Republik.

Zwar gab und gibt es solche Spekulanten auf dem Markt, die auf eine fallende Währung und auf einen fallenden Kurs von Staatsanleihen wetten, aber ihr Tun wäre sinnlos, hätte die Regierung auf der anderen Seite der Wette sich nicht zuvor selbst an den Abgrund gebracht. Was Politiker als »Spekulation« bezeichnen, ist oft nichts anderes als eine vernünftige Marktreaktion angesichts der Diskrepanzen zwischen der Politik einerseits und der wirtschaftlichen Realität andererseits – ungeachtet der psychologischen Tatsache, dass die Märkte dazu neigen, erst spät und dann übermäßig zu reagieren. Es handelte sich in meinen Augen, wie bereits erwähnt, um eine Krise der mangelhaft erfolgten Ausrichtung von Politik an den Gegebenheiten der Realität, und keineswegs um die Verschwörung einer ominösen Hochfinanz gegen das arme, unschuldige Griechenland.

Leerverkäufe und ungedeckte Kreditausfallversicherungen (Credit Default Swaps, kurz CDS) waren die einzigen Ausnahmen, bei denen wir damals davon ausgingen, dass einige Marktteilnehmer die Situation absichtlich verschärften, insbesondere wenn Hedgefonds im Spiel waren. Später erfuhr ich ein konkretes Beispiel, wie solche Dinge tatsächlich vorkamen.

Ein ehemaliger EZB-Kollege, der inzwischen Investmentbanker in London geworden war, zeigte mir ein Foto der Bürotür eines Hedgefonds-Managers, eines seiner Kunden. Die riesige Doppeltür war aus glänzend schwarzem japanischem Holz gefertigt, und unter transparentem Lack befand sich in der Mitte der Tür ein wunderschön gestaltetes, blumenartiges Muster in den unglaublichsten Blautönen mit einem Durchmesser von vielleicht zwei Metern. Man musste schon zweimal hinsehen, um zu erkennen, dass das Arrangement die Form eines menschlichen Schädels hatte. »Weißt du, was das ist?«, fragte mich mein Kollege: »Schmetterlingsflügel aus Lateinamerika, ein sehr seltener Schmetterling. Tausende von ihnen sind in diesem Muster angeordnet.« »Da wird mir übel«, sagte ich, »warum zeigst du mir das?« »Weil er diese Tür mit Geld bezahlt hat, das er 2010 mit dem ersten griechischen Zahlungsausfall verdient hat. Ich will, dass du siehst und verstehst, mit welchen Typen ihr es zu tun habt ...«

Wir hatten auch von einem Abendessen von Hedgefonds-Managern in New York gehört, das von einer Firma namens Moness Crespi Hardt am 8. Februar 2010 veranstaltet wurde. Dieses Abendessen nährte öffentliche Mutmaßungen, dass eine gemeinschaftliche Wette von Hedgefonds gegen Griechenland und die Eurozone verabredet worden sei.

Später wurde in der Presse berichtet, dass ein Vertreter von SAC Capital Advisors bei dem Essen seine Kollegen, darunter Hedgefonds von George Soros und John Paulson, tatsächlich zu Leerverkäufen auf den Euro ermutigt habe. Diese Fonds hätten demnach Ende 2009 billige CDS-Kontrakte auf Griechenland gekauft und könnten sie nun für ein Vielfaches ihres ursprünglichen Preises verkaufen.[5]

Die meisten EU-Mitgliedstaaten ergriffen rasch Maßnahmen, um die missbräuchlichen Auswirkungen von Leerverkäufen und CDS auf dem Markt für Staatsanleihen einzuschränken, und einige verhängten sogar ein vollständiges Verbot. In Deutschland untersagte die Bankenaufsicht BaFin am 18. Mai 2010 ungedeckte Leerverkäufe von Aktien von zehn bedeutenden Finanzinstituten und von Staatsanleihen der Mitgliedstaaten des Euroraums sowie CDS auf Letztere, soweit sie nicht der Risikominderung dienten. Künftige Verbote sollten sich auf Derivate beziehen, die auf CDS oder Leerverkäufen basierten.

Da jedoch Leerverkäufe und CDS in Kontinentaleuropa kaum gehandelt wurden, hatten diese Maßnahmen nur symbolische Wirkung. Sie führten zudem zu einem fragmentierten Ansatz, bis zwei Jahre später eine EU-Verordnung für alle verbindlich in Kraft trat. Ich blieb jedoch überzeugt: Die griechische Zahlungsbilanzkrise im Jahr 2010 war von grundlegender Natur und ließ sich durch solche oberflächlichen Beschränkungen nicht mildern. Die Gemeinschaftswährung wirkte wie ein System fester Wechselkurse: Griechenland hatte nicht mehr die Möglichkeit, die Krise durch Abwertung zu entschärfen. Außerdem schloss die gemeinsame

Währungspolitik nationale Inflation als einfachen Ausweg aus der öffentlichen Schuldenlast aus. Wenn der Markt sich nun von Griechenland abwandte, dann aus gutem Grund – und nichts würde ihn davon abhalten können.

Kein Dienst nach Vorschrift

Ab Februar 2010 wurde in Berlin ein möglicher Bail-out für Griechenland geprüft und vorbereitet – zumindest als Handlungsoption. Nur eine Handvoll Beamter war daran beteiligt. Weder gab es einen Krisenstab noch eine Projektgruppe, wie man normalerweise erwartet hätte. Hatte die politische Führung kein Vertrauen in die Diskretion der Beamten auf Arbeitsebene? Oder wollte sie einfach nicht, dass die Experten eine ergebnisoffene Debatte über die Angelegenheit führten? Hatte Merkel ihre Entscheidung längst getroffen? Die Art und Weise, wie sich die wenigen Eingeweihten auf die stark verkürzte Frage einließen, *wie* Griechenland zu retten sei (und nicht auf die umfassendere, strategische Frage, *ob* Griechenland zu retten sei), hatte auch für Außenstehende den Beigeschmack eines *fait accompli*,[6] der nur vordergründig durch den Hinweis abgemildert wurde, dass es sich lediglich um eine »Option« handle. Recht schnell wurde diese Option in Merkels Diskurs nämlich »alternativlos«.

Ein deutsches Bundesministerium arbeitet aber normalerweise nach geregelten, formalen Abläufen, die in Gesetzen und Durchführungsbestimmungen wie einem ausgefeilten Organisationsplan, einem Geschäftsverteilungsplan und vor allem in der Gemeinsamen Geschäftsordnung der Bundesministerien festgelegt sind, die in der Regel durch eine spezifische Geschäftsordnung für jedes Ministerium ergänzt wird. Ein zentraler Grundsatz der Geschäftsordnung ist die Beteiligung aller von einem bestimmten Thema betroffenen Referate entsprechend dem Geschäftsverteilungsplan. Ebenso muss das Ministerium selbst alle anderen betroffenen Ministerien einbeziehen, wie es in der Geschäftsordnung der Bundesregierung vereinbart ist.

Nach der Geschäftsordnung der Bundesministerien sollen komplexe kurzfristige Probleme, die Experten aus mehreren Referaten erfordern, von Projektgruppen bearbeitet werden. Gemäß der Geschäftsordnung erörtert der Minister außerdem alle Fragen von politischer Bedeutung in regelmäßigen Sitzungen mindestens einmal im Monat mit allen Abteilungsleitern seines Ministeriums, der sogenannten Abteilungsleiterkonferenz. Dem steht bisweilen freilich die Lebenserfahrung entgegen, dass gewisse Dinge gar nicht vonstattengehen, wenn sie vorher ausgiebig diskutiert werden: Stelle keine Frage, deren Antwort du nicht hören willst.

Politiker lesen übrigens viel, aber schreiben fast nie, soweit es um Texte für den Dienstgebrauch geht. Im Gegensatz dazu müssen Beamte formale Texte wie Sitzungsprotokolle und Fachinformationen, die sogenannten Vorlagen, erstellen und bearbeiten. Das Prinzip der Schriftlichkeit ist für die deutsche Verwaltung seit preußischer Zeit grundlegend. Nur schriftlich sind Vorgänge klar zu strukturieren und im Nachhinein nachvollziehbar.

Die Vorlage eines deutschen Ministeriums hat ein klar definiertes Schema, nach dem eine Angelegenheit entweder zur Information oder zur Entscheidung einer bestimmten Hierarchieebene aufbereitet werden muss. Ist eine Vorlage an den Minister gerichtet, eine sogenannte M-Vorlage, muss sie alle Hierarchieebenen vom Referat über die Unterabteilung und die Abteilung bis zum Staatssekretär durchlaufen. Der für die einzelnen Hierarchieebenen zuständige Beamte kann der Vorlage seine Bemerkungen hinzufügen oder sie mit der Bitte um Klärung oder Änderung zurücksenden. Solche Bemerkungen sind seit der Zeit des Nationalsozialismus in bestimmten Farben anzubringen: Der Referatsleiter unterzeichnet die Vorlage mit schwarzer Tinte, nachdem er die Zustimmung aller anderen beteiligten Referate in seiner Federführung eingeholt hat, die alle in der untersten Zeile aufgeführt sein müssen, der sogenannten Mitzeichnungsleiste. Der Unterabteilungsleiter zeichnet dann das Deckblatt mit seiner Paraphe in brauner Farbe, der Abteilungsleiter in blauer und der Staatssekretär in roter Farbe. Häufig fügen sie Bemerkungen hinzu, unterstreichen oder heben bestimmte Punkte für den Minister hervor – jeweils in ihrer Farbe. Der Minister schließlich zeichnet in Grün und bestätigt damit die in der Vorlage aufgeführte Information oder Entscheidung – oder er gibt die Vorlage zurück, bittet um Änderungen, lässt eine Rücksprache ansetzen, verweigert vielleicht sogar seine Zustimmung.

Natürlich finden sowohl formelle als auch informelle Sitzungen, Telefonate, Gespräche auf den Fluren des Ministeriums und im E-Mail-Verkehr statt – vor, während und nach der schriftlichen Fixierung des Textes – aber die Vorlage selbst ist das endgültige Produkt des Ministeriums bei der Arbeit. Nach der Zeichnung durch den Minister oder, je nach Thema, auf einer niedrigeren Hierarchiestufe, wird das Dokument zur Umsetzung an die Verwaltung zurückgeschickt und findet schließlich nach Erledigung seinen Weg in die Akten des Ministeriums, anschließend in die lokalen Archive und zuletzt in das Bundesarchiv – wo es, in der Regel nach dreißig Jahren, von der interessierten Öffentlichkeit eingesehen werden kann.

Die digitale Textverarbeitung hat die Entstehung von Vorlagentexten grundlegend verändert: Bevor ab den 1990er-Jahren ein Netzwerk-PC oder Laptop auf dem Schreibtisch eines jeden Beamten stand, musste die Vorlage von Hand getippt oder in der Regel auf ein Diktiergerät gesprochen und von erfahrenen Schreibkräften gefertigt werden. Infolgedessen gab es eine gewisse Hürde für die Änderung von Texten, nachdem sie einmal vom Referat schriftlich niedergelegt worden waren, was zu dem alten Bürokratenbonmot führte: »Wer schreibt, der bleibt.«

Andere Referatsleiter und sogar Vorgesetzte kritzelten nicht nur ihre Bemerkungen, sondern in leichten Fällen sogar ihre abweichenden Meinungen auf die Vorlage, statt sie zur Korrektur zurückzuschicken. Der Minister konnte somit sicher sein, dass das Dokument vor seinen Augen nicht eine Botschaft war, die er hören wollte, sondern den fachlichen Rat und auch die Einwände aller beteiligten Referate wiedergab.

Formal hat ein Referatsleiter das Recht, seine Vorlage dem Minister persönlich zu erläutern, wenn dieser eine Rücksprache ansetzt, oder seinerseits um Gelegenheit zur Erörterung mit einer höheren Hierarchieebene zu bitten – natürlich in Anwesenheit der jeweiligen Vorgesetzten. In der Praxis ist es jedoch kaum noch üblich, dass Minister mit Referatsleitern sprechen. Rücksprachen auf Ministerebene werden fast ausnahmslos nur noch von Staatssekretären und Abteilungsleitern wahrgenommen und bündeln eine ganze Reihe unterschiedlicher Themen, für die man nicht die jeweils zuständigen Referatsleiter punktuell hinzubittet. Oft wird argumentiert, Geschwindigkeit und Komplexität des Verwaltungshandelns hätten so stark zugenommen, dass die ausführliche Behandlung von Einzelfragen auf höchster Ebene kaum möglich sei.

Seit dem Aufkommen der digitalen und vernetzten Textverarbeitung wird eine Vorlage, bevor sie unterzeichnet wird, häufig hin- und hergeschickt, und zwar sowohl horizontal als auch hierarchisch in Entwurfsversionen. Der resultierende Text ist dann ein Konglomerat aus den Entwürfen des zuständigen Referats und den Änderungen anderer Referate und Vorgesetzter. Häufig werden Meinungsverschiedenheiten in der Sprache beschönigt und die ganze Angelegenheit als Konsens dargestellt – anstelle der früher durchaus divergenten Randnotizen unterschiedlicher Experten. Die Möglichkeiten der modernen digitalen Textverarbeitung verleiten Unterabteilungsleiter, Abteilungsleiter und sogar Staatssekretäre oft dazu, eine Vorlage, die sie elektronisch als Entwurf erhalten, grundlegend umzuschreiben, besonders wenn es sich um ein heikles oder kontroverses Thema handelt. Im Extremfall muss ein Referatsleiter seine Unterschrift unter eine Vorlage setzen, die seinem ursprünglichen Entwurf nur noch wenig ähnelt oder, schlimmer noch, einige wenige, aber sehr wesentliche Änderungen seines ursprünglichen Urteils enthält. Art und Wesen der Hierarchie machen es in der Regel ziemlich schwierig, sich dagegen zu wehren oder, wie es formell heißt, zu remonstrieren. In jedem Fall ist eine förmliche Remonstration durch den Referatsleiter nur bei rein rechtlichen Vorbehalten möglich, nicht aber bei Meinungsverschiedenheiten oder abweichendem Fachurteil.

Die Arbeitsweise der deutschen Ministerialbürokratie, die bis auf Preußen zurückgeht und noch darüber hinaus, ist zwar ausgeklügelt, kollegial, legalistisch, umfassend, gründlich und rigoros – aber oft genug auch langsam, mühsam und sogar anfällig für Indiskretionen angesichts der großen Zahl von Beamten, die an den formalen Verfahren eines mittlerweile auch sehr aufgeblähten und hypertrophen Staatswesens beteiligt sind. Die preußische Bürokratie kannte fünf Ministerien – mittlerweile hat die Zahl sich verdreifacht, vom jeweiligen Personalbestand ganz zu schweigen.

Interne Verstöße gegen die Geheimhaltung sind dennoch sehr selten und werden von einem weitaus größeren Problem überlagert, das mit einem Gesetz zusammenhängt, das buchstäblich in den letzten Tagen der Regierungszeit der rot-grünen Koalition in Deutschland bis 2005 in Kraft getreten ist: Mit dem sogenannten Informationsfreiheitsgesetz ist die Geheimhaltung von Ministerialverfahren, einschließlich aller Vorlagen, abgeschafft, die von nun an von jedem Journalisten, jeder Organisation oder jedem Bürger einfach angefordert werden können, um sie offenzulegen. Die Befürworter der Transparenz könnten übersehen haben, dass sensible Informationen und wichtige, umstrittene Entscheidungen – wenn sie überhaupt schriftlich festgehalten werden – der Geheimhaltung bedürfen.

Hinzu kommt, dass die deutsche Regierung gesetzlich beziehungsweise höchstgerichtlich dazu verpflichtet ist, dem Deutschen Bundestag alle schriftlichen Dokumente zu Fragen der europäischen Integration zu übermitteln.[7] Der Bundestag ist (viel mehr als ein Ministerium) notorisch für undichte Stellen und »Maulwürfe« in Richtung Presse. Dies macht es schier unmöglich, sensible externe Dokumente offiziell zu erhalten oder regierungseigene Dokumente offiziell in Europa zu verbreiten. Manchmal, wenn die

Vorschläge von außen nicht gefallen, kann man immerhin auf die Verpflichtung verweisen, sie an den Bundestag weiterleiten zu müssen – und so vermeiden, dass man sie überhaupt offiziell erhalten und bearbeiten muss. In den meisten Fällen aber macht die Unterrichtung des Bundestages ein reguläres, schriftliches Arbeiten in kritischen Fragen der Europapolitik unmöglich.

Wolfgang Schäuble schildert in seinen *Erinnerungen* sehr plastisch und offen, welche Probleme der deutschen Politik besonders im Bereich Europa sowie beim Einsatz der Bundeswehr durch das im internationalen Vergleich völlig unübliche Ausmaß an Parlamentsbeteiligung entstanden sind.[8] Er verhehlt nicht seinen »erbitterten Widerstand« gegen die Pflicht, den Bundestag in allen schriftlichen Belangen der Europapolitik zu informieren und beklagt sich über fehlende Unterstützung durch die Kanzlerin in dieser zentralen Frage.

Der allgegenwärtige Mangel an Geheimhaltung ist der Hauptgrund dafür, dass das Bundesarchiv nur einen Teil der relevanten Unterlagen über Griechenland enthalten wird: Die wichtigsten sind schlichtweg nicht vorhanden, weil das Prinzip der Schriftlichkeit nicht mehr konsequent eingehalten wird beziehungsweise werden kann. Mündliche Entscheidungen in sensiblen Angelegenheiten, nicht zuzuordnende Dokumente oder die Vernichtung von offiziellen Dokumenten gab es natürlich schon immer. Es lässt sich schwer sagen, ob solche Praktiken im Laufe der Zeit zugenommen haben, aber Journalisten und Wissenschaftler sollten bei ihren Archivrecherchen den nicht nur geheimen, sondern oft schlichtweg nicht mehr existenten Charakter der staatlichen Schriftlichkeit bedenken.

Während Vorlagen nach wie vor auf die altbewährte Art und Weise verfasst werden, nehmen sensible Texte heutzutage immer häufiger die Form von sogenannten One-Pagern und Non-Papers an. Dies ist nicht nur in Berlin der Fall, sondern auch in anderen Hauptstädten und in den europäischen Institutionen. Dabei handelt es sich um informelle Notizen, oft ohne Adressaten und Unterzeichner, manchmal sogar ohne Datum. Ihre Verfasser achten darauf, sie zu anonymisieren und alle Angaben zu Herkunft und Zweck des Textes auf ein Minimum zu reduzieren. Sie werden auf elektronischem Wege weitergegeben und kaum je registriert. Solche Dokumente sind sowohl in den europäischen als auch in den deutschen Verwaltungen und im Verkehr zwischen den Mitgliedstaaten allgegenwärtig.

Während die Gefahren der Indiskretion real sind, haben die heutigen Methoden oft auch den Zweck, den Kreis der Zusammenarbeit und des gemeinsamen Wissens auf ein Minimum zu beschränken. Dies gefährdet das bürokratische Prinzip der Beteiligung aller relevanten Stellen und erhöht damit die Gefahr, dass wichtige Elemente einer komplexen Angelegenheit übersehen oder nicht ausreichend gewürdigt werden. Der Umgang mit der entstehenden Griechenland-Krise ist hier nur ein Beispiel für eine spätestens unter Merkel allgegenwärtig gewordene Praxis.

Rechtliche Aspekte

Mit der Entscheidung zur Griechenland-Rettung ging ganz offensichtlich das Risiko einer Klage deutscher Bürger oder Abgeordneter vor dem Bundesverfassungsgericht in Karlsruhe einher. In seinem berühmten Maastricht-Urteil hatte das Bundesverfassungsgericht die Übertragung von Verbindlichkeiten zwischen den teilnehmenden Mitgliedstaaten eindeutig ausgeschlossen.[9] Kein Land könne sich von den Folgen einer unsoliden Finanzpolitik befreien. In der Tat wäre die deutsche Mitgliedschaft in der Währungsunion rechtswidrig, wenn die Eurozone etwas anderes werden sollte als eine Stabilitätsgemeinschaft. Das Karlsruher Maastricht-Urteil legt daher aus Sicht des deutschen Verfassungsrechts die sogenannte No-Bail-out-Klausel des Artikels 125 des EG-Vertrages, die es der Union oder einem Mitgliedstaat verbietet, für die Verbindlichkeiten eines anderen Mitgliedstaates einzustehen, sehr klar und restriktiv aus.

Die verfassungsrechtliche Frage lautet nunmehr, ob die »Übernahme von Verbindlichkeiten« dasselbe bedeutet wie die »Verlängerung von Kreditlinien« oder die »Gewährung eines Darlehens«. Mit anderen Worten: Wäre es rechtlich möglich, das zu tun, was meine ehemaligen EZB-Kollegen einige Wochen zuvor vorausgesehen hatten? Die No-Bail-out-Klausel zu umgehen, ohne gegen den Maastricht-Vertrag zu verstoßen, unabhängig davon, was der Geist dieser Bestimmung ursprünglich impliziert hatte?

Wie sich herausstellte, schloss die No-Bail-out-Klausel eine bilaterale Hilfe in der angedachten Form – rückzahlbares Darlehen – nicht explizit aus: Der Vertrag sieht diese Möglichkeit schlichtweg nicht vor. Interessanterweise hatte die Deutsche Bundesbank in ihrem Konvergenzbericht von 1998 bereits vor dem Eintritt in die Endphase der Währungsunion vorweggenommen, dass die No-Bail-out-Klausel Maßnahmen der bilateralen Finanzhilfe nicht sicher ausschließen könne.[10] Außerdem erlaubt das deutsche Haushaltsrecht der Bundesregierung, Bürgschaften mit künftigen Haushaltsauswirkungen zu übernehmen, wenn ein »besonderes öffentliches Interesse der Bundesrepublik« dies erfordert. Dies schien gangbar, denn die Stabilisierung des Euro-Währungsgebietes konnte als im eigenen Interesse Deutschlands liegend dargestellt werden. Eine bilaterale Hilfe schien aus rechtlicher Sicht also möglich.

Umstritten war hingegen die Frage, ob EU-Mittel für die Rettung Griechenlands eingesetzt werden könnten. Artikel 122 des Vertrages sieht in Absatz 2 eine finanzielle Unterstützung der Union für einen Mitgliedstaat vor, wenn dieser aufgrund von Naturkatastrophen oder außergewöhnlichen Ereignissen, die sich seiner Kontrolle entziehen, in ernste Schwierigkeiten gerät. Doch die Anwendung dieser Bestimmung auf den vorliegenden Fall schien zunächst ausgeschlossen: Die Haushaltsnotlage Griechenlands war selbstverschuldet und hätte durch eine verantwortungsvolle Finanzpolitik in der Vergangenheit verhindert werden können. Auch die vorangegangene Banken- und Finanzkrise war nur eine – und nicht einmal die hauptsächliche – Ursache für die damalige Sackgasse. Die Hauptursache lag vielmehr für die meisten Beobachter in der beklagenswerten Bilanz jahrelanger falscher Wirtschafts-, Haushalts- und Finanzmarktpolitik in Griechenland. In der Wissenschaft gab es allerdings auch eine andere Sicht der Dinge und eine umfangreiche Debatte über systemische Ursachen der Ungleichgewichte im Euroraum.[11]

In jedem Fall aber erlaubte Artikel 122 nur die Inanspruchnahme des bestehenden EU-Haushaltsrahmens. Die Aufnahme von Krediten im Namen der EU hingegen konnte auf der Grundlage von Artikel 352, der sogenannten Flexibilitätsklausel, ins Auge gefasst werden. Zu Beginn der Krise war dies noch nicht denkbar – es würde immerhin einen Konsensbeschluss des Rates erfordern, vorbehaltlich eines Zustimmungsgesetzes des Deutschen Bundestages. Später hingegen wurde dieser Weg durchaus beschritten – und ist inzwischen gang und gäbe geworden für die Ausweitung gemeinschaftlicher Verschuldung.

Das erwähnte Zustimmungsgesetz war in Deutschland übrigens aufgrund des Integrationsverantwortungsgesetzes erforderlich, das im vorausgegangenen Jahr nach dem Urteil des Bundesverfassungsgerichts zur Ratifizierung des Lissabon-Vertrages verabschiedet worden war. Es sieht in Bezug auf Artikel 352 vor, dass die Bundesregierung einer vorgeschlagenen Maßnahme nur dann zustimmen kann, wenn dies durch ein nationales Gesetz, das sowohl vom Bundestag als auch vom Bundesrat zu beschließen ist, ausdrücklich erlaubt wird. Dieses Gesetz steht in Wechselwirkung mit der bereits erwähnten gesetzlichen Verpflichtung der Regierung, Bundestag und Bundesrat »umfassend, zum frühestmöglichen Zeitpunkt und fortlaufend« über ihr europäisches Handeln zu berichten – ein Thema, das in den kommenden Jahren zu mehreren Niederlagen der Regierung gegen den Bundestag vor dem Bundesverfassungsgericht führte, da die Verwaltung unter Merkel dazu tendierte, ihr Agieren in europäischen Angelegenheiten gegenüber dem Parlament zu verschleiern, wie oben erwähnt.

Vorläufig also schienen die innerstaatlichen rechtlichen Anforderungen Deutschlands unüberwindbar für eine Kreditfinanzierung von EU-Finanzhilfe für Griechenland: Da bereits auf bilateraler Ebene ausreichend Hilfe geleistet wurde, war eine zusätzliche EU-Hilfe schlichtweg nicht nötig und hätte sogar dem Subsidiaritätsprinzip widersprochen. Außerdem war klar, dass eine solche EU-Hilfe einen gefährlichen Präzedenzfall schaffen würde, der zu einem permanenten europäischen Finanztransfer und Ausgleichssystem ähnlich dem deutschen Finanzföderalismus führen würde. Dieser Aspekt der Finanzverfassung wird von nicht wenigen als absichtlicher Konstruktionsfehler unseres Staatswesens erachtet, bewusst von der britischen Besatzungsmacht Deutschland auferlegt, um uns nachhaltig zu schwächen. Aber auch Befürworter des Finanzföderalismus konnten nachvollziehen, dass das Bundesfinanzministerium in Berlin mit Blick auf Athen und Brüssel seine jahrzehntelangen Verteilungs- und Rechtskämpfe mit den Bundesländern im Hinterkopf haben musste.

Gefährdete Banken

Neben der rechtlichen Dimension gab es noch einen weiteren Punkt von besonderem Interesse. Hierbei ging es um den Hauptgrund für das Rettungspaket: das Engagement deutscher und anderer europäischer Banken in griechischen Staatsschulden. Europa litt noch immer unter der Finanz- und Bankenkrise von 2007/2008, die durch die übermäßige Anhäufung von faulen Vermögenswerten in den Bankbilanzen ausgelöst worden war, die ihrerseits auf globale Blasen von faulen Krediten, beispielsweise US-Subprime-Hypotheken, zurückzuführen waren. Würden griechische Staatskredite und -anleihen nunmehr die nächste Blase sein, die in den Bilanzen der Banken platzte?

Das Finanzministerium hatte seinerzeit den deutschen Bankenrettungsfonds, den Sonderfonds Finanzmarktstabilisierung

(SoFFin), eingerichtet, der Banken mit bis zu 400 Milliarden Euro garantieren und ihnen bis zu 80 Milliarden Euro an Kapital zuführen konnte. Zehn Bankinstitute hatten den SoFFin in Anspruch genommen und verbrauchten dafür etwa die Hälfte des zur Verfügung stehenden Garantierahmens und etwa ein Viertel des zur Verfügung stehenden Kapitals. Mit anderen Worten: Der SoFFin hatte sein Pulver weitgehend trocken gehalten – und das war auch gut so. Seine mit Abstand größten Engagements waren die Hypo Real Estate, die West LB und die HSH Nordbank, und der SoFFin schloss seine Pforten schließlich 2018 mit einem Verlust für den deutschen Steuerzahler von 22,6 Milliarden Euro.[12]

Im Vergleich zu den deutlich härteren Maßnahmen, die andere Staaten ergriffen hatten, um das öffentliche Interesse gegen den Flächenbrand privater Bankinsolvenzen zu schützen, erscheint das deutsche Vorgehen für den Steuerzahler eher ungünstig.[13] Die Banken waren während der Finanzmarktkrise von Merkel zu sehr mit Samthandschuhen angefasst worden – ein durchaus symptomatischer Zustand, wenn man die staatliche Laxheit bedenkt, die gegenüber Banken in Zusammenhang mit dem Skandal um Cum-ex- und Cum-cum-Transaktionen gilt.

Bei Ausbruch der Griechenland-Krise musste man davon ausgehen, dass die sogenannten Bad Banks, die sich bereits unter der Ägide des SoFFin in Abwicklung befanden, zu allem Ungemach noch ein Übermaß an griechischen Anleihen in ihren Bilanzen aufweisen würden. Und wie sich tatsächlich herausstellte, galt dies vor allem für die ehemaligen Vermögenswerte der Hypo Real Estate und der West LB. Aber wie sah es mit der Stabilität des Bankensektors insgesamt aus? Würde ein griechischer Zahlungsausfall nicht einen plötzlichen, automatischen und unvermeidlichen Rückschlag in die finanzielle Nemesis bedeuten, so schlimm wie oder sogar noch schlimmer als 2007/2008? Damals hatte niemand mehr gewusst, wie schwer die anderen Institute in faulen Vermögenswerten engagiert waren. Das hatte seinerzeit zu einer Kernschmelze zunächst auf dem Interbanken-Geldmarkt und anschließend zum

Fall von Lehman Brothers geführt. Das drohte sich nun, und zwar deutlich schlimmer, zu wiederholen.

»Griechenland wird zehnmal schlimmer sein als Lehman«, hieß es somit mehrmals täglich in Berlin, vor allem aus New York, Washington und London, aber auch aus den Wolkenkratzern und gewissen Zwillingstürmen in Frankfurt. Aber wie schlimm könnte es wirklich werden? Niemand konnte eine genaue und zuverlässige Antwort geben. Zunächst hätte man die direkte *exposure* kennen müssen. Aber es war schwierig, bereits diese sachliche Information zu erhalten. Am ehesten hatte noch die Bank für Internationalen Zahlungsausgleich (BIZ) in Basel einen Überblick, die »Zentralbank der Zentralbanken«.[14] Nach Angaben der BIZ beliefen sich die Gesamtforderungen ausländischer Banken gegenüber griechischen (öffentlichen und privaten) Schuldnern Ende 2009 auf 298 Milliarden US-Dollar, von denen 107 Milliarden auf den griechischen Staat entfielen.

Ich fragte mich, wie das zehnmal schlimmer sein sollte als die Lehman-Bilanz von 2008, die sich auf immerhin 639 Milliarden US-Dollar belaufen hatte. Aber die allgemeine Auffassung lautete, dass ein Staatsbankrott die Stimmung an den Märkten wesentlich stärker erschüttern würde als eine Bankenpleite. Staatsschulden bilden nämlich das Fundament an risikoarmen Vermögenswerten von Banken und Unternehmen, gegen die sie wiederum Kredite am Markt aufnehmen können. Unter den risikogewichteten Aktiva stehen Staatsanleihen für das geringste Risiko und die höchste Liquidität. Wackelten nun Staatsanleihen, dann wackelte mit ihnen sogleich die gesamte Bankbilanz.

Folglich müsste man die verschiedenen Bestände an griechischen Staatsschulden konkret und detailliert untersuchen, und hier waren die Daten der BIZ unvollständig. Wir wussten nur, dass französische und schweizerische Banken jeweils etwa 80 Milliarden US-Dollar an griechischen (öffentlichen und privaten) Schulden hielten, wovon weit über 20 Milliarden US-Dollar von französischen Banken an öffentlichen Schulden und weniger als 10 Milliarden von den Schweizern gehalten wurden. Deutsche Banken waren wie die französischen mit etwa 20 Milliarden US-Dollar an öffentlichen Schuldtiteln und, in geringerem Maße als die französischen, mit etwa 40 Milliarden insgesamt beteiligt. Auch US-Banken (rund 5 Milliarden US-Dollar) sowie niederländische und irische Banken (jeweils rund 8 Milliarden US-Dollar) waren stark in griechischen Staatsschulden engagiert.

Trotz regen Austauschs mit der nationalen Bankenaufsicht, der Bundesanstalt für Finanzdienstleistungsaufsicht (BaFin), konnte niemand genau sagen, wie sich diese Summen auf die einzelnen Institute aufteilen würden – und diese wussten erst recht nicht über das Engagement der jeweils anderen Institute Bescheid. Somit konnte niemand das Risiko präzise abschätzen. Es handelte sich um die oben erwähnten *known unknowns* im Rumsfeldschen Sinne. Damit lag tatsächlich eine Situation vor, die der beängstigenden Welle der Unsicherheit ähnelte, welche die Finanzmärkte in der vorangegangenen Krise überspült hatte.

Ein Zahlungsausfall Griechenlands würde sofort einen sogenannten Erstrundeneffekt auslösen, indem er ein Loch in die Vermögenswerte jeder Bank in dem Maße reißen würde, in dem diese direkt gegenüber dem griechischen Staat oder griechischen Schulden im Allgemeinen exponiert wäre. Der Zweitrundeneffekt bestünde dann darin, dass die betreffende Bank anschließend Schwierigkeiten hätte, sich zu refinanzieren, und dadurch ins Straucheln käme. Das Ausmaß des Zweitrundeneffekts würde sich nach dem Gesamtumfang der Bilanzen der betroffenen Banken richten. Der am meisten gefürchtete Drittrundeneffekt bestünde dann in einem allgemeinen Zusammenbruch der Marktzuversicht und des gegenseitigen Vertrauens, wodurch wir wieder am Anfang der Finanzkrise angelangt wären, mit der Gefahr eines allgemeinen Bank-Runs und eines plötzlichen teilweisen oder sogar vollständigen Kollapses des Systems. Über das Ausmaß des Drittrundeneffekts konnte man nur spekulieren, aber wir erinnerten uns an 2008 und daran, dass letztlich alles mit allem zusammenhängt und es daher unerwartete Korrelationen von unerwarteten Ereignissen größten Ausmaßes geben könnte – und das waren die *unknown unknowns.*

Viele Jahre später und schon in gänzlich anderer Rolle hatte ich einmal Gelegenheit, einen damaligen, sehr hochrangigen Berater der Bundeskanzlerin nach seiner Lageeinschätzung jener Tage zu fragen. War er nicht der Meinung gewesen, dass wir bereits alle notwendigen Vorbereitungen getroffen hatten, um diesen erneuten Sturm zu überstehen? Schließlich gab es doch den SoFFin und alle gesetzlichen Bestimmungen, einschließlich der Patronatserklärung von 2008, mit der die Merkel-Regierung alle privaten Sparkonten garantiert hatte – ein erfolgreicher Bluff, der im Ernstfall ein Vielfaches der jährlichen Steuereinnahmen ausgemacht hätte und insoweit gar nicht glaubwürdig war? Ja, antwortete er, nach seiner Einschätzung hätte sich unser Finanzmarktstabilisierungspaket auch im Jahr 2010 bewährt – mit einer Wahrscheinlichkeit von 90 Prozent. Aber dann sagte er: »Ein zehnprozentiges Tail-Risiko ist zu viel, wenn man die politische Verantwortung trägt.« Da war sie – die eingangs erwähnte Toleranz oder Intoleranz kurzfristiger Risiken. Und warum, so fragte ich ihn, empfahl er der Kanzlerin dann nicht, die Vorkehrungen zur Stabilisierung der Finanzmärkte zu verstärken, anstatt Staatsanleihen zu stützen? »Das hätte zu viel Zeit gekostet«, lautete seine Antwort, die mich wenig überzeugte. Außerdem schien ihm eine neuerliche Bankenrettung wesentlich teurer zu werden als die Rettung Griechenlands. Schließlich erwarteten wir unser Geld von Athen zurück – in voller Höhe und mit Zinsen. Daran hatte nicht nur mein Gesprächspartner anfänglich tatsächlich geglaubt.

Die politischen Entscheidungsträger waren sich allerdings von Beginn an darüber im Klaren, dass Griechenland nur der Anfang eines geografisch noch viel breiteren Erdrutsches sein könnte. Es galt als das schwächste Glied in einer Kette von Mitgliedstaaten des Euroraums mit einer öffentlichen Finanzlage, die entweder schon vor der Bankenkrise nicht tragfähig war oder es als Folge der Krise schnell wurde. Die Angst vor Ansteckung war enorm. Umgekehrt hoffte man, mit einer Stabilisierung Griechenlands das Gesamtproblem zu lindern: Indem man die erste Staatspleite verhinderte, beugte man allen anderen vor. Während man nämlich einerseits in der Theorie das Fehlen von Regeln und Verfahren für Staatsinsolvenzen beklagte, wollte andererseits niemand eine solche in der Praxis riskieren: Über eine regelbasierte Staatsinsolvenz zu reden, ist in gewisser Weise inkonsistent. Man will sie im Prinzip, aber nicht in der Realität. Die Insolvenz Griechenlands zuzulassen und die finanzielle Schockwelle durch Gegenmaßnahmen im Bankensektor abzuwehren, war unter diesem Gesichtspunkt suboptimal, weil andere Länder wahrscheinlich nachrutschen und damit die Auswirkungen der zweiten und dritten Runde auf den Finanzmärkten insgesamt außer Kontrolle geraten würden. Wenn es zu einer Ansteckung käme, wollte man sie angesichts der vergleichsweise geringeren Größenordnung eher im öffentlichen Sektor als im Finanzsektor erleben.

Merkel und die lange Bank

So weit, so gut: Griechenland würde also gerettet werden müssen. Das war im Grundsatz entschieden. Warum aber schritt man dann nicht frisch zur Tat?»In Gefahr und größter Not ist der Mittelweg der Tod.« So sah es der Volksmund, und zahlreiche Kommentatoren argumentierten in diesem Sinne, dass es die Lage nur noch schlimmer machen würde, wenn man nun zuwarten würde.»*Too little, too late*«, das war eine gängige Kritik aus dem Ausland am deutschen Agieren.

Am 11. Februar 2010, dem Tag nach der internen deutschen Entscheidung, eine Rettungsoption vorzubereiten, kamen die Staats- und Regierungschefs der EU zusammen und erklärten:»Die Mitgliedstaaten des Euro-Währungsgebiets werden erforderlichenfalls entschlossene und koordinierte Maßnahmen ergreifen, um die

Finanzstabilität im gesamten Euro-Währungsgebiet zu gewährleisten. Die griechische Regierung hat keine finanzielle Unterstützung beantragt.«[15] Allen Marktteilnehmern war bewusst, dass Griechenland im April etwa 10 Milliarden Euro an frischen Krediten benötigte, um seine allein in diesem Monat fälligen Schulden zu bedienen. Die Anleiheemissionen im März wurden durch die Erklärung und die griechischen Sparmaßnahmen begünstigt, aber es war überhaupt nicht klar, ob das Vertrauen der Märkte dadurch dauerhaft wiederhergestellt werden konnte.

Insgeheim dachte ich, dass womöglich eine Sache noch schlimmer sein könnte als gar keine Marktnachfrage nach neuen griechischen Schulden: ein einziger Käufer in Form von China. Obwohl es keinerlei Anzeichen dafür gab, dass dies passieren würde, fragte ich mich, ob nur ich dieses Szenario im Hinterkopf hatte. Gleichzeitig hielt ich es für unklug, eine mögliche deutsche Unterstützung für Griechenland nur anzudeuten, um damit die Märkte vorübergehend zu beruhigen. Wir sollten keine Hilfe anbieten, in der Hoffnung, nicht um Hilfe gebeten zu werden, schrieb ich in mein Tagebuch. Die Marktteilnehmer würden diese Haltung förmlich wittern und unseren Mangel an Glaubwürdigkeit bestrafen. Ein Schlingerkurs schien nicht probat. Ich notierte:»Wir werden von Griechenland beim Wort genommen, sobald die Märkte uns nicht mehr beim Wort nehmen.« Wenn wir aber ohnehin zahlen müssten, dann sollten wir uns besser eine Strategie überlegen, was wir im Gegenzug von unseren europäischen Partnern verlangen wollten. Die Folgen wären meines Erachtens erstens Ansteckung und zweitens eine weitere Anhäufung von Schulden, letztlich auch zulasten unserer eigenen Staatsbilanz. Dies könnte auf lange Sicht die Preisstabilität untergraben – und im Gegenzug würden wir nichts»Strategisches« bekommen.

Für alle Fälle leitete das Ministerium das erforderliche Gesetzgebungsverfahren ein, um ein mögliches bilaterales Darlehen durch eine Garantie im Bundeshaushalt abzusichern. Es schlug eine Änderung des Entwurfs des jährlichen Haushaltsgesetzes für 2010 vor, das sich in diesem Jahr wegen der 2009 erfolgten Bundestagswahl ohnehin verzögert hatte. Das bilaterale Darlehen sollte von der deutschen Staatsbank, der Kreditanstalt für Wiederaufbau (KfW), gewährt werden. Rechtlich gesehen würde die Regierung das Parlament um die Genehmigung bitten, Garantien in Höhe von bis zu 50 Milliarden Euro für Darlehen an Mitgliedstaaten des Eurogebietes zu übernehmen, die für Notfallmaßnahmen zur Aufrechterhaltung ihrer Zahlungsfähigkeit bestimmt seien. Das Gesetz sollte von einem erläuternden Absatz begleitet werden, der besagte, dass solche Darlehen das Funktionieren der WWU und die Stabilität der Finanzmärkte im Euroraum absichern würden. Außerdem wurde festgelegt, dass diese Darlehen den deutschen Beitrag zu einer koordinierten Anstrengung darstellten und von der finanziellen Beteiligung anderer Euro-Mitglieder abhängig gemacht würden. Das Haushaltsgesetz sollte Anfang April 2010 in Kraft treten, rückwirkend für das gesamte Jahr.

Dieses formale und transparente Haushaltsverfahren wäre besser als eine Notgesetzgebung in letzter Minute: Ein Abwarten, bis die Gefahr eines Staatsbankrotts drohte, würde noch heftigere Reaktionen auf den Finanzmärkten auslösen. Demgegenüber hätte man vorsorglich handeln müssen, solange dies noch möglich war. Auch formaljuristisch ließ sich argumentieren, dass die Alternative – also Notmaßnahmen abseits der regulären Haushaltsgesetzgebung – einen Mangel an Respekt gegenüber den anderen am Verfahren beteiligten Verfassungsorganen ausdrücken würde. Über die angedachte Änderung des Haushaltsgesetzes wurde jedoch am 22. Februar 2010 in der Presse berichtet und diese umgehend auf Ersuchen des Kanzleramtes zurückgestellt. Als der Haushalt am 6. April 2010 in Kraft trat, enthielt er nicht die von Schäubles Experten empfohlene Regelung.

Eine andere Frage trat zwischenzeitlich in den Vordergrund: Das mögliche Rettungspaket für Griechenland sollte, wie erwähnt, gemäß der Rechtsauffassung des Ministeriums keine EU-Komponente beinhalten. Allerdings kam neben den bilateralen Krediten der Euro-Mitgliedstaaten ein weiterer multilateraler Geber ins Spiel: der Internationale Währungsfonds (IWF), dessen Beteiligung Anfang März zu einem hochpolitischen Thema wurde. Aus rechtlicher Sicht war dies zunächst das geringste Problem, da ein klassisches IWF-Programm im Falle einer Zahlungsbilanzkrise prinzipiell allen IWF-Mitgliedern zur Verfügung stand – allerdings mit dem Nachteil, dass die Programme ursprünglich auf die Behebung von Zahlungsbilanzkrisen in ausländischer und nicht in inländischer Währung ausgelegt waren. Darauf wies die Bundesbank in ihrem Monatsbericht vom März 2010 hin und betonte den »monetären Charakter« des IWF.[16]

Die Befürworter der IWF-Beteiligung argumentierten, dass nur der »Fonds«, wie er gemeinhin genannt wurde, über das Fachwissen verfüge, um ein Reformprogramm für ein ganzes Land in makro- und mikroökonomischer Hinsicht zu strukturieren. Diese Ansicht wurde von den Kollegen im Ministerium geteilt, die sich mit internationalen Finanzbeziehungen befassten, sowie von einer sehr kleinen, aber einflussreichen Gruppe christdemokratischer Abgeordneter. Wie sich herausstellte, wurde diese Ansicht auch von den Wirtschaftsfachleuten im Kanzleramt vertreten.

Die Gegner des IWF-Engagements teilten sich in zwei Lager: Die einen, von der politisch linken Seite, kritisierten das neoliberale Weltbild der in Washington ansässigen Institution, das durch den Ausspruch verkörpert wird, die englische Abkürzung »IMF« stehe für »it's mostly fiscal« und nicht für »International Monetary Fund«. Andere, zu denen auch der deutsche Finanzminister Wolfgang Schäuble gehörte, sahen das politische Gewicht außereuropäischer Mitgliedstaaten, vor allem das der USA, in innereuropäischen Angelegenheiten über Gebühr zum Tragen kommen, wenn der IWF ein Darlehen gewähren und das entsprechende Reformprogramm strukturieren und durchführen würde.[17]

Außerdem erkannte Schäuble die historische Chance, die institutionellen Mängel der gemeinsamen Währung wenigstens teilweise zu beheben. Während ich in der Sache zum Teil andere und noch weiterreichende Vorstellungen hatte, war ich dankbar, unter einem Minister zu dienen, der den strategischen Zusammenhang zwischen der aktuellen Krise und der europäischen Integration per se im Blick hatte – anders als die Kanzlerin. Obwohl er sich einer medizinischen Behandlung unterziehen musste und im Krankenhaus lag, erklärte Schäuble:

>»Wir sollten aber grundsätzlich sorgfältig prüfen, ob Fortentwicklungen oder Ergänzungen des institutionellen Rahmens sinnvoll sein können. Die Eurozone strebt an, ihre Probleme aus eigener Kraft lösen zu können. (...) Für die innere Statik der Eurozone brauchen wir eine Institution, die über die Erfahrungen des IWF und über analoge Durchgriffsbefugnisse verfügt.«[18]

Das Ministerium hatte auf Schäubles Auftrag hin bereits das Konzept für einen künftigen Europäischen Währungsfonds (EWF) vorbereitet. Für den Fall, dass ein Mitgliedstaat der Eurozone in eine Schuldenkrise geriete, solle dieser unter strengen Auflagen Liquiditätshilfe leisten – und es solle verboten sein, gleichzeitig Geld vom IWF anzunehmen. Darüber hinaus gebe es Regeln für die Zahlungsunfähigkeit des Staates, wenn das betreffende Land die vom EWF vorgeschriebenen Reformen nicht einhalte und insolvent würde. Schließlich könne ein Land, das die Auflagen partout nicht erfülle, aus der gemeinsamen Währung ausgeschlossen werden oder von sich aus austreten. Die Entscheidungen über Kredite, Reformprogramme, Insolvenz und Austritt würden auf Vorschlag des EWF und nach konsensualer Zustimmung der Eurogruppe ohne die Stimme des betroffenen Mitgliedstaates getroffen. Als Vorsichtsmaßnahme würden die Sanktionen des Stabilitäts- und Wachstumspakts (SWP) verschärft und »bissiger« gemacht – mit dem Ziel, Schuldenkrisen von vornherein zu vermeiden. So würde beispielsweise ein Land, das sich nicht an das Regelwerk des SWP halte, seine Stimme in den Entscheidungsgremien der gemeinsamen Währung verlieren.

Die Presse begrüßte Schäubles EWF-Initiative als »Berlins Masterplan für die Eurozone«,[19] und der Vizepräsident der Kommission für Wirtschaft und Währung Olli Rehn erklärte seine Bereitschaft, einen entsprechenden Legislativvorschlag der Kommission vorzulegen. Innerhalb der Regierung unterstützte die FDP, der Koalitionspartner der CDU, die Initiative ebenfalls voll und ganz – was durch Wirtschaftsminister Rainer Brüderle zum Ausdruck gebracht wurde, der zusätzliche Vorschläge für die Verwaltung und Finanzierung eines künftigen EWF machte.[20]

Die Rechtsexperten des Finanzministeriums wiesen jedoch auf die Notwendigkeit einer Vertragsänderung hin, wenn Schäubles Initiative das Licht der Welt erblicken sollte. Die Aussicht auf Vertragsänderungen jedoch schien den Minister nicht zu schrecken – ganz im Gegenteil: Wer konnte wissen, welches Reformpotenzial sich für das Vertragswerk insgesamt noch entfalten ließe? Doch wir hatten die Rechnung ohne Angela Merkel gemacht: Die Bundeskanzlerin zeigte sich nicht sonderlich angetan von unserem Projekt. Nach einem Staatsbesuch des griechischen Ministerpräsidenten Giorgos Papandreou in Berlin erklärte sie, Griechenland brauche keine finanzielle Unterstützung.[21] Ein künftiger EWF habe nichts mit der aktuellen Situation zu tun, sondern sei eine konzeptionelle Idee für die ferne Zukunft. Und nach einem Treffen mit dem luxemburgischen Premierminister und Vorsitzenden der Eurogruppe, Jean-Claude Juncker, erklärte sie einem verwunderten Publikum in bis zur Sinnlosigkeit verdrechselten Phrasen:[22]

Aus meiner Sicht ist es so, dass sich jetzt doch zeigt, dass eine Region, die eine eigene und gemeinsame Währung hat, nicht in der Lage ist, auf alle Fälle, die sich ergeben, ausreichend zu reagieren, wenn man sich die Zukunftsfähigkeit anschaut. Man kann vielleicht eine Projektion konstruieren. Wir haben uns politisch verantwortlich gefühlt. Aber eine europäische Reaktion ist nicht vorgesehen.

Wenn wir eine gemeinsame Währung haben wollen, sollten wir diese Möglichkeit ins Auge fassen. Heute haben wir sie so nicht. Deshalb geht es um eine Weiterentwicklung der Verträge, die aber auf gar keinen Fall den Stabilitäts- und Wachstumspakt aufweicht, sondern seine Instrumente nur schärft. Die Sanktion, dass man Geld an die EU zahlt, erweist sich nämlich zum Beispiel im Fall von Griechenland als nicht besonders sinnvoll, weil es ja gerade um einen Mangel an Geld und nicht um einen Überfluss an Geld geht. Das ist also ein Lernprozess.

Tags drauf traf die Bundeskanzlerin mit dem französischen Premierminister François Fillon zusammen. Beide lobten den Erfolg der jüngsten griechischen Politik und waren sich darin einig, dass ein künftiger EWF, falls er überhaupt zustande kommen sollte, derzeit nicht als Unterstützungsmaßnahme zugunsten Griechenlands angesehen werden könne. Merkel erklärte:[23]

Wir haben uns auch darüber unterhalten, welche Lehren wir gegebenenfalls aus einer solchen Situation, wie es sie mit Griechenland jetzt gibt, ziehen müssen. Das sind keine Antworten, die für Griechenland gelten. Aber wir müssen darüber hinausdenken. Dazu sage ich, dass die Möglichkeiten von Sanktionen geschärft werden müssen und dass auch die Möglichkeit, als Ultima Ratio einen Europäischen Währungsfonds zu schaffen, durchaus eine gute Idee ist, die wir natürlich im Detail diskutieren müssen. Das ist eine große Arbeit, die auch nur mit einer Vertragsänderung möglich sein wird. Aber Deutschland und Frankreich werden hierüber intensive Gespräche führen. Es ist so, dass wir jetzt angesichts der Probleme, die wir im Zusammenhang mit Griechenland haben, feststellen müssen, dass das Instrumentarium zum Beispiel von Sanktionen im Maastrichtvertrag und auch im europäischen Stabilitäts- und Wachstumspakt nicht ausreichend gewährleistet ist.

Merkel sprach auch über den Ehrgeiz der »Euro-Familie«, ihre Probleme intern zu lösen, und fügte hinzu:[24]

Dafür ist EWF gedacht, inklusive auch der Frage, was passieren würde, wenn ein Staat zahlungsunfähig ist, und wie man das in eine geord-

nete Prozedur überführen kann, damit nicht eine Situation entsteht,
wie wir sie von den Banken kennen, dass daraus ein systemisches Ri-
siko erwächst. Die Details müssen von den Fachleuten erarbeitet wer-
den, aber der EWF steht sozusagen am Ende einer Kette von aus mei-
ner Sicht notwendigen Reaktionen auf eine solche Situation. Das
oberste Gebot ist, alles dafür zu tun, dass eine solche Situation nie
wieder eintritt.

Die EZB hielt sich in der EWF-Debatte zurück und hütete sich, Schäubles Vorschlag zu unterstützen oder zurückzuweisen. Schäuble selbst war immer noch im Krankenhaus und musste zurückrudern. Er konzedierte, dass sein Vorschlag »keineswegs« gedacht gewesen sei, um mit der akuten Griechenland-Krise umzugehen. Er formulierte in einem Meinungsartikel: »Zweifellos wird es viel politischen Willen erfordern, die Regeln der Währungsunion rasch an die neuen Realitäten anzupassen. Aber es gibt keine Alternative zur Währungsunion.«[25] Erst vierzehn Jahre später, in seinen »Erinnerungen«, wurde Schäuble deutlicher: Er bezeichnete die Episode als »verpasste Gelegenheit« und vermutete, dass mit dem EWF die Geschichte anders verlaufen wäre – doch »mit Merkel war das nicht zu machen«.[26]

Mit Blick auf seinen gescheiterten Versuch, das Haushaltsgesetz zu ändern, und auf die von Merkel ausgebremste EWF-Initiative stellte die Presse nunmehr einen tiefen Riss zwischen der Bundeskanzlerin und ihrem Finanzminister fest und deckte auf, dass Merkel sogar versucht habe, Schäuble davon abzuhalten, mit dem EWF an die Öffentlichkeit zu treten.[27] Am 19. März hielt der Minister, gerade aus dem Krankenhaus entlassen und sichtlich geschwächt, seine Abschlussrede zur Haushaltsdebatte vor dem Bundestag.[28] Griechenland und der EWF wurden mit keinem Wort mehr erwähnt, lediglich einen Appell zur Einhaltung des SWP brachte er noch vor. Jener kurze Moment, in dem wir der Eurokrise eine strategische Wendung zugunsten der europäischen Einigung hätten geben können – er war schon vorüber.

In meinem Tagebuch notierte ich über die Debatte zwischen einem EWF und dem IWF:»Auf dem großen Marsch in die Inflation ist diese Frage nur eine Fußnote.« Ich war ohnehin skeptisch, was die Aussichten auf institutionellen Wandel betraf. Der Status quo war pfadabhängig und wurde von unüberwindbaren Besitzstandsinteressen gestützt. Der Merkelsche Pragmatismus sah die Unmöglichkeit von Vertragsänderungen als gegeben an. Sah Schäuble das nicht, fragte ich mich, oder tat er nur so und gab vor, als glaube er an die Möglichkeit einer strategischen Reform? Und welche dieser beiden Möglichkeiten sollte ich beunruhigender finden? Aus seinen *Erinnerungen* jedoch wird deutlich, wie konkret er die Chance zu einer grundlegenden Reform, ausgehend von einem EWF, eingeschätzt hatte.[29]

Was Merkel anbelangte, so hatte sie in ihrer Haushaltsrede vor dem Bundestag zwei Tage zuvor, am 17. März, europäische und internationale Beobachter auf andere Weise irritiert:[30] Sie hatte die Idee geäußert, keine »vorzeitige Hilfe« zu gewähren, sondern ein Land, das sich nicht an die Vorgaben halte, aus der gemeinsamen Währung auszuschließen:»Wir brauchen eine Vereinbarung, nach der es als letztes Mittel möglich ist, ein Land aus der Eurozone auszuschließen, wenn es immer wieder die Anforderungen nicht erfüllt.«[31] Während dies darauf abzielte, das heimische Publikum zu beruhigen, stieß es anderswo auf erbitterten Widerstand. EZB-Präsident Jean-Claude Trichet erklärte beispielsweise, dass es bei der Mitgliedschaft in der gemeinsamen Währung darum gehe, ein gemeinsames Schicksal zu teilen, und dass der Gedanke, einen Mitgliedstaat auszuschließen, »absurd« sei.[32]

Nun machten Frankreich und andere europäische Länder verstärkt die Exportabhängigkeit Deutschlands für die Krise verantwortlich, verbunden mit der deutschen Zurückhaltung, die Staatsausgaben zu erhöhen und die Steuern zu senken und damit die Binnennachfrage durch höhere Schulden zu stimulieren. Die französische Finanzministerin Christine Lagarde schlug vor:»Deutschland könnte vielleicht (...) die Steuern senken, um den Binnenkonsum zu fördern. (...) Diejenigen, die Defizite haben, müssen diese abbauen (...) und diejenigen, die einen Überschuss haben, sollten die Idee in Betracht ziehen, über eine einzige Wachstumsquelle hinauszugehen und andere Wachstumsquellen zu finden.«[33] Innerhalb der deutschen Verwaltung aber schien es es nur eine Meinung zu geben: Griechenland müsse seinen Haushalt konsolidieren und Strukturreformen durchführen, um seine Wettbewerbsfähigkeit zu erhöhen. Die Ursachen der Krise hätten nichts mit Deutschland oder gar mit systemischen Ungleichgewichten im Euroraum zu tun.

Tatsächlich wurde das Ziel eines ausgeglichenen Staatshaushaltes, dem unsere Spin-Doktoren den Namen »schwarze Null« gaben, im Jahr 2012 erreicht. Die schwarze Null wurde zu einem prominenten Markenzeichen für Schäubles Amtszeit im Finanzministerium, gleichsam ein politisches Erbe – ungeachtet der Tatsache, dass es sein Vorgänger Peer Steinbrück gewesen war, der den Begriff ursprünglich geprägt hatte. Schäuble selbst misst der schwarzen Null im Rückblick eine sehr erhebliche Bedeutung für seine Amtsführung bei.[34] Bei diesem Thema hatte er immerhin die öffentliche Rückendeckung Merkels, die in ihrer Haushaltsrede vor dem Bundestag erklärte, Deutschland werde seine Exportstärke nicht einbüßen und keine europäische Koordinierung der Handelsbilanzen innerhalb der Gemeinschaftswährung akzeptieren.[35]

Zunehmend beeinflusste nun die deutsche Innenpolitik das Rettungspaket für Griechenland. Am 9. Mai 2010 stand die wichtigste aller Landtagswahlen an, in Nordrhein-Westfalen, dem bevölkerungsreichsten Bundesland und dem größten Wirtschaftsgebiet innerhalb Deutschlands, mit einer Wirtschaftskraft von der Größenordnung der Niederlande. Die Landtagswahl dort gilt traditionell als »kleine Bundestagswahl«. Die regierenden Christdemokraten lagen in den Umfragen zurück und der amtierende Ministerpräsident Jürgen Rüttgers war durch einen Spendenskandal angeschlagen. Eine Niederlage in Nordrhein-Westfalen hätte aus bundespolitischer Sicht fatale Folgen: Die Union würde dadurch ihre Mehrheit im Bundesrat verlieren.

Während europäische Themen bei Landtags- und Bundestagswahlen in Deutschland normalerweise kaum eine Rolle spielen, hatte Griechenland das Potenzial dazu. Schon seit Wochen hatte die *Bild* eine Kampagne dagegen geführt, dass der hart arbeitende deutsche Steuerzahler für die verschwenderischen griechischen Sündenböcke, die keine Steuern zahlten und mit fünfzig in Rente gingen, zur Kasse gebeten werde. Den deutschen Bürgern wurde klargemacht, dass sie, was das Nettovermögen pro Kopf angeht, im Vergleich zu anderen EU-Ländern keine sonderlich hohen Ränge einnähmen. Andere Europäer, auch Südeuropäer, seien im Durchschnitt reicher als die Deutschen – nur ihre Staaten wirtschafteten schlechter als der deutsche. Warum sollten wir also den Südländern aus der Patsche helfen, die einfach nicht in der Lage seien, ihr öffentliches Haus in Ordnung zu halten? Diese zugespitzte Darstellung von letztlich nicht zu leugnenden Tatsachen stieß auch bei uns Beamten und, in privaten Gesprächen, sogar bei nicht wenigen Unionspolitikern auf Sympathie.

Ein Hauch von Ordnung

Im Vergleich zu den angelsächsischen und mediterranen Auffassungen ist das wirtschaftliche Denken in Deutschland speziell. Vereinfacht ausgedrückt, vertrauen die anderen mehr auf eine nachfrageorientierte Politik, während der deutsche Schwerpunkt viel stärker auf der Angebotsseite liegt.

Inspiriert von akademischen Denkern der Schumpeter-Schule, wird von der deutschen Wirtschaftspolitik verlangt, die Anforderungen der »Ordnungspolitik« zu erfüllen. Das zielt in der Regel darauf ab, die Produktivität zu steigern, die Kosten zu senken (Löhne und Lohnnebenkosten), Innovationen zu fördern und ein unternehmerfreundliches Investitionsklima zu schaffen. Ordnungspolitik gehört zur deutschen Wirtschaft wie der Mittelstand. Sie beinhaltet dezidiert keine keynesianische Nachfragestimulierung durch Defizitausgaben oder dergleichen.

Aus empirischer Sicht können beide Denkschulen für sich beanspruchen, angemessen und richtig zu sein – die angebotsseitige Politik auf lange Sicht und die nachfrageseitige Politik angesichts kurzfristiger Herausforderungen. Doch das politische System in Deutschland ist im Prinzip eher dogmatisch als pragmatisch auf eine angebotsseitige Politik ausgerichtet, die vorzugsweise auf Regeln und halbunabhängigen Institutionen beruht. Diese Tendenz wurde besonders deutlich, als es um ausländische Schuldnerländer ging, denen politische Vorgaben gemacht wurden, um die Rückzahlung der deutschen Kredite zu gewährleisten – und zwar gemäß dem deutschen Wirtschaftsdenken.

So waren sich Deutschland und Frankreich bei der Konzeption von Maßnahmen zur Ankurbelung des Wirtschaftswachstums und bei der Suche nach dem besten Weg aus der Schuldenkrise systematisch uneinig und verstanden einander schlichtweg nicht. Ich persönlich hatte den Eindruck, dass sich Gesprächspartner beider Länder ihrer intellektuellen Diskrepanz, die sich von der akademischen Debatte über die politische Ebene bis hin zu den verschiedenen Hierarchieebenen der jeweiligen Bürokratie erstreckt, nicht ausreichend bewusst waren. Beide Seiten reflektierten nicht die Besonderheiten ihrer eigenen Position und hielten vielmehr an der Überzeugung fest, dass ihre jeweilige Weltsicht die einzig vernünftige sei.

Die gemeinsame Währung mit ihren gemeinschaftlichen Institutionen und mühsamen Kompromissen überdeckt tiefe, grundlegende Gräben der Wirtschaftskultur, die quer durch Europa verlaufen. In der Krise reißen solche Abgründe auf. Diese Situation, so dachte ich, war noch kein gravierendes Problem, solange die ökonomische Integration eher begrenzt war – mit der Währungsunion aber wurde der tiefgreifende Unterschied in der Wirtschaftskultur zwischen Frankreich und Deutschland zum Kern der europäischen Malaise. Angesichts der Abhängigkeit Europas von unserer Finanzkraft erlangten wir kurzfristig eine historische Machtposition. Wir nutzen sie nicht, um Europa insgesamt voranzubringen, wie Schäuble das vorgeschlagen hatte – sondern um die deutsche Sichtweise auf Wirtschaftspolitik vorübergehend durchzusetzen. Das wirtschaftspolitische Diktat konnten wir ausüben, solange die Schuldenkrise in erster Linie mit fiskalischen Mitteln angegangen wurde – die komplett von unserer Zahlungskraft abhängig waren. Unsere Dominanz verschwand jedoch in dem Moment, als die Monetisierung der Staatsschulden durch die EZB zur bevorzugten und schließlich zur einzigen Vorgehensweise wurde, um den Euroraum zu stabilisieren – freilich auf Kosten der Preisstabilität.

Es gibt einen weiteren auffälligen Kontrast zwischen der deutschen und der französischen Politik bezüglich der Rolle der öffentlichen Finanzen: Als Beamte beneideten wir unsere französischen Kollegen manchmal um die Großzügigkeit, mit der sie Finanzdiplomatie betreiben konnten, vergleichsweise ungestört von innenpolitischen Sorgen der öffentlichen Meinung oder von parlamentarischen Verfahren oder gar Anfechtungen vor dem Verfassungsgericht. Kein Wunder, dass die Koordinierung von Gläubigerländern in den internationalen Finanzbeziehungen »Pariser Club« heißt und in der französischen Hauptstadt stattfindet, dachten wir. Finanzdiplomatie *à la française* erschien uns als ein Zweig der Außenpolitik, der vom nationalen Interesse und der Strategie der Staatskunst geleitet wird.

In Angela Merkels Deutschland hingegen fehlte sogar der Begriff des nationalen Interesses und der strategischen Staatskunst. Über die protestantische Ethik und den sprachlichen Zusammenhang zwischen »Schulden« und »Schuld« wurde bereits viel geschrieben,[36] und eine »Währung« ist im Deutschen etwas Wahres, Dauerhaftes und Festes. Etymologisch gesehen, ist »Währung« mit »Gewährleistung« verbunden, was die Sicherheit bedeutete, dass eine Münze die richtige Menge an Edelmetall enthielt und das wert war, wofür sie stand. Wird also auf dieser kulturellen Grundlage bei uns das Volk die politische Staatsführung wenigstens dafür zur Rechenschaft ziehen, wie sie mit seinem Privateigentum durch ihre Wirtschafts-, Finanz- und Währungspolitik umgegangen ist?

Das bezweifelte ich schon damals – und zwar nicht im Hinblick auf die kulturelle Präferenz der Deutschen, sondern auf ihre untertänige Bereitschaft, sich der jeweiligen politischen Führung stets zu beugen. Schäuble schien den wirtschaftskulturellen Unterschied zwischen Deutschland und Frankreich zu begreifen. Ich erinnere mich genau: Er scherzte einmal gegenüber einer französischen Delegation, dass man in Deutschland eine Wahl gewinnen könne, indem man die Konsolidierung der öffentlichen Finanzen verspreche – aber es sei angesichts der Natur des politischen Systems der Bundesrepublik schier unmöglich, dies umzusetzen. In Frankreich hingegen könne der Präsident ohne Weiteres einen Sparkurs beschließen und durchsetzen – aber damit würde er eine Revolution riskieren.

Das Ende der Fahnenstange

Zurück zur Krise: Vor allem innenpolitische Erwägungen – Nordrhein-Westfalen und das Risiko, vor das Verfassungsgericht zu kommen – bewogen die Bundeskanzlerin, ein IWF-Darlehen dem bilateralen Hilfspaket vorzuziehen, das das Finanzministerium zusammen mit den anderen Mitgliedstaaten der Eurogruppe bereits ausgearbeitet hatte. Im Vergleich zur laxen EU-Kommission war auch das Vertrauen in die Kompetenz und Unparteilichkeit des in Washington ansässigen IWF, ein »ordentliches« Programm für Griechenland durchzuziehen, deutlich stärker ausgeprägt.

Bei einem Treffen der EU-Staats- und Regierungschefs am 25. März 2010 lehnte Angela Merkel den europäischen Rettungsplan entschieden ab und forderte Griechenland auf, sich stattdessen notfalls an den IWF zu wenden. Sie setzte sich mit ihrer rundweg ablehnenden Haltung jedoch auf keine Weise durch. In der abschließenden Gipfelerklärung wurden beide Ansätze, der bilaterale und der IWF-Kredit, kombiniert:[37]

Wie am 11. Februar beschlossen, bekräftigen die Mitgliedstaaten der Eurozone ihre Bereitschaft, bei Bedarf entschlossene und koordinierte Maßnahmen zu ergreifen, um die Finanzstabilität in der Eurozone als Ganzes zu sichern. Als Teil eines Paketes, das eine umfangreiche Finanzierung durch den Internationalen Währungsfonds und einen Großteil der europäischen Finanzierung umfasst, sind die Mitgliedstaaten des Euroraums bereit, zu koordinierten bilateralen Darlehen beizutragen. Dieser Mechanismus, der die Finanzierung durch den Internationalen Währungsfonds ergänzt, muss als Ultima Ratio betrachtet werden, was insbesondere voraussetzt, dass die Marktfinanzierung nicht mehr ausreichend gegeben ist. Jegliche Auszahlung der bilateralen Darlehen würde von den Mitgliedstaaten des Euroraums einstimmig beschlossen, unter strengen Auflagen und auf der Grundlage einer Bewertung durch die Europäische Kommission und die Europäische Zentralbank. Wir erwarten, dass sich die Euro-Mitgliedstaaten auf der Grundlage ihres jeweiligen EZB-Kapitalschlüssels beteiligen würden. Ziel dieses Mechanismus ist es nicht, Finanzmittel zu den durchschnittlichen Zinssätzen des Euroraums bereitzustellen, sondern durch eine risikoadäquate Preisgestaltung Anreize zu schaffen, so schnell wie möglich zur Marktfinanzierung zurückzukehren. Die Zinssätze sind nicht konzessionär, das heißt, sie enthalten kein Subventionselement. Die Entscheidungen im Rahmen dieses Mechanismus werden in voller Übereinstimmung mit dem Rahmen der Verträge und den nationalen Rechtsvorschriften getroffen.

Merkel hatte versucht, in der Erklärung auch den Gedanken zu verankern, dass ein Land die einheitliche Währung verlassen solle, wenn es die fiskalischen Regeln fortlaufend nicht einhalte. Davon war jedoch nicht die Rede, sondern nur von der Verpflichtung, den SWP wie folgt zu überarbeiten:[38]

Die derzeitige Situation zeigt, dass der bestehende Rahmen gestärkt und ergänzt werden muss, um die Tragfähigkeit der öffentlichen Finanzen im Euro-Währungsgebiet zu gewährleisten und seine Hand-

lungsfähigkeit in Krisenzeiten zu verbessern. Für die Zukunft müssen die Überwachung wirtschaftlicher und haushaltspolitischer Risiken und die Instrumente zu deren Vermeidung, einschließlich des Verfahrens bei einem übermäßigen Defizit, gestärkt werden. Darüber hinaus brauchen wir einen robusten Rahmen für die Krisenbewältigung, der den Grundsatz der haushaltspolitischen Eigenverantwortung der Mitgliedstaaten respektiert.

Der Präsident des Europäischen Rates, der Erste seit Inkrafttreten des Vertrages von Lissabon, Herman Van Rompuy, wurde gebeten, eine Taskforce gemeinsam mit der Kommission, der EZB und der rotierenden Ratspräsidentschaft einzurichten, um »alle Optionen zur Stärkung des Rechtsrahmens« noch vor Jahresende zu prüfen. Dies war jedoch nur ein Nebenschauplatz zum Gesamtergebnis des Gipfels: Ab dem 25. März war die Bühne frei für eine koordinierte öffentliche Rettungsaktion für Griechenland durch die anderen Euro-Mitgliedstaaten in Zusammenarbeit mit dem IWF.

Die Reform des Stabilitäts- und Wachstumspakts würde vorhersehbar nicht viel bewirken, da wesentliche Fortschritte Änderungen des Primärrechts erfordert hätten – nicht anders als Schäubles Vorschlag eines EWF. Die französische Finanzministerin Christine Lagarde hatte bereits erklärt:»Es ist nicht wünschenswert, den Vertrag von Lissabon grundlegend zu reformieren.«[39] Dies war nicht einmal überraschend, da Frankreich im Gegensatz zu Deutschland eine Demokratie ist, die bei der Ratifizierung von europäischen Verträgen ein Referendum durchführen kann und dies auch tut. Obwohl ein solches Referendum nur in Irland verfassungsrechtlich vorgeschrieben und in Frankreich fakultativ ist, schien es politisch unmöglich, den Volksentscheid zu umgehen: Das französische Volk hatte bereits 2005 den Vertrag über eine Verfassung für Europa abgelehnt – ein bleibendes Trauma für jeden Politiker, der sich für eine verstärkte europäische Integration ausspricht. Daher gaben die meisten europäischen Politiker bestenfalls Lippenbekenntnisse zur Notwendigkeit einer Vertragsänderung ab – mit Wolfgang Schäuble als bemerkenswerte Ausnahme, der mehr als einmal konkrete Vorschläge zu Vertragsänderungen vorbrachte.

Kommissionsvizepräsident Rehn skizzierte seine Ansichten zur Reform der »Governance« des Euroraums während einer Sitzung der Eurogruppe am 16. April in Madrid. Wie Deutschland sprach sich auch die Kommission für einen gestärkten SWP aus, der jedoch keine Vertragsänderung benötigen und damit die Vorbehalte Frankreichs und anderer Mitgliedstaaten berücksichtigen sollte. Das Defizitverfahren sollte vor allem durch zusätzliche Sanktionen für Mitgliedstaaten, die die Vorschriften nicht einhalten, »Zähne« bekommen, indem Zahlungen aus den Struktur- und Kohäsionsfonds einbehalten würden. Die Kommission wollte die wirtschaftspolitische Koordinierung durch die Überwachung makroökonomischer Ungleichgewichte und Divergenzen in der Wettbewerbsfähigkeit verbessern. Im Rahmen des SWP sollte Brüssel Befugnisse für eine sogenannte Ex-ante-Koordinierung der Haushaltspolitik der Euro-Mitglieder erhalten. Schließlich griff Rehn Schäubles EWF-Vorschlag in abgespeckter Form auf und schlug einen permanenten Mechanismus zur Krisenbewältigung anstelle von Ad-hoc-Hilfen vor.

Schäuble begrüßte die Vorschläge Rehns, insbesondere die zur Stärkung des Defizitverfahrens. Doch einige von Rehns Ideen stießen in Berlin auf taube Ohren. Deutschland lehnte jegliche Vorstellung einer Ex-ante-Koordinierung der nationalen Finanzpolitik ab, die als nationales und im Übrigen auch parlamentarisches Vorrecht angesehen wurde. Deutschland lehnte auch jede verbindliche Behandlung makroökonomischer Ungleichgewichte ab – was schließlich die ohnehin schon umstrittene deutsche wirtschaftspolitische Strategie ausgeglichener Haushalte und exportorientierten Wachstums berührt hätte. Was den neuen Mechanismus – oder die Institution – zur Krisenbewältigung betraf, so bezweifelte Deutschland die Auffassung der Kommission, dass eine solche Initiative auf Artikel 136 des Vertrages gestützt werden könne. Hier sah Berlin vielmehr die Notwendigkeit und auch den Hebel für eine Vertragsänderung durch die Hintertür. Im Rahmen einer Reform des Primärrechtes hätte Deutschland auf eine generelle Aussetzung der Stimmrechte von Mitgliedstaaten gedrängt, die das Defizitverfahren nicht einhalten, sowie auf die finale Option, ihren Austritt aus der gemeinsamen Währung zu erzwingen. Es war bei dieser divergenten Ausgangslage klar, dass die Van-Rompuy-Taskforce, die am 21. Mai ihre Arbeit aufnehmen sollte, sich nicht ohne Weiteres auf eine Reform der Governance einigen würde.

Würde die EU-Erklärung vom 25. März nun aber wenigstens ausreichen, um die Märkte zu beruhigen und einen regulären Rollover der fälligen Griechenland-Tranche zu ermöglichen? Wir sahen uns den Kalender der fälligen griechischen Verpflichtungen an: fünf Milliarden Euro müssten bis zum 10. April aufgenommen werden, und bis Ende Mai waren insgesamt 22 Milliarden Euro erforderlich. Die Rendite war auf über sechs Prozent gestiegen, wodurch sich der Abstand zum Bund auf über drei Prozentpunkte vergrößerte. Früher oder später würde der Anstieg der Zinszahlungen alle diskretionären Kürzungen bei den Primärausgaben aufwiegen – und das Defizit außer Kontrolle geraten.

Nicht nur Merkel, sondern auch der griechische Ministerpräsident Papandreou hatte ein innenpolitisches Problem: Seine Sparmaßnahmen waren äußerst unpopulär, und natürlich war den hellenischen Bürgern bewusst, dass alle hart erarbeiteten Ersparnisse durch die ständig wachsende Last des Schuldendienstes sofort wieder aufgezehrt würden. Lohnkürzungen im öffentlichen Dienst und ein neues Rentengesetz traten in Kraft, begleitet von einem neuen Steuergesetz, das nicht einmal mehr die orthodoxe Kirche verschonte. Die Bürger verloren minütlich Vergünstigungen, Schlupflöcher und liebgewonnene Privilegien und wurden zu immer höheren Beiträgen herangezogen – aber wofür? Natürlich für die Kassen der internationalen Finanzinvestoren – so stellte es zumindest die griechische Presse dar, nicht ganz zu Unrecht.

In dieser Situation war Papandreou offensichtlich der Meinung, dass externe Hilfe den politischen Sturm und den Druck der Märkte lindern könne. Daher forderte er seine europäischen Partner immer lauter auf, sie vorzubereiten. Ein auf dem Tisch liegendes Hilfsangebot, so Papandreou, könne ausreichen, um den Märkten zu sagen: »Hände weg, keine Spekulationen. Lasst dieses Land tun, was es tut.«[40] Am Montag, den 29. März, brachte Griechenland seine 5-Milliarden-Euro-Anleihe auf den Markt. Trotz einer Laufzeit von nur sieben Jahren und einem Zinssatz von sagenhaften 5,9 Prozent war der Appetit der Anleger bemerkenswert gering. Nach Angaben von Marktbeobachtern gehörten französische Staatsbanken zu den größten Bietern.[41] Die Transaktion hatte insgesamt eine Signalwirkung, denn die Zinssätze für griechische Staatsanleihen und CDS nahmen nur leicht zu. Die unmittelbare Krisenstimmung hatte sich etwas gelegt – allerdings nur für eine Woche.

Bereits in der zweiten Aprilwoche stiegen die Renditen griechischer Anleihen wieder steil nach oben, da der Markt offensichtlich immer höhere Risikoprämien verlangte. Die Ratingagenturen senkten den Status Griechenlands auf BBB– (Fitch), BBB+ (S&P) und A2 (Moody's).

Um griechische Anleihen trotz der drohenden Staatspleite weiterhin als Sicherheiten für Zentralbankliquidität zuzulassen, änderte die EZB daraufhin ihr Regelwerk. Sie beließ die Mindestbonitätsschwelle über Ende 2010 hinaus auf dem untersten Niveau dessen, was gerade noch als Investment Grade gelten konnte, nämlich BBB–, sodass die Banken weiterhin griechische Staatsanleihen als Sicherheiten hinterlegen konnten. Allerdings kündigte die EZB einen abgestuften Bewertungsabschlag ab 2011 an, der strenger sein würde als der bisherige einheitliche Abschlag von 5 Prozent auf solche Vermögenswerte.[42] Dies war ein Kompromiss im EZB-Rat zwischen denjenigen, die dafür plädierten, dass griechische Vermögenswerte nicht mehr als Sicherheiten angerechnet werden sollten, und denjenigen, die auf weitere Nachsicht drängten: Das Prinzip »Wasch mich, aber mach mich nicht nass« galt offenbar nicht nur in Berlin, sondern auch in Frankfurt.

Die Finanzminister der Euro-Mitgliedstaaten ließen in den ersten beiden Aprilwochen die finanziellen Einzelheiten des bilateralen Hilfspaketes ausarbeiten und einigten sich am Sonntag, dem 11. April 2010, in einer Telefonkonferenz auf die Bedingungen. Telefonkonferenzen und Dringlichkeitssitzungen an Sonntagen wurden in den nächsten Jahren zur Gewohnheit. Sie wurden in der Regel durch die Notwendigkeit bestimmt, der Öffentlichkeit Ergebnisse zu präsentieren, bevor die Finanzmärkte in Tokio am Montagmorgen den Handel eröffneten. Die Presse wurde rechtzeitig informiert und berichtete am 12. April ausführlich über die Einigung: Die bilateralen Kredite würden sich 2010 auf bis zu 30 Milliarden Euro belaufen und den Refinanzierungsbedarf für den Rest des Jahres übersteigen. Die Gesamtobergrenze über 2010 hinaus wurde nicht genannt; Beobachter gingen von etwa 80 Milliarden Euro aus. Der Umfang des IWF-Darlehens wurde noch nicht festgelegt, dürfte aber etwa ein Drittel des Gesamtpaketes ausmachen, das die Finanzmärkte durch seinen Umfang überraschen und beeindrucken sollte. Die deutsche Komponente des ersten 30-Milliarden-Paketes würde sich auf 8,4 Milliarden Euro belaufen, was dem deutschen Anteil von 28 Prozent am EZB-Kapital entsprach. Die Laufzeit des Darlehens wurde auf drei Jahre festgesetzt. Griechenland sollte 5 Prozent Zinsen zahlen. Die Berechnung basierte auf dem Euribor plus 3 Prozentpunkte und einer Verwaltungsgebühr von 0,5 Prozentpunkten.

Kommissionsvizepräsident Olli Rehn räumte ein, dass der Zinssatz des Hilfspakets unterhalb der Marktzinsen lag. Der Vorsitzende der Eurogruppe Jean-Claude Juncker hingegen behauptete, dies stelle keine Subvention dar und der Kredit werde zurückgezahlt, womit die No-Bail-out-Klausel des Maastrichter Vertrages eingehalten werde.[43] Junckers Behauptung wurde, obwohl sie den Tatsachen widersprach, in deutschen politischen Kreisen häufig und fast wie ein Mantra wiederholt.

Der griechische Premierminister Papandreou verpflichtete sich, nur dann um Hilfe zu bitten, wenn die Marktentwicklung ihn dazu zwingen würde. Aber: »Der Revolver ist jetzt geladen«, sagte er, und dieser Revolver könne gegen die Spekulanten eingesetzt werden.[44] Etwas anders kommentierte der deutsche Regierungssprecher Christoph Steegmans: »Dass ein Feuerlöscher an der Wand hängt, sagt nichts über die Wahrscheinlichkeit aus, ob er gebraucht wird.«[45]

Die Zinssätze für griechische Anleihen gingen nach der Ankündigung des Paketes nicht wesentlich zurück, und der Risikoaufschlag gegenüber deutschen Bundesanleihen stieg auf 3,7 Prozent. Marktbeobachtern zufolge zweifelten die Anleger an der Fähigkeit der deutschen Regierung und anderer, alle politischen und rechtlichen Hürden schnell zu überwinden, bevor die Kredite zur Verfügung gestellt werden konnten.

In der Tat wurde Berlin nun von der Tatsache eingeholt, dass das Haushaltsgesetz nicht vorsorglich die erforderlichen Bestimmungen enthielt – wie Schäuble es vorgeschlagen und die Kanzlerin es verhindert hatte. Zu allem Überfluss lag der Finanzminister seit Anfang April erneut im Krankenhaus, und es mehrten sich Gerüchte, dass er nach der Wahl in Nordrhein-Westfalen zurücktreten würde. Auch in den Niederlanden schien die parlamentarische Zustimmung zu dem Darlehen alles andere als sicher. Griechenland schien zwar noch über genügend Mittel zu verfügen, um die am 20. April fälligen Anleihen in Höhe von 8,2 Milliarden Euro zu verlängern. Weitere 8,7 Milliarden Euro würden jedoch am 19. Mai fällig werden, und dieser Punkt rückte allmählich in das Zentrum des Zeitstrahls. Um einen Zahlungsausfall zu vermeiden, müsste Griechenland deutlich vor diesem Termin um Hilfe bitten, damit die parlamentarischen Verfahren und technischen Vorbereitungen aufseiten der Geber rechtzeitig abgeschlossen werden könnten.

Am Donnerstag, dem 15. April 2010, ersuchte Griechenland um Gespräche mit der Kommission, der EZB und dem IWF – der sogenannten Troika – über die Einzelheiten des Strukturanpassungsprogramms, das das Kreditpaket begleiten sollte. Dieses offizielle Ersuchen wurde allgemein als eindeutiges Zeichen dafür gewertet, dass das Rettungspaket nun unmittelbar bevorstehe. Griechenland zahlte mittlerweile mehr als 7 Prozent Zinsen für zweijährige Anleihen, und im Vergleich dazu sahen die Bedingungen des Rettungspaketes finanziell überaus attraktiv aus.

Die Kommission kündigte an, dass sie zu den von Griechenland gewünschten Gesprächen bereit sei und dass die Definition eines möglichen Programms sicherlich dazu beitragen werde, die Märkte endlich zu beruhigen: Die Märkte wollten das Programm zwar »sehen«, das bedeute aber noch nicht unbedingt die Aktivierung der Kredite.[46] EZB-Direktor Jürgen Stark erklärte hingegen: »Wir haben womöglich schon die nächste Phase der Krise erreicht: eine Staatsschuldenkrise.«[47]

Mir kam die Situation als seltsame Umkehrung der Kausalität vor: Während der Bail-out als eine Option unter mehreren aus der finanziellen Situation hervorgegangen war, sah es nun so aus, als ob sich die Situation selbst zielgerichtet und ausschließlich in Richtung Bail-out entwickelte. Die Notkredite für Griechenland waren zu einem kognitiven Fokus geworden, auf den alle Akteure mental konvergierten. Politiker, die bis vor Kurzem den Gedanken an einen Bail-out strikt abgelehnt hatten, verteidigten nun den Rettungsplan für Griechenland als das einzig Vernünftige – ein bemerkenswerter Gesinnungswandel, an den ich mich nur schwer gewöhnen konnte.

Eines Abends in jener Zeit zeigte mir ein Freund ein antiquarisches Buch über die Geschichte und Politik Griechenlands, das Ende der 1850er-Jahre in Frankreich erschienen war. Es gab darin auch einen Abschnitt über die hellenischen Staatsfinanzen, der mit dem bemerkenswerten Satz begann: »*La Grèce est toujours en faillite*« (»Griechenland ist immerzu bankrott«). Ich überflog die gesamte Passage und las von Darlehen im 19. Jahrhundert, die von Großbritannien, Frankreich und Russland, vor allem aber vom Königreich Bayern den Griechen gewährt worden waren – und von denen keines jemals ordnungsgemäß zurückgezahlt worden war. So viel politischer Nutzen liegt in der Unkenntnis der Geschichte, dachte ich. Würde es uns dieses Mal besser ergehen?

Die Gespräche über das Anpassungsprogramm sollten etwa zwei Wochen währen. Grundlage der Arbeit waren die Empfehlungen, die Griechenland bereits im Rahmen des Defizitverfahrens des SWP von der Kommission erhalten hatte. Die einzelnen Maßnahmen wurden nun jedoch konkret ausbuchstabiert, und ihre Umsetzung sollte streng überwacht werden. Die jeweiligen Tranchen des Kreditpaketes sollten nur unter der Bedingung ausgezahlt werden, dass klar definierte Zwischenziele des Programms umgesetzt worden seien. Das war bewährte IWF-Politik, aber ich fragte mich, ob es dann nicht auch wieder inkonsistent sein würde, die Auszahlung einer Tranche von der Umsetzung der Reformmaßnahmen abhängig zu machen, wenn wiederum die Insolvenz unmittelbar bevorstünde.

Die technischen Vorbereitungen auf deutscher Seite betrafen vor allem die staatliche KfW. Sie sollte im Auftrag der Regierung handeln, indem sie einen kurzfristigen Kredit auf dem Interbankenmarkt aufnehmen würde, der durch eine Bundesgarantie abzusichern war. Die KfW wurde an der Ausarbeitung des Darlehensvertrages beteiligt. Da Deutschland deutlich weniger Zinsen als 5 Prozent zahlte, würde sich eine ansehnliche Marge ergeben.

Die Garantie müsste in Form eines Haushaltsänderungsgesetzes erfolgen – da keine Vorsorge getroffen worden war – und vom Bundestag mehrheitlich beschlossen werden. Was die Gesetzgebung anbelangte, schlug das Ministerium vor, die Gesetzesänderung quasi huckepack auf ein anderes Gesetz in der legislativen Pipeline aufzusatteln. Hierfür bot sich ein Gesetz an, das den Finanzplanungsrat abschaffen sollte. Dieses als »Omnibus« bezeichnete Verfahren war bei unumstrittenen Themen durchaus üblich. Im vorliegenden Fall erweckte es jedoch selbst in den Reihen der Regierungsparteien Misstrauen. Die CDU/CSU-Fraktion beschloss, die Griechenland-Garantie stattdessen in einem separaten Gesetz zu verankern, um zumindest etwas Transparenz im Verfahren zu gewährleisten. Auch der Koalitionspartner FDP äußerte Kritik daran, die Garantie als reine Formalität abzusegnen.

Wie heikel und unpopulär die Maßnahme war, zeigte sich an den Querelen im politischen Raum, die unmittelbar mit Aufnahme der Gesetzgebung anhoben. So erklärte beispielsweise Georg Nüßlein, Sprecher der CSU-Fraktion im Europäischen Parlament (und später in der Corona-Krise ein Empfänger hoher Provisionen für Masken-Deals):»Griechenland hat sich in den Euroraum geschummelt. Das darf nicht mit ehrlich erwirtschafteten deutschen Steuer-Euros belohnt werden.«[48] Trotz seiner anhaltenden gesundheitlichen Probleme verbrachte Finanzminister Schäuble am 21. April 2010 mehrere Stunden in verschiedenen Parlamentsausschüssen und bemühte sich, die Abgeordneten der Regierungsparteien und der Opposition gleichermaßen weichzuklopfen.

Erst nach und nach erfuhr ich an persönlich bekannten Beispielfällen, welcher Druck auf Abweichler in der eigenen Fraktion ausgeübt wurde. Der Abgeordnete ist nur seinem Gewissen verantwortlich, dachte ich – doch wie steht es damit in der Praxis der Merkel-Regierung? Umgangssprachlich verwendeten wir bei der Vorbereitung solcher Sitzungen häufig medizinische Begriffe wie das »Massieren« oder »Beatmen« skeptischer Abgeordneter. Damit überspielten wir den massiven hierarchischen Druck, der innerhalb der Regierungsfraktionen ausgeübt wurde – mit den von uns gelieferten Argumenten. In der Union wurden die standhaft gebliebenen Abweichler wie Geächtete behandelt und später aus einflussreichen Positionen im Parlament entfernt. Der prominenteste Fall war der CDU-Abgeordnete Klaus-Peter Willsch, der später auch gegen den ESM opponierte, seine Schlüsselstellung im Haushaltsauschuss verlor und damit sogar für die Öffentlichkeit erkennbar abgestraft wurde.[49] Dieser Umgang mit demokratischen Vertretern des Volkes – des Souveräns in unserem Staatswesen – entsprach nach meinem Empfinden nicht dem Geist der Verfassung; aber er schien vollkommen selbstverständlich, selbst den Betroffenen, soweit ich sie befragen konnte.

Am Donnerstag, dem 22. April 2010, stürzten griechische Anleihen an den Kapitalmärkten ab und versetzten auch viele andere

Anlageklassen in Aufruhr. Griechische zehnjährige Anleihen fielen um etwa 5 Prozent, sodass sich die kumulierten Verluste seit Monatsbeginn auf schwindelerregende 15 Prozent beliefen. Der Zinssatz stieg auf 8,7 Prozent und war damit höher als die Zinssätze einiger Entwicklungsländer. Ausgelöst wurde der Absturz durch neue Daten zur Staatsverschuldung und zu den Defiziten: Eurostat gab bekannt, dass das Defizit 2009 um 0,7 Prozentpunkte höher lag als die zuvor gemeldeten 12,9 Prozent des Bruttoinlandsproduktes. Dies war ein erschreckend großer Abstand zu den weniger als 4 Prozent, die Athen im Vorjahr offiziell gemeldet hatte.

Marktbeobachter diskutierten nun offen über einen Schuldenschnitt für Griechenland, wie er 2005 in Argentinien vorgenommen worden war. Sie gingen davon aus, dass das geplante Rettungspaket für Griechenland deutlich über die angekündigten 30 Milliarden Euro hinausgehen und diesen Betrag wahrscheinlich verdreifachen müsse. Alarmierend stieg der Zinssatz nun auch für portugiesische Anleihen und näherte sich der 5-Prozent-Schwelle, die Anfang 2010 den Beginn der griechischen Schuldenkrise markiert hatte. Es schien unausweichlich, dass Griechenland nun das Rettungspaket in Anspruch nehmen würde – weniger als eine Woche, nachdem der deutsche Finanzminister noch erklärt hatte: »Und noch immer glauben wir, dass die Griechen auf dem richtigen Weg sind und dass sie am Ende gar nicht vielleicht die Hilfe in Anspruch nehmen müssen.«[50]

Ich war daher nicht allzu überrascht, als ich am späten Vormittag des Freitags, 23. April 2010, einen Anruf aus dem Büro des griechischen Finanzministers George Papakonstantinou erhielt. Meine griechische Amtskollegin E. teilte mir mit, dass das Ersuchen Athens um finanzielle Unterstützung nun anstehe. Ich bestätigte ihr noch einmal meine E-Mail-Adresse und sagte, dass ich mich bereithalten würde. Unverzüglich informierte ich meine Vorgesetzten. Um genau 12.40 Uhr schickte E. eine Kopie des Aktivierungsschreibens, das an die Herren Juncker, Rehn und Trichet gerichtet war. Es lautete wie folgt:[51]

Sehr geehrte Damen und Herren,
im Einklang mit der Erklärung der Staats- und Regierungschefs vom
25. März 2010, Griechenland bei Bedarf finanzielle Unterstützung zu
gewähren, und der darauffolgenden Erklärung der Eurogruppe bean-
tragt Griechenland hiermit die Aktivierung des Unterstützungsme-
chanismus.
Mit freundlichen Grüßen
George Papakonstantinou

3 Der schwere Entschluss

Bail-out-Choreografie

Während ich über den Brief selbst nicht überrascht war, waren meine Kollegen und ich scherzhaft enttäuscht über dessen Stil. Die Stunde fühlte sich historisch an, und wir waren entsprechend animiert, das Ereignis unmittelbar mitzuerleben. Doch im Kontrast dazu war der Wortlaut des Schreibens trocken bis banal und dem dramatischen Moment für unseren Geschmack nicht angemessen. »Hätte nicht wenigstens ein Hermes mit Flügelhelm die Briefrolle überbringen können?«, scherzte einer der anwesenden Abteilungsleiter.

Wenig später wurde es dann stilvoller: Der griechische Ministerpräsident Papandreou fand emotionale Worte, als er seine Pressekonferenz auf der vermutlich wunderschönen Insel Kastellorizo in der Mittagssonne der Ägäis vor dem hellen Licht eines strahlend blauen Himmels gab, die live in die ganze Welt übertragen wurde: »Wir glauben, dass unsere europäischen Partner entschlossen handeln und Griechenland einen sicheren Hafen bieten werden, um unser Staatsschiff mit starken und zuverlässigen Werkstoffen wiederaufzubauen.«[1]

Die anschließende Entwicklung rund um die IWF-Frühjahrstagung in Washington und die begleitende Kommunikation zeigten eine sorgfältig einstudierte Choreografie, an der wir nicht beteiligt waren. Am Sonntag, dem 25. April 2010, empfing der Chef des IWF, Dominique Strauss-Kahn, den griechischen Finanzminister

George Papakonstantinou. Vor der Presse äußerte sich Strauss-Kahn beeindruckt von dem griechischen Reformpaket und zeigte sich zuversichtlich, dass Griechenland und seine europäischen Partner sich rechtzeitig darauf einigen würden, den Finanzbedarf Athens zu decken. Papakonstantinou deutete Anfang Mai als wahrscheinlichen Termin für die Aktivierung des Programms an. Dies wurde von Kommissionsvizepräsident Olli Rehn bestätigt. Eine Umschuldung oder Schuldenrestrukturierung aber lehnte Papakonstantinou kategorisch ab – eine Maßnahme, die damals eigentlich niemand in offizieller Funktion ernsthaft in Betracht zu ziehen wagte. In Washington war man sich einig, über Umschuldung nicht einmal zu sprechen.[2]

Darüber hinaus erklärte Papakonstantinou, Griechenland werde »für immer« in der Eurozone bleiben, und wies damit Austrittsforderungen zurück, die in Deutschland vor allem eine Zeit lang von der Kanzlerin und nun zumindest noch aus den Reihen der bayerischen Christdemokraten (CSU) lautstark geäußert worden waren. Widerstand gegen die Rettungspolitik in Deutschland kam auch von prominenten FDP-Leuten, die immerhin in einer Koalition mit CDU und CSU regierten. Hermann Otto Prinz zu Solms-Hohensolms-Lich, der selbst gerne Finanzminister geworden wäre,[3] griff Schäuble scharf an: »Es war offenkundig eine Fehlentscheidung des Finanzministers, den Griechen vorab finanzielle Hilfen zuzusichern.«[4] Nach dem griechischen Antrag sei es nunmehr unmöglich geworden, den Kredit noch abzulehnen. Er spielte damit unbewusst auf die zeitliche Inkonsistenz einer strengen Konditionalität an: Unabhängig von unseren Bedingungen konnten wir in Wahrheit nicht mehr Nein sagen ...

In Washington war unisono ein Aufatmen und gegenseitiges Schulterklopfen zu vernehmen. US-Finanzminister Timothy Geithner begrüßte »den größeren Sinn für Dringlichkeit, den wir sehen«, und die französische Finanzministerin Christine Lagarde erklärte kämpferisch, Frankreich werde »das Territorium des Euro verteidigen«.[5] Wolfgang Schäuble war indes nicht zur Frühjahrstagung von IWF und Weltbank nach Washington gereist, sondern aus gesundheitlichen Gründen in Berlin geblieben. Er nutzte die Zeit für Sitzungen der parlamentarischen Ausschüsse, um die hartnäckigen Skeptiker in den Regierungs- und Oppositionsparteien umzustimmen – denn die Abstimmung über das deutsche Garantiegesetz stand ja erst noch bevor. Außerdem gab er in jenen Tagen eine Vielzahl von Presse- und Fernsehinterviews, um auch die deutsche Öffentlichkeit von der Richtigkeit der Rettungspolitik zu überzeugen. Eine typische Argumentationslinie, wie wir sie ihm aufgeschrieben hatten, lautete wie folgt:

Griechenland sei durch »überzogene« Zinssätze auf den internationalen Finanzmärkten »die Luft abgeschnürt« worden. Die deutsche Kreditanstalt für Wiederaufbau (KfW) werde ein von der Bundesrepublik verbürgtes Darlehen bereitstellen, aber kein Geld aus dem Bundeshaushalt benötigen. Das ehrgeizige Anpassungsprogramm sei »unverzichtbar« und eine »absolute Voraussetzung« für die Zustimmung Deutschlands, und dank der Anpassung »können wir davon ausgehen, dass das Land die Kredite auch zurückzahlt«. Die deutsche Bürgschaft belaufe sich auf bis zu 8,4 Milliarden Euro, und diese würden nur fließen, wenn sich Griechenland »den harten Sanierungsschritten unterwirft«. Die deutsche Regierung könne sich auch weigern, Gelder vorzustrecken, und alles hänge davon ab, dass Griechenland sich in den nächsten Jahren an strenge Sparmaßnahmen halte. Was die Skandale um die griechische Statistik in der Vergangenheit betreffe, sei das Land nunmehr gezwungen, völlig transparent zu sein, und Griechenland zahle einen hohen Preis dafür, früher über seine Verhältnisse gelebt zu haben. Forderungen nach einem Ausstieg aus der Währungsunion seien dagegen nicht hilfreich und stünden im Widerspruch zu den Verträgen. Die Stabilität des Euro zu verteidigen, sei keine Verschwendung deutscher Steuergelder, sondern diene dem nationalen Interesse Deutschlands.[6]

Sigmar Gabriel, Chef der SPD, damals noch die größte Oppositionspartei, griff die Kanzlerin direkt an und legte den Finger in die Wunde:[7]

Frau Merkel hat die Deutschen belogen und hinters Licht geführt. Noch vor wenigen Wochen hat sie in Brüssel die eiserne Kanzlerin gespielt und so getan, als ob sie die deutschen Steuerzahler schützen will. Angela Merkel wusste in Wahrheit schon damals, dass Deutschland gar nicht anders kann, als Griechenland zu helfen und so den Euroraum zu stabilisieren.

Gabriel forderte zugleich eine Beteiligung der Banken, die einen Teil der Kosten für die Rettung Griechenlands tragen sollten. Die Forderung der Opposition nach einem Beitrag des Bankensektors, zumindest der Banken, die Gläubiger Griechenlands waren und am meisten von der Rettungsoption profitierten, wurde daraufhin schnell sehr laut und von vielen auch in den Reihen der Regierungsparteien unterstützt.

Umschuldung gefällig?

Die Frage lautete, wie ein Beitrag der Gläubigerbanken anders als durch eine Umschuldung oder Schuldenrestrukturierung bewirkt werden könne. Die Banken würden in ihren Aktiva den Schlag einstecken müssen. Aber eine Restrukturierung griechischer Schulden war auf politischer Ebene nach wie vor nicht gangbar. Lediglich unter Beamten, Thinktanks und in der Finanzpresse wurde darüber intensiv diskutiert. So erklärte zum Beispiel Daniel Gros, Direktor des Centre for European Policy Studies: »Eine Art Umschuldung muss jetzt das zentrale Szenario sein.«[8] Die meisten Finanzanalysten stimmten dem zu, ausgehend von der Berechnung, dass sich die gesamten griechischen Staatsschulden auf 273 Milliarden Euro beliefen und die Zinszahlungen in den nächsten fünf Jahren 97 Milliarden Euro betrugen. Eine Umschuldung war die einzige Option, wenn die internationale Hilfe nicht weit über die offiziell angekündigten 30 Milliarden Euro hinausgehen sollte. Daniel Gros schlug vor, die Laufzeit der griechischen Anleihen um fünf Jahre zu stabilen Zinssätzen zu verlängern, statt einen Zahlungsausfall in Kauf zu nehmen.

Diese Option wurde auf Fachebene im Ministerium breit diskutiert, obwohl sie politisch noch undenkbar war. Eine Art Befreiungsschlag schwebte manchen von uns vor, ein Umstrukturierungsplan, der die Glaubwürdigkeit der Währungsunion aufrechterhalten, eine Finanzpanik und eine Ansteckung anderer Länder verhindern und gleichzeitig die Überschuldung Griechenlands beheben würde. Der Schlüssel dazu wäre, die Anleihegläubiger davon zu überzeugen (oder dazu zu zwingen), ihre Anteile in längerfristige Schuldtitel umzutauschen. Diese Vorgehensweise war in der Vergangenheit in anderen Fällen schon häufig mit beträchtlichem Erfolg angewandt worden. Zwar war sie mit komplizierten Gerichtsverfahren verbunden, schien aber allemal besser als die Austrittsoption: Durch einen Austritt würde Griechenland natürlich seine Schulden in die neue Landeswährung umwerten und die Drachme im selben Atemzug abwerten, was die Schuldenlast massiv verringern würde – dies würde jedoch unmittelbar einen Zahlungsausfall bedeuten und war somit sicherlich nicht im Interesse Deutschlands. Dagegen schien eine reine Umschuldung auf der Zeitschiene zumindest konzeptionell weiterer Prüfung wert.

Auf Ersuchen des Bundeskanzleramtes untersuchten das Finanz- und das Justizministerium Fragen der Staatsinsolvenz im Allgemeinen, ausgehend von bereits vorliegenden Elementen wie den Verfahren des Pariser Clubs oder dem sogenannten Sovereign Debt Restructuring Mechanism (SDRM), den der IWF im Jahr 2001 auf der Grundlage des US-Insolvenzrechts vorgeschlagen hatte. Die Experten argumentierten, dass ein Rahmen für staatliche Insolvenzen auf internationaler Ebene rechtsverbindlich sein müsse und von den G-20-Mitgliedstaaten beschlossen werden solle.

In Ermangelung eines internationalen Regelwerks rückten sogenannte Collective Action Clauses (CAC) immer stärker in den Vordergrund: Staatsanleihen wurden zunehmend mit CACs begeben, denen zufolge sowohl der emittierende Staat als auch die

Inhaber der Anleihen von vornherein zustimmten, Zahlungsaus-fälle und -probleme per Mehrheitsbeschluss der Anleihegläubiger zu regeln. Tatsächlich hatten sich die EU-Mitglieder im Jahr 2003 verpflichtet, CACs in alle neu auf den Markt gebrachten Staatsan-leihen aufzunehmen. So enthielten sämtliche griechische Anlei-hen ab 2004 CACs, wonach eine qualifizierte Mehrheit der Gläubi-ger Umschuldungsmaßnahmen beschließen konnte, die dann für alle verbindlich wäre. Die meisten Anleihen, die 2010 anstanden, enthielten jedoch noch keine CACs, sodass uns hiermit nicht ge-holfen war.

Alles in allem spielte Umschuldung bei der politischen Ent-scheidungsfindung in der frühen Phase keine Rolle, auch wenn sie aus fachlicher Sicht ein wichtiges Lösungselement war. Soweit es im öffentlichen Diskurs überhaupt zur Sprache kam, wurde das Thema eher heruntergespielt als befördert. Insbesondere die zuvor erwähnten Rufe nach einer Beteiligung der Banken wurde kurioserweise dezidiert nicht mit der Frage der Umschuldung ver-knüpft – das Tabu der Umschuldung war stärker als der Wunsch nach einer irgendwie gearteten Bankenbeteiligung. Sie wäre das einfachste Mittel gewesen, um die Last der Griechenland-Pleite von den Steuerzahlern auf die Gläubiger zu verlagern. Doch aus Angst vor der Reaktion der Finanzmärkte war und blieb sie tabu – zumin-dest in der frühen Phase der Krise, in der wir uns bewegten.

Spitz auf Knopf

Die Finanzmärkte zeigten sich nicht sonderlich beeindruckt von den Vorbereitungen auf die Rettungsdarlehen. Die Bundesregie-rung stand im Begriff, ein äußerst dringliches Gesetzgebungsver-fahren zur Verabschiedung der dem KfW-Darlehen zugrunde lie-genden Haushaltsgarantie einzuleiten. Am 27. April 2010 nahm das Finanzministerium die interministerielle Abstimmung des Bürgschaftsgesetzes auf Staatssekretärsebene vor. Das Gesetz trug den offiziellen Titel »Gesetz zur Übernahme von Gewährleistungen zum Erhalt der für die Finanzstabilität in der Währungsunion erforderlichen Zahlungsfähigkeit der Hellenischen Republik« – kurz: »Währungsunion-Finanzstabilitätsgesetz – WFStG«.[9]

Das Gesetz bestand aus nur zwei Paragrafen und sah vor, dass das Bundesfinanzministerium ermächtigt werde, im ersten Jahr Bürgschaften in Höhe von bis zu 8,4 Milliarden Euro und in den beiden Folgejahren in noch unbestimmter Höhe für Kredite an die Hellenische Republik zu übernehmen. Ferner wurde festgelegt, dass die Regierung dem Haushaltsausschuss des Bundestages über die Inanspruchnahme der Bürgschaft Bericht erstatten werde. Der Kabinettsbeschluss war für den 3. Mai 2010 vorgesehen. Unter größtmöglicher Eile und in Zusammenarbeit mit der parlamentarischen Opposition könnte das Gesetz den Bundestag und den Bundesrat quasi im Tiefflug passieren und am 7. Mai 2010 in Kraft treten. Dies wäre eine Gesetzgebung im absoluten Rekordtempo, ähnlich wie die Notmaßnahmen, die während der Banken- und Finanzkrise zwei Jahre zuvor verabschiedet worden waren.

Standard & Poor's stufte Portugal am Dienstag, dem 27. April 2010, auf A– mit negativem Ausblick herab. Die zweijährigen portugiesischen Anleihen hatten inzwischen den Rubikon überschritten, das heißt den kritischen Zinssatz von 5 Prozent, der für Griechenland im März den Abgrund markiert hatte. Die Nachrichten aus Lissabon waren ein Déjà-vu, denn die dortige Regierung beeilte sich, dringende Sparmaßnahmen anzukündigen – um umgehend Streiks und gewalttätige Proteste zu ernten. Am selben Tag stufte S&P Griechenland um drei Stufen auf BB+ mit negativem Ausblick herab. Die Zinsen für zweijährige griechische Anleihen stiegen um 417 Basispunkte auf atemberaubende 18,11 Prozent, eine der höchsten Renditen für kurzfristige Schuldtitel in der Welt, während der Kurs der Anleihen um etwa 80 Prozent fiel. Das neue S&P-Rating für Griechenland galt als »Ramsch« und lag nun selbst unter dem grotesk niedrigen BBB-Rating, das von der EZB als Mindeststandard für Sicherheiten gefordert wurde. Selbst nach ihren bereits lächerlich abgesenkten Standards, verglichen mit dem ursprünglichen A–, würde die EZB griechische Schuldtitel also nicht mehr als Sicherheiten akzeptieren können, sobald Moody's und Fitch der Herabstufung folgten. Um dies zu vermeiden, lieferte die EZB einige Tage später ein Lehrbuchbeispiel für zeitliche Inkonsistenz, indem sie ihr Regelwerk für griechische Staatsanleihen gleich ganz aussetzte und erklärte:[10]

Der EZB-Rat hat beschlossen, die Anwendung des Mindestbonitätsschwellenwerts bei den Anforderungen an die Notenbankfähigkeit von marktfähigen Schuldtiteln, die von der griechischen Regierung begeben oder garantiert werden, für die Zwecke der Kreditgeschäfte des Eurosystems auszusetzen. Diese Aussetzung wird bis auf Weiteres beibehalten. Die griechische Regierung hat ein wirtschaftliches und finanzielles Anpassungsprogramm beschlossen, das mit der Europäischen Kommission in Zusammenarbeit mit der EZB und dem Internationalen Währungsfonds ausgehandelt wurde. Der EZB-Rat hat das Programm geprüft und hält es für angemessen. Diese positive Beurteilung und das starke Engagement der griechischen Regierung, das Programm vollständig umzusetzen, sind auch unter dem Gesichtspunkt des Risikomanagements die Grundlage für die hiermit angekündigte Aussetzung. Die Aussetzung gilt für alle ausstehenden und neuen marktfähigen Schuldtitel, die von der griechischen Regierung begeben oder garantiert werden.

Der internationale Druck auf Deutschland, sich für das Rettungspaket zu entscheiden, wurde immens. Die Regierung wurde heftig dafür kritisiert, dass sie es durch Abwarten zuließ, dass die Krise immer weiter anschwoll und die Kosten für die Rettungsaktion in die Höhe gingen. Sowohl der Präsident der EZB Jean-Claude Trichet als auch der geschäftsführende Direktor des IWF Dominique Strauss-Kahn flogen am Mittwoch, den 28. April 2010, nach Berlin, um die Bundeskanzlerin und den Minister getrennt zu treffen. Außerdem stellten sie den wichtigsten Entscheidungsträgern der Regierungs-

und Oppositionsparteien die Rettungsstrategie vor. Angela Merkel hatte den Besuch der beiden Franzosen im Bundestag vorgeschlagen, um die Verabschiedung des Bürgschaftsgesetzes im Parlament so überzeugend wie möglich einzuleiten.

Trichet sprach Klartext: Am 19. Mai sei eine Anleiherückzahlung in Höhe von 8,2 Milliarden Euro plus Zinsen für Griechenland fällig, und es sei unwahrscheinlich, dass Griechenland in der Lage sein werde, diese am Markt zu finanzieren. Die Anleihe-Spreads seien sehr hoch und stiegen weiter an, was die Finanzstabilität im gesamten Euroraum beeinträchtige. Die Marktreaktionen drohten, andere Länder des Euroraums von der Außenfinanzierung auszuschließen, was zu großen Verlusten in den Anlegerportfolios und einer Flucht in sichere Titel führe. Die Banken seien den Risiken und dem allgemeinen Vertrauensverlust besonders ausgesetzt. Während deutsche Banken mit rund 32 Milliarden Euro gegenüber Griechenland exponiert seien, beliefe sich ihr Engagement gegenüber Spanien auf 170 Milliarden Euro. Die Krise könne eine sich selbst verstärkende Divergenz zwischen den Mitgliedstaaten des Euroraums auslösen, die kaum noch umzukehren wäre. Gleichzeitig würde jede Aufforderung an die Banken, Haircuts oder Schuldenschnitte zu akzeptieren, die Spannungen weiter erhöhen. Strauss-Kahn erläuterte das geplante Anpassungsprogramm und zeigte sich zuversichtlich, dass die Griechen die erforderlichen Maßnahmen umsetzen würden.

Trichet und Strauss-Kahn hielten daraufhin gemeinsam mit Finanzminister Schäuble eine Pressekonferenz im Ministerium ab, um die Märkte zu beruhigen und Zuversicht zu schaffen, dass Deutschland nicht wanken, sondern zu Griechenland stehen würde. Leider wurde Spanien im selben Augenblick auf AA herabgestuft, und die Panik auf dem Markt wurde größer statt kleiner. Den griechischen Banken, die immer weniger Mittel aus den Sicherheiten ihrer griechischen Staatsanleihen erhielten und fast vollständig auf die Liquidität der EZB angewiesen waren, floss minütlich Liquidität ab. Die Schuldenkrise griff auf die Aktienmärkte über und ließ auch den deutschen DAX fallen, der bereits am Vortag 2,7 Prozent an Wert verloren hatte.

Schäuble, den wir intern nur »Chef« nannten oder mit der formalen bürokratischen Kurzform »M« bezeichneten, wirkte etwas verloren und zerbrechlich in seinem Rollstuhl zwischen den beiden Franzosen, die neben ihm saßen. Alles schien von ihm abzuhängen – aber hatte M eine Wahl, nach dem, was die beiden anderen privat und öffentlich gesagt hatten, und nach dem, was die Kanzlerin bereits angekündigt hatte? In diesem Augenblick nahm ich ihn eher als tragischen Statisten wahr.

Ich erinnere mich genau: Nach dem Pressebriefing begleitete ich Jean-Claude Trichet den altmodischen Paternoster-Aufzug im Ministerium hinunter. Er erkannte mich als ehemaligen Mitarbeiter der EZB, nahm mich am Arm und sagte: »Cher ami, gut, dass Sie hier sind. Wir müssen jetzt handeln. Sonst droht das finanzielle Armageddon.« Strauss-Kahn hingegen hatte keinen Blick für einfache Beamte und strahlte aus jeder Pore Macht und Arroganz aus. Aus nächster Nähe spürte ich Unbehagen und hegte Zweifel, ob er das öffentliche Interesse und das Allgemeinwohl im Sinn hatte und ob wir überhaupt auf diesen Mann hören sollten.

Schäuble bemühte sich um Klarheit und bekräftigte, dass Griechenland den Kredit erhalten werde, dass den Gläubigern keine Abschläge auferlegt würden, dass es keine Umschuldung geben werde und dass der Bankensektor nicht zu Beiträgen gezwungen werde.[11] Damit erteilte er allen Kritikern in Deutschland eine Abfuhr, die daraufhin vor Wut auf die Regierung schäumten. Unbeeindruckt von deren Proteststürmen lieferte Schäuble jene klare Linie, die international und vor allem von den Märkten erwartet wurde. Immerhin hatte Bundeskanzlerin Merkel bereits ihr ganzes politisches Gewicht für die Rettung Griechenlands in die Waagschale geworfen und das Parlament aufgefordert, das Bürgschaftsgesetz innerhalb einer Woche zu verabschieden.

Ich war erstaunt: Unsere politische Führung hatte recht, als sie einfach davon ausgegangen war, dass die gegnerischen Sozialdemokraten dem Eilgesetzgebungsverfahren widerstandslos zustimmen würden. Wenn sie dagegen gewesen wären, hätten sie es formal aus den Angeln heben können. So aber war ihr Widerstand eine wohlfeile Farce. Laut Meinungsumfragen lehnten 86 Prozent der Deutschen das Rettungspaket ab, was zahlenmäßig dem Widerstand gegen die Einführung der gemeinsamen Währung zwölf Jahre zuvor entsprach und ihn sogar noch übertraf.[12] Demokratie kann offensichtlich bedeuten, dass der Wille des Volkes in wichtigen Fällen nicht beachtet wird, dachte ich mir. In der bundesdeutschen Öffentlichkeit sorgte vor allem das großzügige griechische Rentensystem für Aufregung – im Vergleich zum deutschen – ebenso wie die Tatsache, dass der Steuerzahler und nicht die Banken einspringen mussten.[13]

Beteiligung der Banken

Die Wahl in Nordrhein-Westfalen am 9. Mai rückte immer näher. Nicht nur die Opposition, sondern auch führende Mitglieder der Regierungsparteien pochten jetzt auf einen Beitrag des Bankensektors. Merkel erklärte, sie habe »Verständnis« für solche Forderungen und der Finanzminister solle sich damit befassen – aber die aktuelle Situation erfordere öffentliche Bürgschaften, was innerhalb weniger Tage geschehen werde.[14]

In seinen Gesprächen mit den verschiedenen Fraktionen im Bundestag bekräftigte der Finanzminister, warum eine Umschuldung nicht infrage komme: Die eigentliche Gefahr für die Finanzstabilität im Euroraum sei ein allgemeiner Vertrauensverlust. Eine Umschuldung würde dieses Problem verschärfen, denn sie käme einem Zahlungsausfall gleich, der durch Ansteckung verschlimmert würde – eine Situation, die weitaus schlimmer wäre als »Lehman«. Eine erneute Finanz- und Bankenkrise würde die Realwirtschaft aus dem Gleichgewicht bringen, und die Kosten wären weitaus höher als der vorgesehene Kredit. In Ermangelung einer staatlichen Insolvenzregelung würde es zu langwierigen Gerichtsverfahren kommen, die Griechenland auf Jahre hinaus von den Finanzmärkten abschneiden würde, wie es das Beispiel Argentinien gezeigt habe. Nur CDS- und Geier-Investoren würden von diesem Szenario profitieren. Im Gegensatz dazu würden Haushaltskonsolidierung und das umfassende wirtschaftliche und institutionelle Reformprogramm die Grundlage für Erholung und fiskalische Vernunft mit Primärüberschüssen in den Folgejahren nach dem Vorbild beispielsweise Belgiens schaffen.

Wenn aber eine Umschuldung nicht infrage kam, wie wäre es dann mit einem »freiwilligen« Beitrag des Finanzsektors? Es war schließlich kein Geheimnis, dass die Banken zu den Haupttreibern und -nutznießern der Rettungsaktion gehörten. Der Vorstandsvorsitzende der Deutschen Bank Josef Ackermann hatte erklärt: »Wenn wir Griechenland nicht stabilisiert bekommen, werden die Banken das nächste Problem haben.«[15]

Bereits Ende Februar hatte die Deutsche Bank ein privatwirtschaftliches Konsortium zum Kauf griechischer Anleihen vorgeschlagen, das durch eine deutsche Staatsgarantie abgesichert werden sollte.[16] Diese Idee war allerdings eine Totgeburt, da sie ein nur allzu bekanntes Muster aufwies: Profite für den privaten Sektor, Risiken für die öffentliche Hand. Dennoch fanden Ende April hinter den Kulissen Gespräche statt, die hauptsächlich in London geführt und teilweise vom Finanzministerium Ihrer Majestät auf hoher Beamtenebene organisiert wurden. Die britische Treasury schien sehr daran interessiert zu sein, vor den Parlamentswahlen am 6. Mai 2010 einen »Club-Deal« auszuhandeln, um die Märkte und Wähler gleichermaßen zu beeindrucken.

Die Vorstellung bestand nunmehr darin, öffentliche und private Mittel in einem sogenannten »Gemeinsamen Währungsstabilisierungsfonds« (Common Currency Stabilisation Fund, CCSF) zu bündeln, wobei der Privatsektor eine Tranche beisteuern sollte von derselben Größenordnung wie die bilateralen Darlehen der Mitgliedstaaten, etwa 30 Milliarden Euro, die dann noch durch die

IWF-Tranche von 15 Milliarden Euro aufgestockt würden. Das Gesamtvolumen des CCSF würde sich somit auf etwa 75 Milliarden Euro belaufen, sodass Griechenland für etwa zwei Jahre vom Markt genommen werden könnte. Der IWF sollte den CCSF verwalten und sicherstellen, dass die Auszahlungen des Fonds an die Bedingungen des Reformprogramms geknüpft seien. Die 30 Milliarden Euro für den Privatsektor würden nach nationalen Gesichtspunkten aufgeteilt: je 7,5 Milliarden für den deutschen und den französischen Privatsektor, je 5 Milliarden für den britischen und den schweizerischen Sektor und je 2,5 Milliarden für den spanischen, den italienischen und den niederländischen Sektor. Auf der Seite des deutschen Privatsektors übernahm die Deutsche Bank eine führende Rolle in diesen Gesprächen und organisierte die anfängliche Unterstützung durch Allianz, Münchner Rück und Siemens.[17]

Aber auch die Idee eines CCSF ließ sich nicht durchsetzen: Erstens verlangten die beteiligten Vertreter des Privatsektors, dass die drei Anteile des CCSF gleichrangig sein sollten. Dies wäre für den IWF aber inakzeptabel, der grundsätzlich nur Kredite mit bevorzugtem Gläubigerstatus vergibt, was bedeutet, dass der IWF immer der ranghöchste Kreditgeber ist und somit sein Geld als Erster zurückbekommt. Angesichts des Risikos einer am Ende doch unausweichlichen Umstrukturierung der griechischen Schulden scheuten die an den Gesprächen beteiligten Institutionen des privaten Sektors die Tatsache, dass sie die Hauptlast der Verluste tragen würden, wenn sie einen niedrigeren Rang als der IWF und die Euro-Mitglieder einnähmen. Zweitens hätte der CCSF dem IWF eine zu mächtige Rolle bei der Abwicklung des Programms eingeräumt, verglichen mit dem europäischen Konzept, das eine »Troika« aus IWF, Kommission und EZB in gleichberechtigter Partnerschaft vorsah. Drittens und letztlich ausschlaggebend war der europäische politische Ansatz zu diesem Zeitpunkt schon viel zu weit fortgeschritten und schlichtweg zu präsent, sodass nur noch die Wahl zwischen dieser Option und einem ungeordneten Zahlungsausfall blieb. Die Möglichkeit, den Privatsektor durch eine eigene Tranche zu beteiligen, war nicht mehr gegeben. Es war nicht mehr möglich, den politischen Kompromiss anders auszurichten, da keine andere Regierung außer Deutschland und Großbritannien bei den Gesprächen mit den Banken im Boot war. Was von diesen Bemühungen übrig blieb, war das Verlangen der deutschen Regierung zumindest nach einem symbolischen Beitrag der Banken an der Griechenland-Rettung.

Am Sonntag, den 2. Mai 2010, kam die Eurogruppe der an der Währungsunion beteiligten Finanzminister in Brüssel mit dem IWF zusammen und einigte sich darauf, Griechenland ein Gesamtpaket von 110 Milliarden Euro zur Verfügung zu stellen, das den Finanzierungsbedarf des Landes für drei Jahre decken sollte. Sie gab folgende Erklärung ab:[18]

Die Minister der Eurogruppe stimmen mit der Kommission und der EZB darin überein, dass der Marktzugang für Griechenland nicht ausreicht und dass die Gewährung eines Darlehens gerechtfertigt ist, um die Finanzstabilität im gesamten Euroraum zu gewährleisten. Auf Antrag der griechischen Regierung haben die Minister des Euroraums heute einstimmig beschlossen, die Stabilitätshilfe für Griechenland durch bilaterale, von der Europäischen Kommission zentral gebündelte Darlehen zu den in ihrer Erklärung vom 11. April genannten Bedingungen zu aktivieren. Es wird erwartet, dass die Zustimmung des Parlaments, die in einigen Mitgliedstaaten vor der Freigabe der ersten Tranche erforderlich ist, zügig erfolgt. Die Eurogruppe ist zuversichtlich, dass die ehrgeizige Haushaltsanpassung und die umfassenden Strukturreformen im Rahmen des Programms der griechischen Regierung geeignet sind, die Haushalts- und Wirtschaftslage zu stabilisieren und die fiskalischen und strukturellen Herausforderungen der griechischen Wirtschaft entschieden anzugehen. Das Programm wird durch strenge Auflagen unterstützt. Dadurch wird es auch dazu beitragen, das Vertrauen wiederherzustellen und die Finanzstabilität im Euroraum zu sichern. Im Rahmen eines gemeinsamen Dreijahresprogramms mit dem IWF stellt das Finanzpaket

110 Milliarden Euro zur Verfügung, um Griechenland bei der De-
ckung seines Finanzierungsbedarfs zu helfen, wobei die Mitgliedstaa-
ten des Euroraums bereit sind, ihren Teil von 80 Milliarden Euro bei-
zusteuern, davon bis zu 30 Milliarden Euro im ersten Jahr. Die ersten
Auszahlungen werden zur Verfügung gestellt, bevor die Zahlungsver-
pflichtungen der griechischen Regierung am 19. Mai fällig werden.

Die finanzielle Unterstützung des Euroraums wird auf der Grundlage
eines Programms, das von der Kommission und dem IWF in Zusam-
menarbeit mit der EZB mit den griechischen Behörden ausgehandelt
wurde, unter strengen politischen Auflagen gewährt. Das Programm
wurde vom griechischen Ministerrat am 2. Mai genehmigt und von
der Eurogruppe auf der Grundlage einer Bewertung durch die Kom-
mission und die EZB gebilligt. In diesem Zusammenhang begrüßt die
Eurogruppe die bisherigen Bemühungen der griechischen Regierung,
die Haushaltsungleichgewichte entschlossen anzugehen, sowie die
neuen Maßnahmen, die heute im Rahmen eines Dreijahrespro-
gramms angekündigt wurden, das mit der Europäischen Kommission,
der EZB und dem IWF vereinbart wurde, der auch seine Vereinbarung
mit Griechenland über eine Bereitschaftskreditvereinbarung auf
Stabsebene bekannt gibt. Die heute gebilligten Hauptelemente der
politischen Konditionalität werden in einem Beschluss des Rates ge-
mäß Artikel 126 und 136 AEUV verankert, der in den kommenden
Tagen förmlich angenommen werden soll, und in einer Absichtserklä-
rung, die zwischen den griechischen Behörden und der Kommission
im Namen der Mitgliedstaaten des Euroraums geschlossen werden
soll, weiter ausgeführt.

Noch am selben Tag wurde ich beauftragt, kurzfristig ein Treffen
des Ministers mit führenden Vertretern des deutschen Finanzsektors zu organisieren. Ich war gerade mit meinem serbischen
Hütehund in der Wetterau wandern, als mich die Nachricht erreichte. Wohlweislich hatte ich das dienstliche Smartphone mit-
genommen – damals ein klobiges Gerät von Blackberry, von dem
wir hofften, dass die Amerikaner nicht alles mitlesen würden. Noch

während meiner Wanderung ließ ich eine Liste von Vorstandsvorsitzenden von Banken und Versicherungen zusammenstellen, die einen Querschnitt von Geschäftsbanken, Genossenschaften, Sparkassen, Landesbanken, Versicherern, Rückversicherern und anderen repräsentierten. Im Ergebnis handelte es sich um vierzehn Herren und keine einzige Dame – unter der Leitung von Josef Ackermann von der Deutschen Bank und Wolfgang Kirsch von der DZ Bank, der damals dem Bankenverband vorstand. Auf unserer Seite würden Bundesbankpräsident Axel Weber und BaFin-Präsident Jochen Sanio teilnehmen sowie die Spitzen der Verwaltung in Kanzleramt und Ministerium.

Fachlich waren wir skeptisch, was wir von den Bankern erwarten konnten. Aber nachdem ich sowohl mit dem Minister als auch mit Ackermann telefoniert hatte, setzte ich mich am heimischen Schreibtisch hin und entwarf eine Erklärung. Ich schrieb auf: »Die Finanzwirtschaft in Deutschland flankiert die staatlichen Maßnahmen des Programms zur Stabilisierung der Wirtschafts- und Währungsunion in Europa.« Mein Schlüsselsatz lautete: »Wir verpflichten uns, bestehende Kreditlinien und andere Engagements gegenüber Griechenland während der Laufzeit des Programms beizubehalten.« Aber eine solche Verpflichtung war natürlich völlig unmöglich – schließlich ist ein Vorstandsvorsitzender den Aktionären seines Instituts verpflichtet und nicht dem Steuerzahler oder den Bedürfnissen der Politik. Das Festhalten an griechischen Schuldtiteln könnte unter den derzeitigen Umständen leicht als Untreue gewertet werden und die Vorstandsvorsitzenden hinter Gitter bringen. Also entwickelten wir mit den Banken eine Kompromissformulierung, nach der die Institute die griechischen Schulden »nach aller Möglichkeit« behalten und sogar eine Verstärkung ihres Engagements prüfen wollten. Dafür konnte man sich zwar nichts kaufen – aber vielleicht würde der Bluff funktionieren.

Das Treffen des Ministers mit den Vorstandsvorsitzenden der Institute fand am Dienstag, dem 4. Mai 2010, statt und verlief gut. Ich habe die Diskussion als offen und unverblümt in Erinnerung.

Einige schienen die Lage so ernst und so strategisch zu sehen wie Schäuble und wiesen auf die Gefahr eines völligen Finanzkollapses hin. Andere äußerten Sorge vor ihren Aktionären und der Staatsanwaltschaft, stimmten aber der Erklärung und einer anschließenden Pressekonferenz des Ministers mit Ackermann und Kirsch zu. Die obersten Vertreter der deutschen Finanzwirtschaft verpflichteten sich daraufhin öffentlich, ihre Bestände an griechischen Anleihen »nach aller Möglichkeit« aufrechtzuerhalten, während Schäuble den Gesetzgebungsprozess unseres Garantiegesetzes erläuterte, das am Montag in einer Sondersitzung des Kabinetts verabschiedet worden war und am Mittwoch die erste Lesung im Parlament passieren sollte. Die Sozialdemokraten hatten wie erwartet keine Probleme gemacht, sondern auf eine Anhörung verzichtet und damit das extreme Dringlichkeitsverfahren ermöglicht.

Wir veröffentlichten die Erklärung der Bankiers umgehend.[19] Zu meiner Freude fand das Ergebnis in der Presse ein gutes Echo – aber die Märkte waren wieder einmal schlauer als die Gazetten und zeigten sich völlig unbeeindruckt. Es gab Gerüchte über einen Absturz Spaniens, Portugals und sogar Italiens – besonders Spanien wurde mit immer wilderen Ängsten betrachtet. Ich begann zu bezweifeln, dass wir die Flut noch würden aufhalten können, und am späten Abend herrschte in den Etagen des Ministeriums eine regelrechte Panikstimmung. Alle waren angespannt und hochgradig nervös, als wir uns einer Telefonkonferenz der Minister mit Frankreich, Spanien, Italien und Portugal über die Marktsituation austauschten. Am folgenden Tag fand die parlamentarische Debatte über das Bürgschaftsgesetz statt und, was mich betraf, die Vorbereitung eines technischen Folgetreffens mit dem deutschen Finanzsektor über dessen Stillhalteverpflichtung.

Die parlamentarische Debatte über das Währungsunion-Finanzstabilitätsgesetz, wie es nun genannt wurde, fand am Mittwoch, dem 5. Mai 2010[20] statt und begann um 8.30 Uhr mit einer Regierungserklärung der Bundeskanzlerin zum Gesetz selbst und zum bevorstehenden Sondertreffen der Staats- und Regierungschefs am 7. Mai. In ihrer Rede sagte Merkel, das Gesetz sei Ultima Ratio und entspreche einer unmittelbaren Notlage. Dann erläuterte sie die Parameter des Programms, wie sie in den Tagen zuvor festgelegt worden waren: eine Gesamtsumme von 110 Milliarden Euro für drei Jahre, 30 Milliarden Euro vom IWF, 80 Milliarden von den Euro-Mitgliedstaaten, wobei der deutsche Beitrag bei 28 Prozent liegen sollte, also 8,4 Milliarden im Jahr 2010 und 14 Milliarden jeweils in den Jahren 2011 und 2012. Die Tatsache, dass sich die ursprüngliche Größenordnung von 8,4 Milliarden Euro für den deutschen Beitrag bei der Festlegung des Zeitrahmens fast verdreifacht hatte, blieb weitgehend unbemerkt. Jedenfalls gehe es nicht um Zahlen, sagte sie: »Es geht um nicht mehr und nicht weniger als um die Zukunft Europas und damit um die Zukunft Deutschlands in Europa.«[21]

Sie betonte die politische und historische Dimension der Situation und appellierte an die Verantwortung Deutschlands – und sie erinnerte daran, dass es schließlich die Schröder-Regierung unter Sozialdemokraten und Grünen gewesen war, die Griechenland im Jahr 2000 in die Eurozone aufgenommen hatte. Ihre Bemerkung löste einen Aufschrei in den Reihen der Opposition aus, aber sie fuhr ruhig und sachlich fort, dass Europa jetzt an einem Scheideweg stehe, der keine rückwärtsgewandte, sondern eine vorwärtsgewandte, schonungslose Analyse und Therapie erfordere.

Merkel nannte vier Bedingungen für das Rettungspaket: Erstens ein umfassendes und anspruchsvolles Konsolidierungsprogramm, das von Griechenland selbst beschlossen worden sei, um Wettbewerbsfähigkeit und Zugang zu den Finanzmärkten wiederzuerlangen. Sie betonte, dass dieses Programm nicht möglich geworden sei, ohne dass Deutschland seine Zustimmung zu dem Hilfspaket zurückgehalten hätte, da andernfalls Moral Hazard entstanden sei und andere Länder die Hilfe der Konsolidierung vorgezogen hätten. Zweitens die Einbindung des IWF, die ohne deutsches Drängen ebenfalls nicht möglich gewesen wäre. Die dritte Bedingung war, dass Griechenland tatsächlich die Marktfinanzierung verloren habe – was von der Troika bestätigt worden sei. Und die vierte Bedingung, die ebenfalls auf dem Urteil der Troika beruhe, lautete, dass die Hilfe »alternativlos« sei, um die Finanzstabilität im Euroraum zu gewährleisten.

Wenn ich mich recht erinnere, war dies das erste Mal, dass das sogenannte TINA-Dogma öffentlich verkündet wurde: »There is no alternative.« Merkel verdeutlichte den Ultima-Ratio-Charakter des Gesetzes, indem sie auf die Gefahr einer Kettenreaktion auf den europäischen und internationalen Märkten und einer Wiederholung der Krise von 2008 mit spürbar noch größeren wirtschaftlichen Schäden hinwies. Die vier Bedingungen seien nun erfüllt, weshalb die Entscheidung schnell getroffen werden könne und müsse.

Die Kanzlerin sprach dann über mein damaliges Hauptthema: die Gläubigerbeteiligung. Sie sagte, die Bundesregierung wolle eine Entscheidung noch in derselben Woche, eine Entscheidung, die die Verantwortung der Banken und anderer Gläubiger widerspiegele. Der Finanzminister habe Gespräche mit dem Finanzsektor geführt und bekräftigt, dass sich Banken und andere Gläubiger ihrer Verantwortung nicht entziehen dürften. Deshalb begrüße sie es, dass die Banken und andere Gläubiger offensichtlich dazu bereit seien. In diesem Zusammenhang sei es von besonderer Bedeutung, dass der Finanzsektor plane, seine Kreditlinien für Griechenland und die griechischen Banken bis 2012 und darüber hinaus aufrechtzuerhalten.

Der zweite Teil ihrer Rede war den Themen Bankenabgabe, Finanztransaktionssteuer und dem Primat der Politik über das Finanzsystem gewidmet. Sie erwähnte auch die Notwendigkeit einer neuen, auf Wettbewerbsfähigkeit basierenden Wachstumsstrategie in der EU und die Notwendigkeit härterer Sanktionen im Rahmen des SWP. Eine Vertragsänderung schloss sie ausdrücklich nicht aus, was mich hellhörig machte. Abschließend verwies sie auf den historischen Platz Deutschlands in Europa und nannte es eine »Schicksalsgemeinschaft«, der wir Frieden, Wohlstand und Harmonie mit unseren Nachbarn verdankten. Krieg gebe es in Europa nicht mehr, deshalb sollten wir uns für ein starkes Europa einsetzen – und die Abgeordneten jetzt für das Gesetz stimmen, das eine notwendige Entscheidung für die Zukunft Europas sei.

In ihren Antworten kritisierten die meisten Redner der Opposition die Regierung nicht für das Gesetz selbst, sondern dafür, dass sie es so spät im Verfahren vorgelegt habe – und dass es zu lax gegenüber den Banken sei. Es war klar, dass das Gesetz die für Freitag, den 7. Mai, angesetzte zweite Lesung mit einer soliden Mehrheit passieren würde, aber dass die Opposition versuchen würde, angesichts der bevorstehenden Wahlen in Nordrhein-Westfalen so viel wie möglich von der Situation zu profitieren.

In der Zwischenzeit veranlasste ich ein Folgetreffen mit sämtlichen Finanzvorständen derjenigen Banken und Versicherungen, mit denen wir am Dienstag gesprochen hatten. Es sollte am Donnerstag, dem 6. Mai, in der Bundesbankzentrale in Frankfurt stattfinden. In politischer Hinsicht war es nunmehr entscheidend, eine signifikante Zahl hinter dem Stillhalteabkommen zu produzieren, irgendetwas in der Nähe von 10 Milliarden Euro. Da der deutsche Steuerzahler für Garantien in Höhe von 22,4 Milliarden Euro aufkommen sollte, brauchten wir in dieser Größenordnung etwas Konkretes vom Finanzsektor, das in der politischen Kommunikation funktionieren würde. Die mündliche Zusage der Banker reichte nicht aus und barg das Risiko, in der Öffentlichkeit mehr Zweifel als Respekt zu erzeugen – und das in der entscheidenden Phase der legislativen Entscheidungsfindung und unmittelbar vor der Wahl in Nordrhein-Westfalen.

Konzeptionell warf mich dieses Unterfangen auf ein bekanntes Thema zurück, das mich seit Februar begleitete: das Engagement unseres Finanzsektors in Griechenland. Dank der Arbeit der BaFin und der Bundesbank hatten wir inzwischen viel bessere Daten, aber immer noch keinen vollständigen Überblick. Nach Abzug von Absicherungen wie CDS schien das Nettoengagement der deutschen Banken gegenüber Griechenland insgesamt 34,5 Milliarden Euro zu betragen, davon etwa 22 Milliarden Euro gegenüber dem griechischen Staat. Circa drei Viertel davon entfielen auf Staatsanleihen. Das Engagement gegenüber griechischen Banken war mit rund 3,5 Milliarden Euro vergleichsweise gering. Die Deutsche Bank war in der Tat nicht stark exponiert; ernster war die Situation für die Commerzbank und die HRE, die beide bereits unter dem Schutz des SoFFin standen. Einige Genossenschaftsbanken und Landesbanken waren ebenfalls stark exponiert. Bei den Investmentfonds der Versicherer wie Allianz Global Investors oder MEAG Munich Ergo stellten wir ein Risiko von rund 8,7 Milliarden Euro fest. Weitere 9,1 Milliarden Euro befanden sich in den Büchern der Versicherungsunternehmen selbst. Anhand der Rechnungslegung der betroffenen Institute lässt sich diese Situation insbesondere im Nachgang gut rekonstruieren.

Ein wilder Gedanke ging mir – wie schon im Februar – durch den Kopf: Diese Zahlen schienen doch nach wie vor überschaubar. Hätten wir nicht doch lieber die Auswirkungen auf den Finanzsektor in Kauf nehmen sollen? Aber wer war ich, um diese Situation zu beurteilen? Auf jeden Fall war es viel zu spät – die Entscheidung war längst gefallen. Ein Kollege pflichtete mir bei und fand drastische Worte, als wir im Taxi auf dem Weg zum Flughafen darüber sprachen: Das Monster sei vor geraumer Zeit gezeugt worden, und was wir jetzt erlebten, sei der Schmerz seiner Geburt. Ich aber schob derlei Bedenken beiseite, um mich auf die vor uns liegende Aufgabe konzentrieren zu können: das Bewirken einer mächtigen Zahl, die man der Öffentlichkeit verkaufen konnte. Das Gesamtengagement wäre für die Banken unzumutbar, also konzentrierten wir uns in den Verhandlungen auf die Höhe des Engagements in Staats- und Bankschuldtiteln mit einer Restlaufzeit von drei Jahren, was der Länge des Programms entsprach. Diese Zahl – wir waren uns allerdings noch nicht ganz sicher – musste in der Größenordnung von etwa 9 Milliarden Euro liegen. Das wäre wohl brauchbar für die Spin-Doktoren, Presseleute und Redenschreiber, denen wir letztlich mit unserer Bemühung Material für ein überzeugendes Narrativ lieferten.

Damals war mir das nicht bewusst, aber diese Begebenheit war ein gutes Beispiel für ein tiefgreifendes und strukturelles Phänomen der Ära Merkel: Die Politik wurde zunehmend von der Kommunikation bestimmt und nicht umgekehrt. Die Stabschefs der Ministerien in Berlin wie auch der Kabinette in Brüssel sind inzwischen keine ehemaligen Berufsbeamten mehr, sondern meist Leute, die direkt aus Pressestellen oder dem Journalismus kommen. Das erklärt zu einem erheblichen Teil die Betonung von Taktik, Meinungsumfragen und Öffentlichkeitswirkung anstelle von Substanz und Strategie.

Wir kamen im berühmten Bundesbankgebäude an, nach der EIB ein weiteres Paradebeispiel brutalistischer Architektur und zu Beton gegossener Inbegriff der Stabilitätskultur – ein trutziger Riegel mit Blick auf die schnöden Wolkenkratzer von Frankfurt. Die Institution Bundesbank verströmte die Illusion, nach wie vor wichtig zu sein und immer noch mehr als eine bloße Tochter der EZB in der Innenstadt, die damals noch nicht einmal eigene Räumlichkeiten besaß, sondern zur Miete im Eurotower wohnte. Wir wurden in eines der oberen Stockwerke geführt, wo die Besprechung unmittelbar begann. Ich merkte schnell, dass die Finanzvorstände zwar einen groben Überblick ihrer jeweiligen Engagements hatten, die Details jedoch nicht kannten: Wie war die genaue Fälligkeitsstruktur, wie viel davon war abgesichert, und wie war es tatsächlich abgesichert? Eine hochrangige Vertreterin der BaFin beugte sich zu mir herüber und sagte in mein Ohr: »Gut, dass das da mal jemand aus dem Büro des Ministers hört. Das ist unser übliches Leid. Diese Leute können ziemlich nutzlos sein, wissen Sie.« Zwar waren die Ansprüche der Aufsicht an die Institute nach der Bankenkrise massiv verschärft worden – doch die Wirkung dieser höheren Standards setzte erst zeitverzögert ein, und wir konnten davon noch nicht profitieren.

Einzelne Finanzvorstände telefonierten immer wieder. Entweder sprachen sie mit ihren Untergebenen, um bessere Daten zu erhalten, die nach und nach aus den Backoffices und Datenbanken auftauchten. Oder sie berichteten ihren Vorstandsvorsitzenden von unserem Treffen und holten deren Zustimmung zu Elementen des Textes ein, über den wir gerade verhandelten. Dieses Dokument sollte die Erklärung der Vorstandsvorsitzenden vor dem Minister konkretisieren und verbliebene Zweifel an der Zusage der Banken und Versicherer zerstreuen. Der Textentwurf war mir von einem leitenden Juristen der Deutschen Bank im Vorfeld diskret zugesandt worden, und ich hatte die politische Rückendeckung dafür im Marschgepäck.

Bei der Operationalisierung der Vereinbarung vom Dienstag hatten wir eine europäische Dimension hinzugefügt, indem wir das Büro von Finanzministerin Lagarde in Paris gebeten hatten, parallel zu unserem Vorgehen ihrerseits Gespräche mit dem französischen Finanzsektor zu führen. Zu meiner Zufriedenheit und im ständigen Austausch mit meinem französischen Amtskollegen wurden auch hier Fortschritte erzielt, und zwar auf der Grundlage der Vereinbarungen, die wir bereits in Berlin getroffen hatten und nun in Frankfurt konkretisierten. In Paris schien es viel einfacher zu sein, solche Erklärungen zu unterschreiben. Das mochte daran liegen, dass man dem geschriebenen Wort in der juristisch geprägten Verwaltungskultur Deutschlands größeren Wert beimaß. Wir hinterfragten die rasche Einigung in Frankreich freilich keineswegs, sondern fügten hocherfreut den Begriff »europäischer Geleitzug« in den Wortlaut unseres Textes ein, eine bildliche Formulierung aus den Weltkriegen, die mir in den Sinn gekommen war.

In einer Mischung aus Verhandlung, Tatsachenfeststellung und Ausarbeitung legten wir im Ergebnis fest, dass die beteiligten Unternehmen (im Rahmen ihrer rechtlichen und wirtschaftlichen Möglichkeiten) zugestimmt hätten, die Kreditlinien vom 6. Mai 2010 mit einem Gesamtvolumen von 3,3 Milliarden Euro mindestens bis zum 6. Mai 2013 aufrechtzuerhalten, indem sie auf die Kündigung bestehender Vereinbarungen (außer aus wichtigem Grund) verzichteten und fällig werdende Kreditverträge (zu Marktpreisen) verlängern würden, wobei das Gesamtfinanzierungsvolumen konstant bleiben oder sogar erweitert werden solle. Darüber hinaus erklärten die Institute sich bereit, griechische Staatsanleihen (wiederum im Rahmen ihrer rechtlichen und wirtschaftlichen Möglichkeiten) mit einem Gesamtvolumen von 4,8 Milliarden Euro mindestens bis zum 6. Mai 2013 zu halten und in diesem Umfang neue Anleihen zu erwerben, um in der Zwischenzeit fällig werdende Anleihen zu ersetzen. Unsere technische Erklärung sah auch halbjährliche Berichte der teilnehmenden Unternehmen an die Finanzaufsichtsbehörden vor, stellte aber auch klar, dass es sich bei alledem nur um eine Absichtserklärung handele, die die Unterzeichner rechtlich nicht binde. Nach etwa achtstündigen Beratungen mailten wir die Erklärung zurück nach Berlin und fügten den Presseleuten einen Begleitvermerk hinzu, dass es sich um ein Gesamtvolumen von mehr als 8 Milliarden Euro handele – Auftrag ausgeführt.

Später wurde jedoch jedem, der sich die Zahlen ansah, klar, dass sich die Finanzinstitute keineswegs an ihre Zusagen gebunden fühlten. Nicht einmal einen Monat nach der Einigung stand eine erste Bank in den Schlagzeilen, weil sie ihr Griechenland-Engagement nicht verlängert hatte, angeregt durch die BaFin hinter den Kulissen.[22] Auf Nachfragen von Abgeordneten antwortete die Regierung ausweichend.[23] Und als die griechischen Staatstitel schließlich 2012 doch zum ersten Mal umgeschuldet wurden, waren wir hinter vorgehaltener Hand fast schon erleichtert, dass die meisten deutschen Banken und Versicherer sie inzwischen heimlich, still und leise losgeworden waren – mit der bemerkenswerten Ausnahme der HRE-Bad-Bank unter SoFFin-Abwicklung, bei der wieder einmal der Steuerzahler für die Kosten aufkommen musste.

Im Sommer 2012 lernte ich einen der Bankmanager jener Zeit bei einem Abendempfang in einem Gartenpalais Unter den Linden ein wenig kennen. Wir unterhielten uns lange über das Militär, da wir beide Offiziere der Reserve waren, und kamen dann auf die Bankenkrise zu sprechen. Als wir über die Bankenrettungen von

2008 redeten, sagte jener stolz:»Ich habe nie einen Pfennig vom Staat genommen.« Ich erwiderte:»Aber als es dann zwei Jahre später um Griechenland ging, haben Sie auch keinen Pfennig gezahlt.« Er wandte sich wortlos ab und ließ mich am Tresen stehen.

Die meisten Analysten erkannten schon nach wenigen Tagen den rein politischen Charakter unseres Gentlemen's Agreement mit dem Finanzsektor. Es war ein Bluff – aber er funktionierte: Das Abkommen, seine technische Umsetzung und die Tatsache, dass es in Frankreich und später auch in anderen Ländern nachgeahmt wurde, wurden von der Presse gut aufgenommen – und dieser Effekt verschaffte uns, solange er anhielt, eine gewisse Atempause, damit das Garantiegesetz im Parlament nahezu reibungslos verabschiedet werden konnte. Die Presse fragte auch später kaum nach – und ich lernte, wie sehr es unter Merkel um den Eindruck einer Maßnahme ging, nicht um deren Wirkung.

Die Würfel fallen

Nun musste die Troika ihre Bewertung des griechischen Programms abgeben. Aus unserer Sicht war am ehesten das Urteil der EZB relevant, da sie damals noch breiten Respekt in der deutschen Öffentlichkeit genoss. In einem Schreiben an den Vorsitzenden der Eurogruppe Jean-Claude Juncker vom 2. Mai 2010 übermittelte EZB-Präsident Jean-Claude Trichet die Einschätzung der Bank.[24]

Ausgehend von der Prämisse, dass»die Wiederherstellung der Tragfähigkeit der öffentlichen Finanzen und der internationalen Wettbewerbsfähigkeit notwendig ist, um die Grundlage für die Rückkehr zu nachhaltigem Wachstum zu schaffen«, stellte sie rein technisch und oberflächlich fest, dass»die Haushaltsanpassung der Eckpfeiler des Programms sein wird«. Sie kam zu dem Schluss, dass»die ehrgeizige Haushaltsanpassung und die umfassenden Strukturreformen im Rahmen des Programms insgesamt angemessen« und das Programm »umfassend und durch strenge Auflagen gestützt« seien. Abschließend erklärte die EZB zum Programm:»Es geht die relevanten politischen Herausforderungen in entscheidender Weise an. Damit wird es dazu beitragen, das Vertrauen wiederherzustellen und die Finanzstabilität im Euro-Währungsgebiet zu sichern.«

Das war's, fragte ich mich – nicht einmal eine Scheinbegründung im Sinne einer wirtschaftlichen Analyse? Rein politische Postulationen, Erklärungen, Dogmen? Und das von der Zentralbank, dem Hort der ökonomischen Vernunft?

Klugerweise überließ es die Bank den beiden anderen involvierten Institutionen, der Kommission und vor allem dem IWF, ihre ökonomische Glaubwürdigkeit zu riskieren, indem sie die zugrunde liegende Analyse lieferten. Am 5. Mai 2010 legte der IWF seinen sogenannten *Staff Report on Greece* vor, der das Urteil der in Washington ansässigen Institution über das Programm enthielt. Meiner Meinung nach war dieser Bericht viel solider und ehrlicher als das Geschwurbel der EZB. Darin heißt es:[25]

Die Risiken für das Programm sind hoch. Der Anpassungsbedarf ist beispiellos und wird Zeit in Anspruch nehmen, sodass Ermüdungserscheinungen auftreten könnten. Jeder unvorhergesehene Schock könnte die Wirtschaft und das Bankensystem belasten, selbst wenn das Haushaltsprogramm auf Kurs ist.

Das Kernstück jeder IWF-Programmbewertung dieser Art ist eine sogenannte Schuldentragfähigkeitsanalyse (Debt Sustainability Analysis, DSA), die zu den vom IWF zur Verfügung gestellten umfassenden Analysematerialien gehört. Auf dieser Grundlage kam der Fonds zu dem Schluss: Obwohl die Risiken unbestreitbar hoch sind, ist die Unterstützung des Fonds angesichts der starken Initiativen der neuen Regierung und der beträchtlichen Kofinanzierung durch die Länder der Eurozone sowie der systemischen Bedenken, die sich aus Spill-over-Effekten ergeben, wenn Griechenland nicht die Gelegenheit erhält, seine Wirtschaftspolitik zu verbessern, dennoch gerechtfertigt.

Der größte internationale Kredit der Geschichte war auf dem Weg. Wir liehen uns scherzhaft ein Zitat von Churchill aus und sagten:»Niemals zuvor in der Geschichte haben so wenige so vielen so viel geschuldet.« Unser nationales Garantiegesetz[26] wurde am Freitag, dem 7. Mai 2010, um 12 Uhr von den 622 Abgeordneten des Deutschen Bundestages mit 391 Ja-Stimmen, 72 Nein-Stimmen, 139 Enthaltungen und 20 nicht abgegebenen Stimmen angenommen. Von der Regierungskoalition gab es vier namhafte Gegenstimmen und eine nicht abgegebene Stimme bei den Christdemokraten sowie eine Gegenstimme bei den Liberalen. Die Sozialdemokraten enthielten sich bis auf wenige Ausnahmen der Stimme, die Linke stimmte dagegen, und überraschenderweise stimmten die oppositionellen Grünen weitgehend dafür. Die Regierungsparteien verabschiedeten außerdem gegen die Stimmen aller anderen Parteien eine etwas wohlfeile Resolution, in der die Stärkung des SWP gefordert wurde.[27]

Eine anschließende Abstimmung im Bundesrat am selben Tag war nicht erforderlich, da keines der Bundesländer die Überweisung des Gesetzes an den Vermittlungsausschuss beantragt hatte. Aber auch im Bundesrat fand eine förmliche Debatte statt, und Finanzminister Schäuble musste als Regierungsvertreter aus dem Bundestag dorthin eilen, während das Bundesratsplenum auf die Abstimmung im Bundestag wartete. In seiner Rede vor den Ländervertretern erwähnte der Minister unsere Vereinbarung mit dem Finanzsektor ausführlich:[28]

Inzwischen wissen wir, dass sich das Volumen der Kredite und Anleihen des Finanzsektors an Griechenland auf eine Größenordnung von etwa 8 Milliarden Euro beläuft. Bei allem Vorbehalt bezüglich der Präzision dieser Zahl bleibt doch festzuhalten, dass sich der Finanzsektor verpflichtet, in einer Größenordnung, die gut einem Drittel des maximalen Kreditvolumens entspricht, das wir durch die Kredit-

anstalt für Wiederaufbau gewähren und durch Bundesgarantie ver-
bürgen, die Zahlungsfähigkeit bzw. Liquidität Griechenlands auf-
rechtzuerhalten, sodass die Kreditlinien im besten Fall gar nicht in
Anspruch genommen werden müssten.

Schäuble spielte auch auf die Notwendigkeit an, institutionelle Lehren aus dieser Krise zu ziehen, und verwies am Ende seiner Rede
wie Merkel auf den Zweiten Weltkrieg, der 65 Jahre vor der an-
stehenden Entscheidung zu Ende gegangen war. Das erschien mir
etwas weit hergeholt – aber es zeigt den Bann, in dem politische
Entscheidungsträger in Deutschland bisweilen meinen, handeln zu
müssen. Das ist aus guten Gründen ein probates Mittel der politischen Rhetorik in Deutschland, denn gegen unsere Kriegsschuld
erübrigt sich am Ende noch der beste fachliche Einwand.

Es war der frühe Nachmittag des Freitags, 7. Mai 2010, und das
Gesetz hatte beide Parlamentskammern passiert. Nun galt es, eine
ganze Reihe von Formalitäten zu erledigen, die vor allem die Fahrer
in Atem hielten. Der Bundesratspräsident hatte die Kanzlerin per
Brief mit eigenhändiger Unterschrift benachrichtigt, der per Kurier
vom Bundesrat ins Kanzleramt gebracht wurde. Der Gesetzestext
wurde sprachlich, orthografisch und juristisch abschließend geprüft und dann im Justizministerium auf Rundsiebpapier gedruckt,
die sogenannte Bütte, die jedem Gesetz der Bundesrepublik zu-
steht, auch einem Notgesetz. Die fertige Bütte wiederum wurde wenig später per Kurier ins Finanzministerium gebracht. Am späten
Nachmittag erreichte das Exemplar per Sonderboten im Laufschritt
meinen Schreibtisch zur Unterschrift durch den Minister. Nachdem ich die Unterschrift von Schäuble erhalten hatte, schickte ich
das Dokument wieder per Kurier ins Kanzleramt zur Unterschrift
von Merkel. Es war nach Sonnenuntergang, als das Gesetz schließlich Bundespräsident Horst Köhler erreichte, der, wie mir gesagt
wurde, im Schloss Bellevue ungehalten gewartet hatte.

Bevor er ein sehr beliebter deutscher Bundespräsident wurde,
war Köhler geschäftsführender Direktor des IWF und langjähri-

ger Spitzenbeamter im Finanzministerium gewesen. Als Finanzstaatssekretär war er einer der Hauptverhandler des Maastricht-
Vertrages gewesen. Auch wenn er in der Griechenland-Frage eine
eigene Meinung haben mochte, so war seine Rolle jetzt rein zere-
moniell, denn er setzte die letzte Unterschrift unter das Gesetz,
bevor es im Amtsblatt veröffentlicht wurde und am nächsten Tag
in Kraft trat.

Nur drei Wochen später trat Köhler von seinem Amt zurück.
Seine Resignation erfolgte nach einer kleinen sicherheitspoliti-
schen Kontroverse, und Köhler wies Gerüchte entschieden zurück,
er habe aus persönlichen Vorbehalten gegenüber der Eurorettung
den Handschuh geworfen. Wochen später äußerte sich Finanzminister Schäuble schnippisch über Horst Köhler: »Er hat, sorry, offensichtlich sein Amt nicht richtig verstanden.« Es sei in Ordnung,
beim Volk beliebt sein zu wollen, sagte Schäuble, »aber man muss
sich diese Beliebtheit erwerben durch Autorität und nicht dadurch,
dass man die politische Klasse schrecklich findet.«²⁹

Noch am selben Freitagabend wandten wir uns schnell von dem
Gesetz ab und anderen Dokumenten zu, die nicht weniger und
dringend fertiggestellt werden mussten. Sie betrafen das internationale Zusammenspiel. Dazu gehörte das sogenannte Intercreditor
Agreement zwischen den fünfzehn Gläubigerländern.³⁰ Dieser Text
war von der Troika ausgearbeitet und auf Ebene der Eurogruppe
vereinbart worden und musste nun auf jeder Seite paraphiert und
auf der letzten Seite vom Minister unterzeichnet werden.

Diese Gläubigervereinbarung regelte im Detail die Koordinierung und Verwaltung der gebündelten bilateralen Kredite, zum Beispiel die Eröffnung eines Sonderkontos im Namen der Kreditgeber
bei der EZB durch die Kommission, über das alle Zahlungen im Namen der Parteien abgewickelt werden sollten, oder die Berechnung
und Verteilung der einzelnen Zahlungen. Ferner wurde festgelegt,
dass alle Darlehensgeber untereinander gleichrangig und gleich-
berechtigt seien *(pari passu)* und die Konditionen nur im Einver-
nehmen geändert werden können. Die Parteien kamen überein,

ihre Beschlüsse auf Sitzungen im Rahmen der Eurogruppe unter Ausschluss Griechenlands zu fassen.

Darüber hinaus gab es eine internationale Vereinbarung über die Darlehensfazilität zwischen den kreditgebenden Mitgliedstaaten und Griechenland.[31] Sie bildete die eigentliche Rechtsgrundlage für die Rettungsaktion und legte die Rechte und Pflichten der Kreditgeber, die Einzelheiten der Inanspruchnahme und Auszahlung, die Regeln für Zinsen, Kosten und Ausgaben sowie für Rückzahlung, vorzeitige Rückzahlung, Kündigung und Ähnliches fest. Außerdem regelte sie Verzugsfälle, Berichts- und Kontrollpflichten, Betrugsbekämpfung und Fragen der Wirtschaftsprüfung.

Dann gab es noch den Entwurf zum Beschluss 2010/320/EU des Rates vom 10. Mai 2010, der an Griechenland gerichtet war, um die haushaltspolitische Überwachung zu verstärken und zu vertiefen und Griechenland mit der Maßgabe in Verzug zu setzen, Maßnahmen für den Defizitabbau zu ergreifen, die als notwendig erachtet werden, um dem übermäßigen Defizit abzuhelfen.[32] Dies war die umfassende Definition des Anpassungsprogramms, zu dem sich Griechenland im Gegenzug für das Darlehen verpflichten musste. Darin wurden ein Anpassungspfad für die Höhe des Defizits und Schuldenstands im Verhältnis zum Bruttoinlandsprodukt sowie die wirtschaftspolitischen Maßnahmen präzise festgelegt, die zur Erreichung dieses Ziels für geeignet gehalten wurden: Steuergesetzgebung einschließlich einer Mehrwertsteuererhöhung, Haushaltskürzungen, Rentenkürzungen, Abschaffung von staatlichen Leistungen et cetera, einschließlich der Fristen, innerhalb derer die einzelnen Maßnahmen umzusetzen waren.

Damit nicht genug: Es gab eine Vielzahl weiterer Dokumente.[33] Darunter waren eine Analyse der griechischen Wirtschafts- und Finanzpolitik, ein *Memorandum of Understanding* über spezifische wirtschaftspolitische Auflagen und ein *Technical Memorandum of Understanding*. Diese waren jeweils bereits am 3. Mai 2010 von Griechenland unterzeichnet worden, nachdem ein sogenanntes *Staff Level Agreement* zwischen dem IWF und Griechenland über das

Programm in Verbindung mit den 30 Milliarden Euro der Stand-by-Kreditlinie, wie das IWF-Darlehen genannt wurde, geschlossen worden war. Sämtliche dieser Dokumente enthielten wirtschaftliche Bewertungen sowie minutiöse Details zu den Zielen des Programms und dessen Besonderheiten im Einklang mit dem oben erwähnten EU-Ratsbeschluss. Im Vergleich zwischen den Kommissions- und den IWF-Dokumenten waren Letztere ausführlicher in Bezug auf die Finanzmarktpolitik, einschließlich der Aufsicht, und die Strukturpolitik, etwa die Modernisierung der öffentlichen Verwaltung und die Verbesserung des Unternehmensumfelds. Das Exekutivdirektorium des IWF sollte die Bereitschaftskreditvereinbarung am Sonntag, dem 9. Mai 2010, genehmigen.

Man muss es fast nicht erwähnen: Es gab wohl niemanden in der gesamten politischen Entscheidungssphäre, der diese Fülle von hochtechnischen Dokumenten in der Geschwindigkeit, die die Entwicklung bis dahin angenommen hatte, gelesen und verstanden haben könnte. Das galt insbesondere für die Volksvertreter im Bundestag, die mit der Materie meist überhaupt nicht vertraut waren. Zur Methode Merkel zählte vielleicht auch, die Vertreter des Souveräns kognitiv zu überfordern und im Detail zu ertränken.

Ich erinnere mich, dass nur sehr wenige Abgeordnete der Regierungsparteien im Ministerium anriefen und um Erklärungen außerhalb der Ausschussanhörungen baten. Soweit möglich, nahm sich der Minister Zeit und sprach persönlich mit ihnen. In einigen Fällen wurde ich gebeten, zusätzliche Informationen und Dokumente zur Verfügung zu stellen. Eine noch kleinere Untergruppe dieser Abgeordneten stimmte schließlich gegen das Gesetz. Viele andere beklagten sich offen darüber, dass niemand in der Lage gewesen sei, die Stapel von Dokumenten auf ihren Schreibtischen in nur wenigen Tagen zu verdauen – um dann im Handumdrehen für ein Gesetz zu stimmen, dessen Hintergründe sie nicht im Ansatz durchdrangen.

Eine letzte technische Angelegenheit in dieser Woche betraf unsere Interaktion mit der KfW als ausführendem Arm. Ein Schreiben des Ministers beauftragte den Vorstandsvorsitzenden der KfW Ulrich Schröder am Samstag, dem 8. Mai 2010, das *Loan Facility Agreement* zu unterzeichnen und den deutschen Anteil des Kreditpaketes bereitzustellen. Darüber hinaus verpflichtete sich die Regierung in dem Schreiben, etwaige Verluste gemäß einer separaten Garantievereinbarung zwischen dem Finanzministerium und der KfW zu decken, die wiederum auf dem Garantiegesetz basierte, das gerade alle parlamentarischen Hürden genommen hatte. An jenem Samstagmorgen fiel es mir zu – und es fühlte sich durchaus seltsam an –, jenen Brief per E-Mail nach Frankfurt zu schicken und darin anzuweisen, dass die KfW ihre Vorkehrungen treffen solle, um 22 336 133 611,30 Euro an die Bank of Greece zu überweisen. Ich benutzte dazu im Stehen und Gehen mein dienstliches Handheld-Gerät, weil ich zur selben Zeit privat mit der Suche nach einem Haus in Berlin beschäftigt war. Nachdem ich auf »Senden« gedrückt hatte, rechnete ich rasch im Kopf aus, dass meine private Hypothek für den Hauskauf etwa 0,001 Prozent der Summe ausmachen würde, die ich der KfW gerade in Verantwortung gegenüber dem Steuerzahler aufgetragen hatte. Damals wusste ich noch nicht, wie hart jeder Euro in der Privatwirtschaft erst einmal verdient werden muss, den der Staat dann in solchen Größenordnungen veräußert. Das ist sicherlich die gewaltigste Banküberweisung meines Lebens, dachte ich.

Wenig später tauchte eine andere Nachricht auf meinem Handy auf: Das Bundesverfassungsgericht in Karlsruhe hatte ein Dringlichkeitsverfahren, das unmittelbar nach der Verabschiedung des Bürgschaftsgesetzes im Bundestag und vor dessen Behandlung im Bundesrat eingeleitet worden war, noch am vorangegangenen Freitag, dem 7. Mai 2010, abgelehnt.[34] Eine wohlbekannte Gruppe von fünf Professoren der Rechts- und Wirtschaftswissenschaften hatte geklagt, dass die Rettung Griechenlands durch die Bundesrepublik gegen Grundrechte und Grundsätze der Verfassung verstoße, wie das freie Mandat der Abgeordneten und das persönliche Eigentumsrecht der Kläger. Sie hatten das Gericht ersucht, dem Bundespräsidenten die Unterzeichnung des Gesetzes und der Regierung die Umsetzung des Gesetzes zu untersagen. Das Gericht vertrat jedoch die Auffassung, dass die Folgen eines Stopps des Gesetzes schwerwiegender sein könnten als die Verletzung der Rechte der Kläger, und verwies den Fall an ein normales Verfahren – das erste einer ganzen Reihe von Klagen vor dem Verfassungsgericht, mit denen die Regierung konfrontiert werden sollte.[35] Somit konnte die Regierung das Gesetz vorerst umsetzen, wie ich meinen Vorgesetzten erleichtert in einer SMS mitteilte.

Das eigentliche Urteil aber fällte das Volk einen Tag später, am Sonntag, dem 9. Mai 2010: Die Christdemokraten verloren die Wahl in Nordrhein-Westfalen krachend, fielen um mehr als 10 Prozentpunkte auf 34,6 Prozent – immer noch 0,1 Prozentpunkte vor den Sozialdemokraten, aber nicht mehr koalitionsfähig. Die Regierung Rüttgers in Düsseldorf war am Ende. Das mag Merkel erheblich belastet haben, aber wahrscheinlich immer noch weniger als der Brüsseler Gipfel, den sie zwei Tage zuvor erlebt hatte ...

4 Windstärke 12

Bockrunde

Seit Schulzeiten spiele ich gerne Skat. Im Leitungsbereich des Ministeriums hatte ich eine kleine Runde Gleichgesinnter gefunden – und da unser Feierabend selten vor 22 Uhr begann, war es oftmals ohnehin zu spät, um zu einem bürgerlichen Dasein nach Hause zu gehen. Man hatte nur noch die Wahl, nach kurzer Nahrungsaufnahme umgehend schlafen zu gehen oder in Berlin noch ein wenig um die Häuser zu ziehen. An Anlässen dazu fehlte es nicht, allein schon die Zahl der dienstlich möglichen Empfänge, Sommerfeste und Gartenpartys überstieg bei Weitem ein verkraftbares Pensum. »Trinken für Deutschland« nannten wir das amüsiert. Einmal kam mir ein wohlbekannter Abgeordneter auf einer Spreebrücke entgegen, unterwegs vom opulenten Sommerfest der Unionsfraktion zum noch opulenteren Sommerfest der Landesvertretung Hessen, während ich gerade umgekehrt zog. Wir begrüßten uns lachend auf der Brücke, und der Abgeordnete stellte fest: »Ja, das ist ein ambulantes Gewerbe.«

Dabei hatten die Abgeordneten es gut: Wenigstens während ihrer Wahlkreiswochen kamen sie hoffentlich auch einmal zum Abendessen nach Hause. War man aber ständig in Berlin und der Versuchung nicht gewachsen, konnte es schnell geschehen, dass man neben den vielen Stunden im Dienst – fünfhundert unbezahlte Überstunden oder mehr waren normal – auch noch abends und nachts nicht nach Hause kam. Der durch solche Zeiten verursachte familiäre und in einigen Fällen auch schwere seelische Schaden der Krise ist nirgendwo beziffert.

Wenn unsere gelegentliche Skatrunde zusammenkam, dann mit Vorliebe in einer Berliner Kneipe, deren Jukebox einige griechische Schlager im Vorrat hatte. So hörten wir denn »Weiße Rosen aus Athen« oder »Ein Schiff wird kommen« und spielten dabei. Eine Bockrunde kommt nach einem verlorenen Kontraspiel zustande und bedeutet, dass alle Ergebnisse doppelt gewertet werden. Nach dem Entschluss des Griechenland-Paketes im Bundestag traten wir gewissermaßen in eine Bockrunde ein. Die Märkte bestimmten nun die Politik – daran bestand kein Zweifel. Sie setzten ihren Zusammenbruch am Freitag, dem 7. Mai 2010, fort, und die Tatsache, dass Griechenland gerettet werden sollte, beruhigte sie nicht im Geringsten – im Gegenteil schien es das Feuer noch mehr zu entfachen. Am Nachmittag, als die Börse in New York öffnete, und unmittelbar nach seiner Rede vor dem Bundesrat, nahm Finanzminister Schäuble an einer G-7-Telefonkonferenz teil. Die Ansteckung war nun real: Portugal befand sich auf demselben Weg wie Griechenland wenige Monate zuvor.

Die Bundeskanzlerin reiste am Freitag, dem 7. Mai 2010, zu einem Treffen der Staats- und Regierungschefs der Eurozone nach Brüssel. Ursprünglich war geplant gewesen, das Hilfspaket für Griechenland zu billigen und feierliche Erklärungen zu Wirtschaftsreformen, zur Stärkung des SWP, zur Regulierung der Finanzmärkte und zur Bekämpfung der Spekulation abzugeben. Doch der Gipfel entwickelte sich zu einem epischen Krisentreffen, da die Volatilität an den Märkten trotz der griechischen Rettungsaktion zunahm. Einigen Teilnehmern zufolge war nun der gesamte Euroraum in Gefahr, und die griechische Krise verwandelte sich in einen allgemeinen Zusammenbruch. Es gab Gerüchte über einen koordinierten Angriff amerikanischer und asiatischer Hedgefonds auf den Euro, und die Risikoprämien für portugiesische und spanische Schulden stiegen rapide an.

Berichtet wurde, dass US-Präsident Barack Obama in Telefongesprächen (vor dem Treffen) sowie der französische Präsident

Nicolas Sarkozy und EZB-Präsident Jean-Claude Trichet (während des Treffens) die Gipfelteilnehmer dazu drängten, ein viel größeres und umfassenderes Paket zu schnüren als die bilateralen Kredite, die für Griechenland bereitgestellt wurden. Angeblich herrschte auf den Märkten blanke Panik. Trichet sprach auf dem Gipfel auf hochgradig alarmierende Weise und verwendete wiederholt den Ausdruck, den er mir eine Woche zuvor im Paternoster-Aufzug gesagt hatte:»finanzielles Armageddon«. Er erklärte, dass die EZB einen Zusammenbruch des Interbankenmarktes wie in den Jahren 2007/2008 beobachte und dass die Krise dieses Mal noch schlimmer sein werde.

Wie Obama hatte auch Sarkozy vor dem Treffen Einzelgespräche geführt; das sogenannte Beichtstuhlverfahren. Nach den etwa neunstündigen Verhandlungen erklärte er in einer Pressekonferenz, dass das Ergebnis zu 95 Prozent den französischen Vorschlägen entspreche und die Entscheidung bedeute,»dass wir jetzt endlich ein veritables *gouvernement économique* haben«.[1] Er bezog sich dabei auf die folgende Zeile der Gipfelerklärung:[2]

> *In Anbetracht der außergewöhnlichen Umstände wird die Kommission einen europäischen Stabilisierungsmechanismus vorschlagen, um die Finanzstabilität in Europa zu erhalten. Er wird auf einer außerordentlichen ECOFIN-Sitzung, die der spanische Ratsvorsitz am Sonntag, dem 9. Mai, einberufen wird, zur Entscheidung vorgelegt werden.*

Dieser sogenannte Mechanismus war in der Tat ein Durchbruch. Darüber hinaus wurde vereinbart, dass die EZB sogar Staatsanleihen strauchelnder Staaten aufkaufen würde, was sie bis dahin nur im Rahmen von sogenannten Offenmarktgeschäften (OMO) zu technischen, nicht systemischen, Zwecken getan hatte. Die Intervention der EZB wurde in der Erklärung des Gipfels nur deshalb nicht ausdrücklich erwähnt, um zumindest symbolisch die Unabhängigkeit der Zentralbank zu wahren.

Der »Mechanismus« an sich war schon überraschend genug. Im Ministerbüro hörte ich tatsächlich am Montagmorgen zum ersten Mal davon und fiel buchstäblich fast vom Stuhl. Ich wusste nur, dass noch einen Tag vorher, am Sonntag, Finanzminister Wolfgang Schäuble sehr kurzfristig zu der besagten Dringlichkeitssitzung des ECOFIN nach Brüssel geflogen war. Doch während der Verhandlungen hatte sich sein Gesundheitszustand bedenklich verschlechtert, sodass er in ein örtliches Krankenhaus gebracht werden musste. Deutschland wurde in diesem entscheidenden Moment durch einen Staatssekretär vertreten, bis – zumindest formal – Innenminister Thomas de Maizière einflog und auf Bitten der Kanzlerin die Vertretung Schäubles übernahm. Er war verständlicherweise nicht sonderlich gut vorbereitet auf diese Rolle.

Als er fünf Jahre später die unkontrollierte Grenzöffnung zu Beginn der Migrationskrise verantwortete, kam er mir tragisch vor: Erneut übernahm er als Minister Verantwortung für eine fatale Entscheidung, die ihm von der Kanzlerin übertragen worden war und in der er kaum Ermessensspielraum zu haben schien.[3] Ich fragte mich, ob ich an seiner Stelle die Größe zum Rücktritt besessen hätte. 2010 hätte das sicherlich ein historisches Beben an den Finanzmärkten ausgelöst, und ich konnte ihm nicht verdenken, dass er im Angesicht dieses Schreckens den von Frankreich vorgezeichneten Weg einschlug und wohl dabei kaum ahnen konnte, dass dieser in Richtung Gemeinschaftsschulden, Monetisierung und letztlich zur Untergrabung der Preisstabilität führen musste. Schäuble selbst war von der Leistung seines Vertreters jedenfalls wenig beeindruckt.[4]

Frankreich drängte neben dem enorm aufgeblähten Rettungsschirm auf ein *gouvernement économique*, und zwar nicht nur dem Namen nach. Es gab keine offizielle Definition dieser Wirtschaftsregierung nach Pariser Vorstellung, aber meiner Meinung nach bedeutete das französische Denken im Wesentlichen immer eine Kombination aus Schuldenvergemeinschaftung und politischer Dominanz über die EZB (idealerweise durch Paris) – und zwar schon so lange, wie französische Politiker und Beamte über die Gestaltung der Währungsunion nachgedacht hatten. Es war das Gegenmodell zur 1997 aufgegebenen deutschen Forderung nach »Fiskalunion« und »politischer Union«, welche politische Integration bei Unabhängigkeit der Zentralbank bedeutet hätte. Und es unterschied sich deutlich von anderen deutschen Vorschlägen wie Schäubles EWF, die im Einklang mit unseren ordnungspolitischen Grundsätzen gestanden hätten. Deutschland stellte dem französischen Vorstoß in dieser historischen Situation vom 7./9. Mai 2010 keine strategischen Forderungen entgegen. Hätten wir die historische Chance nicht nutzen sollen, um unsere früheren strategischen Ziele zur Zukunft Europas, nämlich die Forderung nach einer politischen Union oder zumindest einer Fiskalunion, aus der Schublade zu holen und endlich durchzusetzen?[5] Doch diese Ziele waren offenbar nach der Ära Helmut Kohl, Bundeskanzler von 1982 bis 1998, auf Nimmerwiedersehen fallengelassen worden. Längst vergessen waren die Tage des berühmten Schäuble-Lamers-Papiers von 1994, das eine radikale institutionelle Reform Europas mit Frankreich und Deutschland im Zentrum unter Berücksichtigung einer »variablen Geometrie« und einer »flexiblen Integration« um diesen Kern herum gefordert und die einheitliche Währung als Definition für die Mitgliedschaft in einer künftigen politischen Union gesehen hatte. Diese politische Union sollte nicht nur die Währungs- und Wirtschaftspolitik, sondern auch die Außenpolitik, die Sicherheit, die Verteidigung und andere relevante Bereiche in einem föderalen europäischen Kernstaat zusammenführen.[6]

Doch der maßgebliche Autor dieses Papiers lag nun im Krankenhaus – und sein Stellvertreter de Maizière, den Merkel an Schäubles statt nach Brüssel geschickt hatte, schien von solchen strategischen Visionen nichts zu wissen. Unter Angela Merkel und anderthalb Jahrzehnte nach dem Schäuble-Lamers Papier strebte Deutschland nicht mehr nach der politischen Einigung Europas und verpasste damit wohl diese einmalige historische Chance – 65 Jahre nach dem viel beschworenen Ende des Zweiten Weltkriegs. Tatsächlich flog Merkel nach dem Brüsseler Gipfel nach Moskau, um Wladimir Putin bei den Feierlichkeiten zum Jahrestag der deutschen Kapitulation zu hofieren. In dem Moment, als Deutschland noch ein letztes Mal in seiner Geschichte mächtig genug gewesen wäre, um Europa in eine neue Dimension zu hieven – ähnlich wie Preußen dies unter Bismarck für Deutschland bewirkt hatte – stimmte die Kanzlerin einem französischen Vorschlag zum Umgang mit der Schuldenkrise zu und feierte mit dem russischen Präsidenten die Kapitulation des eigenen Landes.

Unterdessen standen die Entscheidungsträger auf ECOFIN-Ebene plötzlich unter extremem Zeitdruck, um die von den Staats- und Regierungschefs versprochenen Ergebnisse zu erzielen. Die Minister mussten liefern, bevor die Finanzmärkte am Montag in Tokio eröffnet wurden. Paris (Sarkozy), Brüssel (Barroso), Washington (Strauss-Kahn) und Frankfurt (Trichet) hatten einen Plan – Berlin (Merkel) hingegen nicht. Als Vetospieler hätte Deutschland eine ungemein starke Hand in den Verhandlungen gehabt – wenn die Kanzlerin nicht schon am Freitagabend das ganze Blatt abgeworfen hätte.

Zu Beginn der Verhandlungen auf Ministerebene war das einzige Angebot, das auf dem Tisch lag, der auffallend gut vorbereitete Rechtsvorschlag der Kommission für einen Europäischen Finanzstabilisierungsmechanismus (EFSM), mit dem sie auf den Finanzmärkten im Rahmen einer EU-Haushaltsgarantie Mittel aufnehmen würde, um sie an strauchelnde Länder der Eurozone weiterzuleiten.[7] Der EFSM würde den bereits bestehenden Mechanismus der Zahlungsbilanzverordnung, der für nicht dem Euroraum angehörende Mitgliedstaaten in Zahlungsbilanzkrisen gilt, reproduzieren und verstärken.[8] Unter den Kollegen im Ministerium war ich nicht der Einzige, der den EFSM als den beabsichtigten Durchbruch zur Vergemeinschaftung der Schulden ansah, die Verwirklichung der sogenannten Euro-Bonds, die von den Südländern und den europäischen Institutionen und mehr noch von den Finanzmärkten seit Langem angestrebt wurde. Gemeinsame europäische Schulden gab es bereits seit der Gründung der Europäischen Investitionsbank 1958, und sie wurden auch schon von der Kommission für die Kassenführung des EU-Haushalts in begrenztem Umfang ausgegeben. Der EFSM aber würde die Tür zu einer völlig neuen Größenordnung öffnen: Wir sahen in ihm den Einstieg in die Schuldenunion. Ich persönlich hatte dabei überhaupt kein Problem mit gemeinschaftlichen Schulden – wenn wir im Gegenzug die politische Integration Europas vorangebracht hätten. Unser Faustpfand für ein Linsengericht herzugeben, das schien mir jedoch falsch. Schäuble erinnerte später daran, dass Merkel einmal geäußert habe: »Es wird keine Eurobonds geben, solange ich lebe.«[9]

Schadensbegrenzung

Die Hauptforderungen Deutschlands waren neben der Vermeidung von expliziten Eurobonds nicht strategisch, sondern taktisch: Erstens sollten die Mitgliedstaaten die Haushaltskonsolidierung bei Bedarf intensivieren. Zweitens sollte der EFSM der Kommission auf einen Betrag begrenzt werden, der im Rahmen des bestehenden EU-Haushalts aufgenommen werden konnte. Daher wehrte sich Deutschland gegen eine Erhöhung des EU-Haushalts, bei der die Kommission den gesamten vorgesehenen Betrag hätte aufnehmen können. Dies schränkte den Anwendungsbereich des EFSM drastisch ein, da im aktuellen Haushalt nur ein geringer Spielraum bestand für die Finanzierung der Garantie, gegen die die Schulden ausgegeben werden sollten. Diese Marge ergab sich aus der Differenz zwischen der Ausgabenermächtigung, die der Rat der Kommission erteilt hatte, und den tatsächlichen Ausgaben.

Aufgrund seines viel geringeren Volumens musste der EFSM durch ein weitaus größeres, aber eben zwischenstaatliches und nicht gemeinschaftsrechtliches Instrument ergänzt werden, eine Zweckgesellschaft, die Europäische Finanzstabilisierungsfazilität (EFSF). Ihr Volumen wurde auf 440 Milliarden Euro festgelegt, und die Laufzeit war auf drei Jahre begrenzt. Wichtig war, dass die EFSF von den beitragenden Mitgliedstaaten anteilig garantiert werden sollte. Dies hatte zur Folge, dass der deutsche Steuerzahler nicht für die Gesamtheit der EFSF-Verpflichtungen haften würde, sondern nur für die Höhe des deutschen Beitrags.

Mit anderen Worten: Die deutsche Delegation dachte an den finanziellen Schaden und übersah dabei die strategische Chance, die mit dem Vorschlag verbunden war. Viele Jahre später hatte ich einmal Gelegenheit, einen Spitzenunterhändler unserer Delegation zu fragen, ob sich denn irgendjemand am 9. Mai Gedanken über die mögliche Zukunft der europäischen Integration gemacht hatte. Als ich ihm diese Frage stellte, waren wir gerade dabei, eine belebte Straße in Brüssel zu überqueren. Er aber blieb an der Ampel stehen, schaute mir in die Augen, schüttelte den Kopf und seufzte: »Niemand hatte überhaupt Zeit, über solche Fragen nachzudenken.« Vielleicht hätte Schäuble trotzdem über solche Fragen nachgedacht, dachte ich mir im Stillen, denn das waren die eigentlich wichtigen Fragen – aber Schäuble hatte ja im Krankenhaus gelegen ...

Folglich war das Ergebnis der ECOFIN-Sitzung vom 9. Mai rein finanzieller und taktischer Natur. Es unterschied sich deutlich von der vorangegangenen Erklärung der Staats- und Regierungschefs. Die neue Erklärung lautete wie folgt:[10]

Wir haben beschlossen, einen Europäischen Stabilisierungsmechanismus einzurichten. Der Mechanismus stützt sich auf Art. 122.2 des Vertrages und eine zwischenstaatliche Vereinbarung der Mitgliedstaaten des Euroraums. Seine Aktivierung unterliegt strengen Auflagen im Rahmen einer gemeinsamen EU/IWF-Unterstützung und wird zu ähnlichen Bedingungen wie beim IWF erfolgen.

Artikel 122.2 des Vertrages sieht eine finanzielle Unterstützung für Mitgliedstaaten vor, die sich aufgrund außergewöhnlicher Umstände, die sich ihrer Kontrolle entziehen, in Schwierigkeiten befinden. Wir haben es heute mit solchen außergewöhnlichen Umständen zu tun, und der Mechanismus wird so lange in Kraft bleiben, wie es zur Sicherung der Finanzstabilität erforderlich ist. Es ist ein Volumen von bis zu 60 Milliarden Euro vorgesehen, und die Aktivierung unterliegt strengen Auflagen im Rahmen einer gemeinsamen Unterstützung durch die EU und den IWF und wird zu ähnlichen Bedingungen wie beim IWF erfolgen. (...)

Darüber hinaus sind die Mitgliedstaaten des Euro-Währungsgebiets bereit, diese Mittel durch eine Zweckgesellschaft zu ergänzen, die anteilig von den teilnehmenden Mitgliedstaaten in koordinierter Weise garantiert wird und nach drei Jahren unter Beachtung ihrer nationalen verfassungsrechtlichen Vorschriften ausläuft, und zwar bis zu einem Volumen von 440 Milliarden Euro. Der IWF wird sich an den Finanzierungsvereinbarungen beteiligen und voraussichtlich mindestens die Hälfte des EU-Beitrags über seine üblichen Fazilitäten im Einklang mit den jüngsten europäischen Programmen bereitstellen. Gleichzeitig wird die EU unmittelbar mit der Arbeit an den notwendigen Reformen beginnen, um den bestehenden Rechtsrahmen zu ergänzen und die fiskalische Nachhaltigkeit im Euroraum sicherzustellen (...). Wir unterstreichen die Bedeutung, die wir der Stärkung der Haushaltsdisziplin und der Schaffung eines ständigen Rahmens zur Krisenbewältigung beimessen. (...)

Wir bekräftigen außerdem die Unterstützung der Mitgliedstaaten des Euro-Währungsgebiets für die EZB bei ihren Maßnahmen zur Gewährleistung der Stabilität des Euro-Währungsgebiets.

Der Rat verabschiedete auch eine Verordnung zur Einrichtung eines europäischen Finanzstabilisierungsmechanismus. Darüber hinaus haben die Vertreter der Regierungen der Mitgliedstaaten des Euro-Währungsgebiets einen Beschluss angenommen, mit dem sie sich verpflichten, über eine Zweckgesellschaft, die von den teilnehmenden Mitgliedstaaten anteilig und in koordinierter Weise garantiert wird und nach drei Jahren ausläuft, einen Beistand von bis zu 440 Milliarden Euro entsprechend ihrem Anteil am eingezahlten Kapital der Europäischen Zentralbank und gemäß ihren nationalen verfassungsrechtlichen Vorschriften bereitzustellen. (...)

Der Kommissionsvorschlag für die Verordnung zur Einrichtung des EFSM war auf einer Sondersitzung der Kommission im Vorfeld des ECOFIN-Rates angenommen worden, und Kommissionspräsident José Manuel Barroso hatte erklärt:»Wir werden den Euro verteidigen, koste es, was es wolle.«[11] Die Formel *whatever it takes*, die in diesem Zusammenhang auch von Kommissionsvizepräsident Olli Rehn verwendet wurde, wurde also, wie eingangs erwähnt, von der Kommission im Jahr 2010 geprägt – und nicht von EZB-Präsident Mario Draghi zwei Jahre später, der sie dann aber zur vollen Geltung brachte.

In seiner ursprünglichen Form sah der Vorschlag der Kommission zwei Schritte für die Mittelbeschaffung vor. Erstens würde der EFSM Kredite gegen eine Garantie aus dem bestehenden Haushalt aufnehmen, und der Verordnungsentwurf lautete entsprechend. Entscheidend war darin, dass Artikel 3 in seiner ursprünglichen Fassung eine *unbegrenzte* Garantie der Mitgliedstaaten vorsah:[12]

(1) Für Darlehen und Kreditlinien, die die in Artikel 2 Absatz 2 genannte Obergrenze übersteigen, leisten die Mitgliedstaaten des Eurogebiets eine gemeinsame und anteilige Bürgschaft.

(2) Jeder Mitgliedstaat des Eurogebiets bürgt entsprechend seinem Anteil an dem eingezahlten Kapital der Europäischen Zentralbank für die Beträge, die die in Absatz 1 genannte Obergrenze überschreiten.

(3) In den Fällen nach diesem Artikel kann die Kommission auf die Dienste der für die Staatsschuld zuständigen Stellen der Mitgliedstaaten des Eurogebiets zurückgreifen, die der Kommission zu diesem Zweck zur Verfügung stehen.

(4) Ein Mitgliedstaat, der auf der Grundlage dieser Verordnung einen vom Rat beschlossenen finanziellen Beistand erhält, stellt keine Bürgschaft. Die von den anderen Mitgliedstaaten gestellte Bürgschaft wird entsprechend neu berechnet.

(5) Die Mitgliedstaaten ergreifen die notwendigen Maßnahmen, um zu gewährleisten, dass die Bürgschaft innerhalb von zehn Tagen nach dem gemäß Artikel 4 gefassten Ratsbeschluss gestellt wird.

Dieser Artikel 3 wäre also der entscheidende Schritt zu einem europäischen Finanzausgleichs- und Transfersystem gewesen, in seiner Höhe unbegrenzt. Er hätte jedem Mitgliedstaat des Euro-Währungsgebietes, der aufgrund außergewöhnlicher Ereignisse, die sich seiner Kontrolle entziehen, von einer beträchtlichen wirtschaftlichen oder finanziellen Störung betroffen oder ernsthaft bedroht ist (Artikel 1), auf Beschluss des Rates mit qualifizierter Mehrheit und vorbehaltlich eines wirtschaftspolitischen Anpassungsprogramms (Artikel 4) in Form von Darlehen oder Kreditlinien zur Verfügung gestellt werden können. Dazu muss man erwähnen: Durch die Hintertür der Umschuldung und der Umstrukturierung der Schulden können solche Darlehen zu einem späteren Zeitpunkt per Federstrich in Transfers umgewandelt werden.

Der EFSM stützt sich auf Artikel 122 des Vertrages – der für Naturkatastrophen vorgesehen ist – und ermöglicht eine Entscheidung mit qualifizierter Mehrheit. Solange der EFSM in erster Instanz auf den EU-Haushalt zurückgreifen würde, wären alle Mitgliedstaaten betroffen. Dazu gehörte auch das Vereinigte Königreich, das sich nach einer Parlamentswahl gerade in der Regierungsbildung befand. Kein Wunder also, dass sich London auf die Seite Berlins schlug und versuchte, den finanziellen Schaden durch den EFSM zu begrenzen. Beide sorgten dafür, dass Artikel 3 gestrichen wurde und der Großteil der Hilfen stattdessen über die neue Zweckgesellschaft EFSF laufen würde, die auf 440 Milliarden Euro begrenzt war und durch zusätzliche IWF-Kredite aufgestockt wurde, deren Umfang wiederum der Hälfte des EFSF-Volumens, also 220 Milliarden Euro, entsprechen sollte.

Dieses aber war die Ausgangslage, der wir uns gegenübersahen: ein Dammbruch hinsichtlich Schulden- und Transferunion.

Dämme gegen die Flut

Ich war fassungslos, als die Nachricht am Montag in aller Frühe in Berlin eintraf – und schenkte den Worten de Maizières in Brüssel wenig Glauben, dass das Geld im Idealfall gar nicht gebraucht werde.[13] Das hatten wir schon zu Griechenland gehört und nicht geglaubt. Der Gesamtumfang des Paketes belief sich unter Berücksichtigung des Finanzierungsbedarfs von mindestens Spanien, Portugal und Irland für die nächsten zwei Jahre auf 720 Milliarden Euro. Einschließlich Italien würde dies jedoch nur für ein Jahr reichen. Und das sollte die Wogen auf den Finanzmärkten glätten? Ich dachte daran, dass allein die deutschen Hypothekenbanken mit 87 Milliarden Euro in Griechenland, Portugal, Spanien, Irland und Italien engagiert waren.[14] Und nach Angaben der BIZ waren die europäischen Banken gegenüber Griechenland, Portugal und Spanien mit rund 935 Milliarden Euro exponiert.

Die Maßnahmen mochten also trotz ihrer stupenden Größenordnung nicht ausreichend sein, aber unzweifelhaft war ein Dammbruch in institutioneller Hinsicht eingetreten. Wir spürten deutlich, dass wir am Scheideweg standen – und von hier an würde die Entwicklung pfadabhängig verlaufen. Jederzeit könnten Volumen oder weitere Merkmale angepasst und ausgeweitet werden. Die bedeutsame institutionelle Neuerung war ein gemeinsames, zwischenstaatliches Vehikel, das mit dem Ziel eingerichtet werden sollte, enorme gemeinschaftliche finanzielle Verpflichtungen zur Unterstützung von strauchelnden Mitgliedstaaten einzugehen. Dieses Vehikel würde für einen Gläubigerwechsel bereitstehen, sobald private oder außereuropäische Gläubiger von Euro-Mitgliedern ausfallen würden. Die Größe des Fonds war zunächst zwar begrenzt, aber es war jedem klar, dass solche Obergrenzen angepasst oder gänzlich aufgehoben werden könnten. Die Bedeutung lag in der Präzedenz – wie so oft im politischen Geschäft.

Die zusätzliche, nunmehr unverhohlene Ankündigung, dass die EZB über die traditionellen OMOs hinaus Staatsanleihen auf dem

Sekundärmarkt kaufen würde, war meines Erachtens ein noch schlimmerer Dammbruch – denn damit wurde der Monetisierung der Staatsfinanzen im Euroraum Tür und Tor geöffnet. Auch wenn er sich im Amt dazu nicht äußerte – in Respekt vor der Unabhängigkeit der EZB –, war diese fatale Fehlentwicklung offensichtlich auch für Wolfgang Schäuble als solche erkennbar. Im Nachhinein bekundete er sein Befremden gegenüber dem Ankauf von Staatsanleihen durch die Zentralbank und beschreibt ihren Zusammenhang mit der Gefährdung der Preisstabilität, der aufsteigenden Stagflation und der Entstehung finanzieller Blasen.[15]

Ich fragte mich, wie die Kombination dieser Faktoren sowohl rechtlich als auch politisch in Deutschland ankommen würde, wo geplante Steuersenkungen gerade verschoben worden waren, um fiskalische Reserven auf dem Weg zum Haushaltsausgleich zu schaffen. Noch wichtiger schien mir, dass das unbedingte Verbot von geldpolitischen Rettungsaktionen und die Unabhängigkeit der Zentralbank die Eckpfeiler der deutschen Zustimmung zur Währungsunion gewesen waren. Entfiel jetzt nicht die Geschäftsgrundlage der deutschen Zustimmung zur Gemeinschaftswährung?

EZB-Präsident Jean-Claude Trichet räumte ein, dass das Votum des EZB-Rates über den Beschluss zum Ankauf von Staatsanleihen nicht einstimmig getroffen worden war. Wir konnten mutmaßen, dass nicht nur der deutsche Vertreter dagegen gestimmt hatte. Trichet hingegen behauptete, dass sein neues Programm für die Wertpapiermärkte (SMP) die Unabhängigkeit der Zentralbank keineswegs beeinträchtige. Es gab jedoch Kommentare in Brüssel, die besagten, dass die EZB-Entscheidung unter politischem Druck aus einigen europäischen Hauptstädten und sogar Washington erfolgt sei.[16] Dass die amerikanische Regierung Einfluss auf die Eurokrise nahm, schien mir zunächst ein ungeheuerlicher, aber dann ein zunehmend plausibler Gedanke. Genau deswegen hatte Schäuble schließlich auch einen *Europäischen* Währungsfonds gefordert. Auch bestätigte er rückblickend, dass maßgebliche Entscheidungen der Eurokrise auf massiven Druck aus Washington getroffen wurden.[17]

In einer Presseerklärung beabsichtigte die EZB, eine Situation von »wie du mir, so ich dir« zu schaffen.[18] Die Zentralbank verknüpfte ihr Programm zum Ankauf von Staatsanleihen (SMP) mit den Haushaltskonsolidierungsmaßnahmen, die sie von den Mitgliedstaaten erwartete:[19]

Der Umfang der Interventionen wird vom EZB-Rat festgelegt. Bei dieser Entscheidung haben wir die Erklärung der Regierungen des Euro-Währungsgebietes zur Kenntnis genommen, dass sie »alle erforderlichen Maßnahmen ergreifen werden, um [ihre] Haushaltsziele in diesem Jahr und in den kommenden Jahren im Einklang mit den Verfahren bei einem übermäßigen Defizit zu erreichen«, sowie die spezifischen zusätzlichen Verpflichtungen, die einige Regierungen des Euro-Währungsgebietes eingegangen sind, um die Haushaltskonsolidierung zu beschleunigen und die Tragfähigkeit ihrer öffentlichen Finanzen zu gewährleisten.

Ich bezweifelte jedoch, wie diese politische Linie die zeitliche Inkonsistenz in der Praxis überwinden sollte: Würde die EZB wirklich ihre Unterstützung verweigern, wenn die Mitgliedstaaten nicht konsolidierten? Oder würde sie nicht vielmehr zunehmend einer Situation fiskalischer Dominanz erliegen, in der die Monetisierung der Staatsfinanzen mehr und mehr dem Ermessen und der Kontrolle der Bank entglitt?[20]

Im aktuellen Beispiel und allen damit zusammenhängenden Vorfällen bildete der akademische Begriff der Zeitinkonsistenz die Realpolitik zutreffend ab. Institutionen wie die EZB, der Rat, die Kommission und die Mitgliedstaaten gleichermaßen warfen ihre Regeln, Verpflichtungen und Prinzipien über Bord, sobald es der unmittelbare Handlungsdruck erzwang. Die Einsicht, dass sie dies systematisch tun, wenn sie sich durch eine Krise durchwurschteln, gehört zu den Kernaussagen dieses Buches: Not kennt kein Gebot. Dinge, die wenig früher noch undenkbar scheinen, finden quasi über Nacht statt. Aufmerksame Beobachter der Eurokrise konnten insofern bei späteren Anlässen wie der Migrationskrise, der Covid-Krise und erst recht nach Kriegsausbruch nicht mehr überrascht sein. Auch verfassungsmäßige Grundrechte sind vor solcher Dynamik nicht automatisch durch das politische System geschützt, sondern müssen letztlich durch den Souverän selbst verteidigt werden, indem er von seinen bürgerlichen Rechten wie Versammlungs- und Redefreiheit sowie Wissenschaftsfreiheit und schriftstellerischer beziehungsweise künstlerischer Freiheit Gebrauch macht – zur Not auch gegen staatliche Repression.

Die EZB begründete ihren extremen Schritt jedenfalls mit »starken Spannungen in bestimmten Marktsegmenten, die den geldpolitischen Transmissionsmechanismus und damit die wirksame Durchführung einer auf Preisstabilität ausgerichteten Geldpolitik behindert«. Der eher undurchsichtige Verweis auf die »Transmission« sollte von diesem Tag an immer wieder auftauchen, um in der Kommunikation alles, was die Bank tat, mit ihrem offiziellen Mandat der Preisstabilität vordergründig zu vereinbaren. Nur wenige wagten es, den Begriff der Transmission infrage zu stellen – er klang technisch genug, um gleichzeitig zu verschleiern und zu rechtfertigen, was geschah. Als ob der Markt für Staatsschulden eine Blackbox wäre, die nicht mehr funktionierte und nun durch die Magie des Zentralbankgeldes repariert würde. Ich verspürte dabei als ehemaliger Notenbanker Unbehagen und eine gewisse Besorgnis, da ich mich fragte, ob der offiziell unbeabsichtigte Nebeneffekt der Verkleinerung der Spreads – die monetäre Finanzierung der öffentlichen Bilanzen – nicht die eigentliche Motivation war, zumindest für einige der Entscheidungsträger.

Die Auswirkungen auf die Märkte waren dieses Mal denn auch erheblich – aber wieder nur von kurzer Dauer: Die Spreads sanken zunächst, der griechische Zweijahreszins beispielsweise von 18,3 auf 5,5 Prozent, die Aktien stiegen, und der Euro gewann 0,8 Prozent an Außenwert auf 1,2820 US-Dollar. Spanische und französische Bankaktien stiegen um rund 20 Prozent. Die Märkte blieben jedoch nervös. Sie reagierten auf »gute Nachrichten« wie Spaniens

Sparmaßnahmen, mit denen das Defizit von 9,8 Prozent des Brutto-inlandsproduktes auf 9,3 Prozent im Jahr 2010 und auf 6,5 Prozent im Jahr 2011 gesenkt werden sollte, und fielen ebenso schnell auf »schlechte Nachrichten« hin, beispielsweise Ackermanns Anspie-lung auf die Notwendigkeit einer endgültigen Umschuldung der griechischen Schulden. Dazu zählten auch die immer lauter wer-denden Gerüchte, dass Schäuble aus gesundheitlichen Gründen zurücktreten werde.

Gleichzeitig mussten wir sofort mit der Arbeit an einem neuen Gesetzesprojekt beginnen: Die EFSF mit ihren 440 Milliarden Euro würde neue Bundesgarantien, wenn nicht sogar direktes Kapital benötigen. Wir rechneten zunächst mit einer zusätzlichen Belas-tung von 123 Milliarden Euro – ohne unsere Anteile am höher bean-spruchten EU-Haushalt und an den erhöhten IWF-Verpflichtungen. Der EFSM, der auf den bestehenden Budgetrahmen reduziert und damit auf 60 Milliarden Euro EU-Hilfe begrenzt war, hatte zu meiner Überraschung bereits seine legislative Hürde genom-men, basiert auf dem Ratsbeschluss vom Sonntagabend, und trat schon am Dienstag, dem 11. Mai, in Kraft. Ich war bass erstaunt, dass die Kommission es gewagt hatte, auf Grundlage von Artikel 122 vorzugehen, der für Naturkatastrophen vorgesehen war – aber ihr Schachzug funktionierte: wo kein Kläger, da kein Richter. Im Falle Griechenlands wurde Artikel 122 immerhin nicht als einschlä-gig erachtet, da die hellenische Insolvenz kaum durch Ereignisse außerhalb der Kontrolle des Landes verursacht worden war. Nun war aber die beängstigende Ansteckung anderer Staaten in den Au-gen vieler wohl doch so etwas wie höhere Gewalt, die dann sogar ausdrücklich mit einer Naturkatastrophe verglichen wurde. Auch die Entscheidung der EZB über das SMP bedurfte keiner legisla-tiven Folgemaßnahmen – wenn man einmal von den zahlreichen Gerichtsverfahren absieht, die gegen die verschiedenen Elemente des gesamten Hilfspaketes eingeleitet wurden.

Ich fuhr am Montag, dem 10. Mai 2010, mit der S-Bahn nach Berlin-Mitte und notierte in mein Tagebuch:»Wir haben den Einsatz ins Unermessliche gesteigert, um die Währungsunion und damit das europäische Projekt zu retten. Dabei haben wir alle Prinzipien über Bord geworfen, die uns einst lieb und teuer waren – vor allem im Bereich der Währungspolitik und der nationalen Eigenverantwortung.« Als wir nach einigen weiteren Momenten des Erstaunens die Arbeit aufnahmen, konzentrierten wir uns auf die Einrichtung der EFSF. Bereits am Folgetag fand eine Sonderkabinettssitzung statt, um das neue Garantiegesetz auf den Weg zu bringen: Das deutsche EFSF-Kontingent von 123 Milliarden Euro sollte mit einer zwanzigprozentigen Sicherheitsmarge ausgestattet werden, sodass die Obergrenze faktisch auf 148 Milliarden Euro stieg. Das Gesetz sollte am 19. Mai den Bundestag und am 4. Juni den Bundesrat passieren – wir waren also einmal mehr im Krisenmodus.

Die Sozialdemokraten machten ihre Unterstützung davon abhängig, dass die Regierung die sogenannte Finanztransaktionssteuer (Financial Transaction Tax, FTT) vorantreibe. Diese Forderung wurde kurioserweise von den Christdemokraten aufgegriffen. Die FTT war auch in einigen anderen Mitgliedstaaten eine populäre Idee und hatte implizit Eingang in die Gipfelerklärung vom 7. Mai gefunden, in der ein »fairer und substanzieller Beitrag des Finanzsektors zu den Kosten von Krisen« gefordert wurde. Die Experten des Finanzministeriums waren jedoch aus technischen Gründen, die mit der globalen Mobilität des Kapitals zusammenhingen, stets skeptisch gegenüber einer FTT gewesen. In Ermangelung eines internationalen oder auch nur europäischen Abkommens über eine solche Maßnahme warnten sie nachdrücklich vor einem unilateralen nationalen Ansatz, da dieser im Ergebnis nur Finanztransaktionen ins Ausland verlagern würde. Die Skepsis der Fachleute wurde auch durch Finanzminister Schäuble geteilt, der jedoch gute Miene zum bösen Spiel machen und sich für dieses zum Scheitern verurteiltes Projekt einsetzen musste.[21]

Die internationalen Verhandlungen über die EFSF selbst waren weitaus komplexer als das nationale Garantiegesetz, das wir durch einen fast schon betäubten und flügellahmen Bundestag brachten. Ein internationaler Vertrag musste von Grund auf neu ausgearbeitet werden. Dies war die Aufgabe der sogenannten Eurogroup Working Group (EWG), der für den Euroraum zuständigen Untergruppe des Wirtschafts- und Finanzausschusses (WFA), die auf Staatssekretärsebene tagt und an den ECOFIN-Rat berichtet. Die EWG hielt am 12. Mai 2010 ihre erste Telefonkonferenz ab.

Es gab drei deutsche Kernforderungen: Erstens dürften Kredite nur unter strengen Auflagen in Form eines gemeinsamen IWF/EU-Anpassungsprogramms vergeben werden. Zweitens sollten EFSF-Kredite nur dann in Anspruch genommen werden können, wenn die EFSM-Mittel nicht ausreichten. Drittens würde die Entscheidungsfindung der EFSF einstimmig erfolgen, was Deutschland ein Vetorecht einräumen würde. Darüber hinaus sprach sich Deutschland dagegen aus, die EFSF mit einer großen eigenen Kapitalbasis auszustatten. Schließlich wollte es die Mitgliedschaft in der EFSF auf die Euroländer beschränken, forderte aber die anderen EU-Mitglieder auf, sich mit bilateralen Darlehen an den Gesamtmaßnahmen zu beteiligen. Derartige Angebote waren von Schweden und Polen gemacht worden, die auf früheren Beispielen aufbauten, als Island und Lettland während der Bankenkrise bilaterale Darlehen von einzelnen EU-Mitgliedstaaten erhalten hatten.

Ein bisschen Governance-Reform

In der Zwischenzeit wurde die Arbeit an der Reform der Governance des Euroraums in bescheidener Form aufgenommen. Die Van-Rompuy-Taskforce traf sich zum ersten Mal am 25. Mai 2010. Frankreich hatte einmal mehr deutlich gemacht, dass eine Vertragsänderung nicht infrage komme. Die Kommission bereitete daher eine Sekundärgesetzgebung zur Stärkung des SWP vor – mit einem Ambitionsniveau, das weit unter den deutschen Erwartungen lag. Berlin strebte wirksamere Sanktionen und einen verbindlicheren Rahmen zur Steigerung der Wettbewerbsfähigkeit an und drängte zumindest auf Beamtenebene weiterhin auf Änderungen am Primärrecht. Eine Vertragsänderung sei notwendig, um die Rolle der Kommission im Defizitverfahren zu stärken und den Stimmrechtsverlust als politische Sanktion für Verstöße gegen die Defizitregel zu etablieren. Darüber hinaus strebte Berlin erneut eine internationale Rechtsgrundlage für Staatsinsolvenzen an.

Nachdem Deutschland jedoch der Einrichtung der EFSF und des EFSM bereits zugestimmt hatte, verfügte es über keinerlei Druckmittel mehr, um irgendwelche Zugeständnisse in Bezug auf Governance und Institutionen zu erreichen. Angela Merkel hatte Deutschlands exzellentes Blatt in diesem Spiel nicht nur ohne strategischen Gewinn aus der Hand gegeben. Auch kleine Schritte gemäß den ohnehin geringen Maßstäben Berlins hinsichtlich strategischen Denkens über Geopolitik im Allgemeinen und die europäische Integration im Besonderen waren nun nicht mehr möglich. Um dies weiter auszuführen, lohnt sich ein Blick auf die deutsche Analyse und das deutsche Verständnis der Krise:

Nach Ansicht der Experten des Ministeriums, die in engem Austausch mit dem Kanzleramt, dem Auswärtigen Amt und dem Wirtschaftsministerium standen, gab es in der WWU drei wesentliche institutionelle Schwachstellen. Erstens sei der Stabilitäts- und Wachstumspakt kein Konstruktionsfehler, sondern schlichtweg unzureichend und zu schwach, um finanzpolitische Fehlentwicklungen zu verhindern. Zweitens sei die wirtschaftspolitische Koordinierung ebenfalls zu schwach, um Ungleichgewichte und Divergenzen in der Wettbewerbsfähigkeit zu verhindern, was zu Vermögenspreisblasen, übermäßiger privater Verschuldung, Leistungsbilanzdefiziten und insgesamt mangelnder Wettbewerbsfähigkeit führe (explizit jedoch nicht zu Leistungsbilanzüberschüssen wie in Deutschland selbst). Drittens gebe es keine Vorkehrungen für den Extremfall von Liquiditäts- oder Solvenzkrisen von Euro-Mitgliedstaaten.

Nach Ansicht unserer Experten lagen diesen Mängeln mehrere Ursachen zugrunde, die zu einem vernichtenden Urteil über den Euro führten: Die empirische und statistische Grundlage der Politikformulierung sei unzuverlässig, und Eurostat gegen die Manipulation der öffentlichen Haushalte durch die Mitgliedstaaten machtlos. Die Kommission und die Mitgliedstaaten würden es systematisch versäumen, die finanz- und wirtschaftspolitischen Empfehlungen um- und die Regeln durchzusetzen. Die Empfehlungen selbst seien oft zu schwach, skizzenhaft, unvollständig und unzureichend. Die Kommission selbst sei zu »politisch« und werde ihrer Rolle als unparteiische »Hüterin des Vertrages« nicht mehr gerecht.[22] In der Tat: Jean-Claude Juncker, der 2014 ganz offen den Anspruch vertrat, eine »politische Kommission« zu leiten, erklärte mit entwaffnender Ehrlichkeit, warum er lieber kein Defizitverfahren gegen Frankreich eröffnen würde: *»Parce que la France, c'est la France.«*[23]

Bereits vier Jahre zuvor war man in Berlin der Meinung, dass es in Brüssel zu viel diplomatische Rücksichtnahme und einen Mangel an Offenheit in den Debatten der WWU-Foren gab, also nicht genug Gruppenzwang – eine Krähe hackt der anderen kein Auge aus. Letztlich mangelte unserer Ansicht nach sowohl bei den Mitgliedstaaten als auch bei der Kommission am Verständnis dafür, dass die Wirtschafts- und Währungspolitik nicht Teil der Finanzdiplomatie, sondern Kern der europäischen Innenpolitik sei. Es fehle die Einsicht, dass die Währungsunion eine »Schicksalsgemeinschaft« darstelle, und der Respekt vor dem gemeinsamen Gut der Stabilität. Im Grunde sollten die betreffenden Länder den Euroraum verlassen, wenn sie diesen Grundcharakter der WWU weiterhin missachteten.

Konkret unterbreitete Deutschland ein Dutzend Vorschläge zur Stärkung der Governance des Euroraums, darunter eine strengere Haushaltsüberwachung durch eine strengere Bewertung der nationalen Stabilitätsprogramme und eine stringente Debatte über Defizitverfahren, eine stärkere Rechenschaftspflicht gegenüber den nationalen Parlamenten, die Einführung nationaler Fiskalregeln ähnlich der deutschen Regel des strukturellen Haushaltsausgleichs (die berühmte »Schuldenbremse«), die Zurückhaltung von Struktur- und Kohäsionsfondstransfers bei Sanktionen gegen das Defizit-verfahren und eine verstärkte wirtschaftspolitische Überwachung.[24] Berlin wiederholte auch seine Forderung nach politischen Sanktionen in Form von Stimmrechtsverlusten, allerdings nur noch für solche Abstimmungen im Rat, die wirtschaftspolitische Fragen im Euroraum betrafen. Da die Mitgliedstaaten in diesem Zusammenhang bereits nicht über Entscheidungen abstimmten, die sie selbst betreffen, würde die »politische Sanktion« also nur noch den Verlust des Stimmrechts gegenüber anderen Staaten bedeuten. Aber darüber hinaus sollte die letzte Sanktion in Extremfällen und unter einer Reihe klarer Kriterien immer noch ein erzwungener Austritt aus der Währungsunion sein.

Schließlich kehrte Deutschland zu früheren Ideen über ein internationales Staatsinsolvenzsystem und einen Europäischen Währungsfonds (EWF) zurück, jetzt in Verbindung mit einer Umstrukturierungsfazilität. Beide würden Nothilfe unter strengen Auflagen leisten und sollten den EFSM und die EFSF ersetzen, die nur als Zwischenlösungen angesehen wurden. Noch sahen wir in der Van-Rompuy-Taskforce eine Chance, die politische Dimension der Währungsunion zu stärken; wenn auch in begrenzter Form. Dies war ein schwaches Echo der alten Strategie zu Kohls Zeiten – aber trotz allem immer noch die Essenz unserer Denkweise. Die Ereignisse überschlugen sich jedoch und nahmen eine gänzlich andere Wendung als die einer strategischen Vertiefung der politischen Integration oder auch nur die einer Governance-Reform der Eurozone.

Vorbereitung der EFSF

Gegen Mitte Mai 2010 stiegen die Risikospreads wieder an, und der Euro kehrte zu seinem früheren Abwärtstrend gegenüber dem Dollar zurück. Die Marktentwicklungen setzten die EFSF-Verhandlungen daher unter akuten Zeitdruck. Die EFSF wurde als das fehlende Bindeglied zwischen dem EFSM und dem SMP der EZB wahrgenommen, die beide mit sofortiger Wirkung eingeführt worden waren. Die Zentralbank hatte bereits am Montag, dem 10. Mai, mit dem Ankauf von Staatsanleihen betroffener Mitgliedsländer begonnen und bis zum Ende der ersten Woche 16,5 Milliarden Euro an Wertpapieren auf »dysfunktionalen Märkten« angehäuft. Der Umfang der Staatsschulden in der EZB-Bilanz stieg seither ständig weiter an, wenn auch im Rahmen verschiedener Kaufprogramme. Das SMP wurde im Jahr 2012 beendet und wirkt im Nachhinein zwergenhaft neben den Ausmaßen der Folgeprogramme. Die Verzerrung der Zentralbankbilanzen hatte Auswirkungen auch im Zahlungsverkehr zwischen den beteiligten nationalen Notenbanken und äußerte sich in einer exorbitanten und hochkontroversen Aufblähung der sogenannten Target-Salden.[25]

Gemäß einer von der EZB zur Verfügung gestellten Aufschlüsselung[26] beliefen sich die nominalen Schuldenbestände am Ende der SMP-Käufe auf 14,2 Milliarden Euro für Irland, 33,9 Milliarden Euro für Griechenland, 44,3 Milliarden Euro für Spanien, 102,8 Milliarden Euro für Italien und 22,8 Milliarden Euro für Portugal; alle Anleihen sollten bis zur Fälligkeit gehalten werden. Um Auswirkungen auf die Geldpolitik zu vermeiden, versprach die EZB anfänglich, ihre Käufe von SMP-Vermögenswerten zu sterilisieren, indem sie dem Bankensystem in entsprechendem Umfang Liquidität entzog, zum Beispiel durch Zinstender. Die Operation sollte zunächst dazu beitragen, die Renditenaufschläge für Staatsanleihen zu verringern, konnte aber den Verfall des Außenwerts des Euro nicht aufhalten. Im Gegenteil: Marktkommentatoren befürchteten, dass das SMP die Unabhängigkeit der Zentralbank beeinträchtigen und sie auf eine schiefe Bahn in Richtung fiskalische Dominanz bringen würde.[27] Wie sich herausstellte, war eine vollständige Sterilisierung bereits im Juni nicht mehr möglich.[28]

Der Euro hatte seit dem 1. Februar 2010 mehr als 11 Prozent seines Wertes gegenüber dem Dollar verloren. Außerdem gab es Vorwürfe, dass der Kauf griechischer Anleihen französischen Banken geholfen habe, ihre Bestände zu überhöhten Preisen loszuwerden.[29] Bundesbankpräsident Axel Weber, das deutsche EZB-Direktoriumsmitglied Jürgen Stark und der Präsident der Nederlandsche Bank Nout Wellink hatten im EZB-Rat gegen das SMP gestimmt.[30] Weber kritisierte es sogar öffentlich.[31] Später lenkte er jedoch ein – immerhin wurde er als möglicher Nachfolger von Jean-Claude Trichet an der Spitze der EZB gehandelt.

Während das deutsche Finanzministerium das nationale Garantiegesetz für die EFSF vorantrieb, waren die Details des internationalen Abkommens noch lange nicht klar. Auf der Grundlage des ECOFIN-Ergebnisses vom 9. Mai 2010 wurden bei den Verhandlungen in der darauffolgenden Woche die wichtigsten Parameter definiert, und schließlich waren nur noch zwei Fragen offen: Der Sitz der Zweckgesellschaft sollte nach dem vorteilhaftesten Steuer- und Rechtssystem festgelegt werden – was aus Sicht des ansonsten nicht um Steuervermeidung bemühten Finanzministeriums vielleicht paradox wirkte. Außerdem sollte eine bereits bestehende nationale Einrichtung bestimmt werden, um sich um Kassenfunktionen wie Zahlungen und die Verwaltung von Darlehen und Anleiheemissionen zu kümmern. Schnell wurde klar, dass der agile Finanzmarkt Luxemburg und die dort ansässige Europäische Investitionsbank (EIB) diese Anforderungen auf pragmatische und überzeugende Weise erfüllten. Einige von uns sahen die EFSF durchaus als Tochter der EIB, nicht zuletzt im Hinblick auf das Personal, das sie als EIB-Sekundärkräfte einstellte – darunter auch ehemalige enge Kollegen von mir, wie eingangs erwähnt. Mithilfe von Rechtsexperten der EIB und einiger Anwaltskanzleien wurden nun zügig alle notwendigen Verträge, die Satzung der EFSF und andere Dokumente ausgearbeitet – auf Rechnung der Steuerzahler der Anteilseigner.

Deutscher Katzenjammer

Die politische Debatte in Deutschland war derweil immer hitziger geworden. Die breite Öffentlichkeit, aber auch die meisten einfachen Abgeordneten fühlten sich von dem neuen Schritt überrumpelt, nachdem sie gerade die Griechenland-Rettung verdaut hatten. Die Handvoll Entscheidungsträger der Koalition jedoch wiederholte immer wieder wie ein Mantra die Rechtfertigung der Regierung und identifizierte sich bald selbst stark mit ihrem Narrativ, auch persönlich, soweit ich das beurteilen konnte. Die Führungsriege war ein Fall von Autosuggestion und glaubte tatsächlich ihrer eigenen Propaganda, die da ungefähr lautete:

Man erinnere sich an die globale Finanz- und Wirtschaftskrise von 2008 und die Lehman-Pleite, den Verlust an Wirtschaftsleistung und Arbeitsplätzen durch die darauffolgende Rezession – und man sehe ein, dass eine Wiederholung dieser Umstände wesentlich höhere Kosten verursachen würde als das nun noch deutlich vergrößerte Rettungspaket. Eine zentrale Lehre aus der Bankenkrise sei schließlich, dass die Politik die Märkte übertrumpfen und sie in Bezug auf ihre »finanzielle Feuerkraft« überraschen müsse, um den Wetten der Spekulanten entgegenzuwirken. Spekulative Angriffe hätten zu einer Ansteckung von fiskalisch »unschuldigen« Mitgliedstaaten wie Spanien oder Irland geführt, obwohl diese den SWP mustergültig respektiert hätten. Es gehe um die Wiederherstellung des Vertrauens als Voraussetzung für eine geordnete Entwicklung in der Zukunft. Die Maßnahmen lägen im deutschen Interesse, da der Euro selbst im deutschen Interesse sei und dazu beigetragen habe, unser erfolgreiches Wirtschaftsmodell des exportorientierten Wachstums zu realisieren. Die Konditionalität der Programme würde die Anpassung sicherstellen, und die Anpassung wiederum würde die Rückzahlung der Kredite – mit Zinsen – gewährleisten. Dies sei offenkundig das Gegenteil der viel kritisierten »Transferunion«. Deutschland werde weiterhin auf die politische Unabhängigkeit der EZB bestehen, und alle Maßnahmen stünden im Einklang mit der No-Bail-out-Klausel des Vertrages und stützten sich zu Recht auf die europarechtliche Regelung der Katastrophenhilfe. Und nicht zuletzt würde Deutschland auf eine Stärkung des SWP und der Haushaltsdisziplin im Euroraum drängen.

Am Mittwoch, dem 19. Mai 2010, fand die erste Lesung des EFSF-Garantiegesetzes im Bundestag statt. Bundeskanzlerin Angela Merkel gab eine zweite Regierungserklärung ab, weniger als zwei Wochen nach der zu Griechenland.[32] »Wir schützen das Geld der Bürgerinnen und Bürger unseres Landes«, lautete ihr erster Satz, bevor sie auf die außergewöhnliche Bewährungsprobe hinwies, vor der die gemeinsame Währung stehe. Der Euro sei in Gefahr, und wenn diese Gefahr nicht abgewendet werden könne, würden die Folgen für Europa und darüber hinaus unabsehbar sein. Die Turbulenzen auf den Finanzmärkten seien »hysterisch« und dramatisch. Aber das sei nur die wirtschaftliche Dimension – die politischen Folgen seien unvorstellbar. Wenn man die Formalitäten beiseitelasse, solle man die »Schicksalsgemeinschaft« der Währungsunion sehen und dass es um die Bewahrung und Bewährung der europäischen Idee gehe. »Das ist unsere historische Aufgabe; denn scheitert der Euro, dann scheitert Europa. Wenden wir diese Gefahr aber ab, dann werden der Euro und Europa stärker als zuvor sein.«

Ganz Europa müsse sich zur Stabilitätskultur bekennen. Merkel behauptete, sie habe Versuche verhindert, durch eine gemeinsame Haftung der EFSF eine Transferunion zu schaffen. Sie betonte die Rolle der Konditionalität, damit sich »Defizitsünder« nicht aus der Pflicht nähmen, selbst Anstrengungen zu unternehmen. Die Regierung könne über jeden einzelnen Einsatz der EFSF entscheiden. Darauf entgegnete die grüne Opposition, dass nur die Regierung entscheiden könne, nicht das Parlament – was auf ein weiteres zukünftiges juristisches Schlachtfeld vor dem Verfassungsgericht hindeutete. Sie kritisierte auch, dass der EFSF-Vertrag noch nicht fertig sei. Merkel betonte, dass die Vorrechte des Parlaments respektiert würden.

Zum Thema Stabilitätskultur erklärte sie:»Im Kern der Auseinandersetzung, die wir um jedes Detail führen, geht es um genau diese Stabilitätskultur. Ich glaube, es ist wichtig und richtig, dass wir darum kämpfen, dass sich die Vorstellungen, die bei der Gründung des Euro angelegt waren, auch langfristig durchsetzen.« Die Unabhängigkeit der EZB stehe außer Frage und werde durch die Haushaltskonsolidierung sogar gefördert: Langfristige Stabilität sei ohne gesunde Staatsfinanzen nicht denkbar. Merkel würdigte die jüngsten Konsolidierungsmaßnahmen in Spanien und Portugal und forderte eine stringentere Finanzpolitik in allen Mitgliedstaaten – auch in Deutschland, wo die Schuldenbremse den Teufelskreis von Mehrausgaben und Verschuldung durchbrochen habe.

Europa brauche eine neue Stabilitätskultur, daher wolle die Regierung den Stabilitäts- und Wachstumspakt stärken, nachdem dieser 2004 unter einer sozialdemokratisch-grünen Regierung geschwächt worden sei. Sie nannte einige Beispiele für deutsche Forderungen nach Governance-Reform, einschließlich des Verlusts des Stimmrechts im Rat, was in den Reihen der Opposition Unverständnis auslöste, und sie bestätigte, dass ihre Regierung auf eine Vertragsänderung hinarbeite. Merkel schloss mit dem Postulat des Vorrangs der Politik vor den Märkten und stellte eine lange Liste von Finanzmarktreformen vor, an denen die Regierung auf nationaler Ebene arbeite.

Diese Liste, die sehr kurzfristig zwischen dem Kanzleramt und dem Finanzministerium erstellt worden war, sollte als Gegengewicht zur staatlichen Rettungspolitik wirken. Sie sollte der Öffentlichkeit demonstrieren, dass die Regierung nicht erst auf die EU warten würde, um die Finanzmärkte besser zu regulieren, und dass sie ihre Reformagenda in dem Bestreben, das öffentliche Interesse zu verteidigen, vorantreiben würde. In Wirklichkeit betrafen die meisten relevanten Gesetzesvorhaben jedoch den europäischen Binnenmarkt und waren daher zwangsläufig auf EU-Ebene angesiedelt, wie beispielsweise die Verordnung über die europäische

Marktinfrastruktur, die Richtlinie über Märkte für Finanzinstrumente und die Richtlinie über die Verwalter alternativer Investmentfonds.

Die Regierung hatte mithin gar nicht die Kompetenz, derartige Reformen im Alleingang voranzutreiben – bei Merkels Ankündigung im Parlament handelte es sich somit um ein schönes Beispiel von Symbolpolitik.

Auf der Liste stand auch das heikle Thema der bereits erwähnten FTT, obwohl eine öffentliche Anhörung des Finanzausschusses des Bundestages am 17. Mai 2010 gerade die gemeinsame Skepsis von Vertretern der Bundesbank, des Finanzsektors und der Wissenschaft gegenüber diesem Ansinnen gezeigt hatte. Das Ministerium selbst hatte immer wieder auf die Notwendigkeit einer internationalen Zusammenarbeit bei einer möglichen Finanztransaktionssteuer hingewiesen.

Finanzminister Schäuble sprach zwei Tage nach Merkel, am 22. Mai 2010, bei der zweiten und letzten Lesung des Bürgschaftsgesetzes, das erneut im Eilverfahren innerhalb einer Woche verabschiedet wurde.[33] Er musste die Regierung gegen den Vorwurf verteidigen, das Parlament sei nicht ordnungsgemäß über die zur Debatte stehenden Sofortmaßnahmen informiert worden und werde nun vor vollendete Tatsachen gestellt. Dieses Argument wurde vor allem von den Grünen vorgebracht und gab einen weiteren Vorgeschmack auf das Verfahren, das vor dem Bundesverfassungsgericht folgen sollte. Es erlaubte den Grünen, den EFSF-Vorschlag zwar inhaltlich zu unterstützen, aber aus formalen Gründen gegen ihn zu stimmen, um die Informationsrechte des Parlaments zu verteidigen. Abgesehen von der Frage der Unterrichtung des Bundestages wurde in dem Austausch zwischen Schäuble und den Grünen auch deutlich, dass die Opposition für jeden einzelnen zu beschließenden EFSF-Kredit eine Abstimmung im Parlament anstrebte, was die Regierung damals strikt ablehnte. Diese Frage zwischen Legislative und Exekutive des Staates sollte erst in Karlsruhe, dem Sitz des Bundesverfassungsgerichts, geklärt werden – zugunsten des Parlaments.

In seinem Fazit stellte Schäuble fest, dass die Stabilisierung des Euro nicht alternativlos sei – ein bemerkenswerter Unterschied zum TINA-Ton der Bundeskanzlerin –, sondern im aufgeklärten Staatsinteresse liege:»Dieses nationale Interesse heißt: eingebunden bleiben in das weiter zusammenwachsende Europa.« Und er betonte erneut, dass es sich bei den vorgeschlagenen Maßnahmen um Kredite und nicht um Transfers handele.

Das EFSF-Garantiegesetz wurde am selben Tag mit 319 zu 73 Stimmen und 195 Enthaltungen angenommen. Sechs Mitglieder der Regierungskoalition stimmten dagegen, vier enthielten sich und drei nahmen nicht an der Abstimmung teil – ein kleiner, aber spürbarer Zuwachs an Dissidenz in den eigenen Reihen der Regierungsparteien.[34] Wie das griechische Bürgschaftsgesetz passierte auch dieses den Bundesrat unmittelbar nach der Abstimmung im Bundestag. Bundespräsident Horst Köhler, der gerade aus Afghanistan zurückgekehrt war, setzte noch vor 16 Uhr seine Unterschrift unter das Gesetz. Einige Parlamentarier, darunter der Christsoziale Peter Gauweiler, fragten nun noch lauter, ob die Regierung Einfluss auf den Bundespräsidenten genommen habe, der dann, wie erwähnt, eine Woche später zurücktrat.[35]

Die nächste wichtige Landtagswahl stand in weniger als einem Jahr an: Baden-Württemberg nach Nordrhein-Westfalen auch noch zu verlieren, wäre für die Union katastrophal gewesen, da dieses Bundesland immer als CDU-Hochburg gegolten hatte. Innerhalb der ohnehin autoritär geführten Partei geriet Merkel in konservativen Hinterzimmern in die Kritik. Ihr Kurs der Neuausrichtung des politischen Profils der Christdemokraten in Richtung Mitte-Links war den meisten einfachen Mitgliedern an der Basis nicht mehr zu vermitteln. Der letzte der konservativen Vorkämpfer und langjährige Rivale Merkels, der hessische Ministerpräsident Roland Koch, trat in jenen Tagen zurück. Es hatte sich abgezeichnet, dass das Bundesfinanzministerium, sollte Schäuble aus gesundheitlichen Gründen zurücktreten müssen, eher an den Merkel-Getreuen Thomas de Maizière als an ihn gehen würde. Mit Kochs Rücktritt hatte Merkel einen Konkurrenten weniger, da Schäuble auf ihre Unterstützung angewiesen war und der frühere CDU-Fraktionschef Friedrich Merz sich schon vor Jahren aus der Politik verabschiedet hatte und erst nach Merkels Abtritt zurückkehren sollte. Christian Wulff, niedersächsischer Ministerpräsident, galt als letzter möglicher Merkel-Konkurrent. Doch als Bundespräsident Horst Köhler nach Merkels Rettungsbeschlüssen zurücktrat, wurde Wulff dessen Nachfolger im höchsten Amt des Staates – und damit ebenfalls politisch neutralisiert. Merkel regierte danach mehr als ein Jahrzehnt lang quasi allein und unangefochten; keiner ihrer Konkurrenten hatte politisch überlebt, und Schäuble war ihr loyal.

Die EFSF-Debatte im Bundestag hatte auch den erneut politischen Reiz der imaginären FTT gezeigt. Verständlicherweise sehnte sich das Volk nach einer Vergeltung der Finanzwelt, weil es die immer größer werdende Unterstützung der Finanzmärkte durch den Steuerzahler spürte. Wieder und wieder mussten wir argumentieren, dass eine Finanztransaktionssteuer unmöglich sein würde. Das Kapital war global mobil, und zwischen den globalen Finanzzentren herrschte harter Wettbewerb. Jede FTT, die ihren Namen verdiente, würde lediglich zu einer Verlagerung des Geschäfts in andere Länder führen. Die Forderung nach einer nationalen Finanztransaktionssteuer war entweder nicht sehr klug oder unehrlich und reiner Populismus. Nichtsdestotrotz musste die Regierung Merkel auf Druck der SPD den Eindruck erwecken, dass sie sich aktiv für eine internationale oder sogar globale FTT einsetze.[36]

Wir beriefen sogar eine internationale Finanzmarktkonferenz im Ministerium ein, um Fragen der Bankenregulierung zu erörtern, eine Bilanz der Bankenkrise zu ziehen und ein innenpolitisches Signal zu senden, dass wir die FTT zumindest auf die Tagesordnung setzen würden. Ich musste das Vorhaben hauptverantwortlich organisieren. Wir hatten eine Reihe hochrangiger politischer Redner sowie Expertenpanels, die üblichen Workshops und ein aufwendiges Abendessen im Jüdischen Museum organisiert. Diese Konferenz fand in derselben Woche statt, in der die EFSF-Garantie das Parlament passierte, und die bewusste Kombination beider Vorhaben bereitete mir buchstäblich schlaflose Nächte.

Bundeskanzlerin Merkel sprach auf dieser Konferenz – meine erste Gelegenheit, einen persönlichen Eindruck von ihr zu gewinnen. Von Angesicht zu Angesicht schien sie einen sehr guten Sinn für Humor zu haben. Ich fand sie regelrecht knuffig. Ob sie tatsächlich an die FTT glaubte, wollte sie mir jedoch nicht verraten. Auf unserer Konferenz sagte sie dann, Deutschland werde sich auf der Ebene der G-20 für internationale Regeln für Bankenabgaben und für eine FTT einsetzen.[37] Eine globale FTT, zumindest international auf der Grundlage des G-20-Rahmens, komme jedoch nicht infrage. Als Vertreter der G-20-Vorsitznation machte der kanadische Finanzminister Tiff Macklern zudem unmissverständlich klar, dass seine Regierung beides ablehnen würde – sowohl ein internationales Abkommen über Bankenabgaben als auch eine FTT.

Meine zweite Gelegenheit, einen persönlichen Eindruck von Angela Merkel zu gewinnen, ergab sich gut drei Jahre später, am Abend der Bundestagswahl vom 22. September 2013. Als einfaches Parteimitglied nahm ich an der Wahlparty im Konrad-Adenauer-Haus teil, unserer Bundesgeschäftsstelle. Zwar freute ich mich wie alle anderen über das fulminante Ergebnis der Union: 41,5 Prozent – mit einem Zugewinn von 7,5 Prozentpunkten und somit fast eine Reminiszenz an die Ära Kohl. Ich konnte jedoch die Euphorie meiner Parteifreunde nicht in vollem Umfang teilen, denn ich bemerkte das Ausscheiden der FDP aus dem Deutschen Bundestag und stellte mir besorgt die Frage, mit welcher politischen Kraft und um welchen gesellschaftspolitischen Preis wir fortan würden koalieren sollen. Alle anderen um mich herum freuten sich jedoch in geradezu kindlicher Manier. So traten sie schließlich auf die Bühne, die Granden der Partei, und umringten ihre Chefin. Ein aktueller Hit erklang:»An Tagen wie diesen – wünscht man sich Unendlichkeit ...« Kleine Deutschlandflaggen wurden im Publikum geschwenkt. Eine der Flaggen fand ihren Weg in die Hände von Generalsekretär Hermann Gröhe. Da jedoch erstarrte die Miene Angela Merkels. Mit einer Gebärde, die ich als verächtlich empfand, nahm sie ihm das Schwarz-Rot-Gold ab wie eine genervte Mutter ihrem Kind einen Lolli und entsorgte es von der Bühne. Ich konnte dies aus der Nähe beobachten und war befremdet: In keinem anderen Land wäre eine solche Szene vorstellbar gewesen.

Die dritte und vierte Merkel-Anekdote, von der ich berichten kann, kenne ich lediglich vom Hörensagen: Ein befreundeter Schriftsteller nahm an einem Essen teil, das Merkel nach dem Vorbild Gerhard Schröders (aber mit weniger Überzeugung als dieser) für Autoren ausrichtete. Sie erschien verspätet und scherzte, dass sie mit der schreibenden Zunft als Naturwissenschaftlerin wenig gemein habe – sie wisse nicht einmal mit Sicherheit einen Konjunktiv I von einem Konjunktiv II zu unterscheiden. In die entstandene Stille hinein sagte mein Freund, es sei gleichwohl bedeutsam, wenn man in der Politik den Unterschied zwischen einem Potentialis und einem Irrealis erkennen könne. »Daraufhin«, so berichtete er mir, »sah sie mich an auf eine Art und Weise, die man früher als den ›bösen Blick‹ bezeichnet hätte. Ich bin mir sicher, dass ein Mann davon impotent werden kann.«

Ein weiterer Freund von mir, der für den Haushaltsausschuss des Bundestags arbeitete, konnte Merkel gegen Ende ihrer Amtszeit eine persönliche Frage stellen. Dies geschah im Rahmen eines Essens des Haushaltsausschusses mit der Kanzlerin. So befragte er sie nach möglichen politischen Fehlern in ihrer Regierungszeit. Ja, Fehler habe es durchaus gegeben, soll sie entgegnet haben. Der Tisch habe vor Spannung die Luft angehalten. Merkel habe kurz nachgedacht und dann mit vollem Ernst gesagt: »Beim Ausbau der Gigabit-Glasfasernetze – da haben wir versagt.« Da freilich lag die Eurokrise schon Jahre zurück, der wir uns im Folgenden wieder widmen wollen.

Fertigstellung der EFSF

Noch wichtiger und allemal komplizierter als das nationale Bürg-schaftsgesetz für die EFSF und als unsere wohlfeilen Bemühungen um die FTT war in den folgenden Tagen aus unserer Sicht die End-verhandlung der EFSF-Dokumente in Brüssel und Luxemburg. Nach langwierigen Verhandlungen in der Sitzung der Eurogruppe am Montag, dem 17. Mai, wurde ein sogenanntes Term Sheet aus-gearbeitet, um die finalen Modalitäten festzulegen. Dieses »Term Sheet« wurde am 7. Juni angenommen.[38] Zum Zeitpunkt der Grün-dung war Luxemburg der einzige Anteilseigner der EFSF. Die ande-ren Mitgliedstaaten würden sich anschließen, sobald ihre nationa-len Verfahren dies zuließen. Ihre Beteiligung würde ihrem Kapitalanteil an der EZB entsprechen.

Da Deutschland eine gemeinsame Haftung und Kapitalisierung verhindert hatte, benötigte die EFSF eine Übergarantie, um ein AAA-Rating zu erreichen. Die Mitgliedstaaten einigten sich daher darauf, dass jede anteilige Garantie 120 Prozent jeder Anleiheemis-sion abdecken sollte. Außerdem wurde ein Liquiditätspuffer vor-gesehen, und die Experten prüften mögliche andere Marktanfor-derungen, die beachtet werden mussten, um die Ratingagenturen zufriedenzustellen.

Die Leitung der EFSF sollte aus einem Vorstandsvorsitzenden und einem Verwaltungsrat bestehen. Der Vorstandsvorsitzende war noch zu ernennen, und Deutschland wünschte einen Landsmann auf die-sem Posten. Die Wahl fiel schließlich auf Klaus Regling, einen ehe-maligen Beamten des Finanzministeriums, der Hedgefonds-Mana-ger geworden war und bis 2008 den sehr einflussreichen Posten des Generaldirektors für Wirtschaft und Finanzen in der Kommission (DG-ECFIN) innegehabt hatte. Der EFSF-Verwaltungsrat würde aus den Finanzstaatssekretären der Mitgliedstaaten in ihrer Eigenschaft als Vertreter der Anteilseigner bestehen. Die EIB wurde nun offiziell mit der Verwaltung der Kassenmittel und der »administrativen Un-terstützung« anhand eines Dienstleistungsvertrages betraut. Hinter den Kulissen befand sich die EIB in einem ihrer zahlreichen Macht-kämpfe mit der Kommission. Letztere sicherte sich die Aufgabe, die Darlehensbedingungen der EFSF auszuhandeln und zu überwachen sowie die allgemeine Kohärenz zwischen EFSM, EFSF und anderen Rettungsmaßnahmen sicherzustellen.

Anfang Juni 2010 waren die meisten strittigen Fragen der EFSF-Verhandlungen geklärt. Deutschland hatte sich erfolgreich gegen die Forderungen Frankreichs und anderer Partner gewehrt, die strikte Begrenzung des EFSF-Volumens auf 440 Milliarden Euro aufzuheben und ein sogenanntes Stepping-in vorzusehen. Stepping-in hätte bedeutet, dass Garantien eines Mitgliedstaates, der später selbst EFSF-Unterstützung benötigt, auf die übrigen Anteils-eigner übertragen würden. Diese müssten also zusätzlich zu ihrem bereits zugesagten Engagement für ihren ausfallenden Partner ein-springen. Im Extremfall hätte die Kombination dieser beiden Maß-nahmen eine potenziell unbegrenzte Haftung zur Folge gehabt, die letztlich auf die von der Größe und der finanziellen Leistungs-fähigkeit her stärkste öffentliche Bilanz, also die Deutschlands, übertragen worden wäre. In einer Reihe von Dominosteinen waren wir schließlich die letzte und größte.[39]

Es bedurfte eines direkten Austauschs zwischen der französi-schen Finanzministerin Christine Lagarde und ihrem deutschen Pendant Wolfgang Schäuble, bevor Frankreich diese Forderung fallenließ. Die beiden verstanden sich persönlich sehr gut, und wir organisierten ein Treffen der beiden unter vier Augen in Form eines Frühstücks im Büro des Ministers. Im Gegenzug hatte Deutsch-land sekundäre Maßnahmen zur Verbesserung des Ratings der EFSF sowie die Möglichkeit akzeptiert, dass die EFSF ihre Anleihen auch in Fremdwährung emittieren und Absicherungsgeschäfte des Wechselkurs- und Zinsrisikos tätigen würde, die ebenfalls von den bürgenden Mitgliedstaaten getragen werden und deren Einstim-migkeit bedürfen sollten.[40]

Die erste der dann immer noch offenen Fragen betraf den Zeit-punkt des Inkrafttretens des sogenannten Rahmenvertrages über die EFSF.[41] Deutschland hatte gefordert, dass alle Anteilseigner zum gleichen Zeitpunkt eintreten sollten. In Belgien und Slowenien standen jedoch Wahlen an, und die jeweiligen Regierungen hatten sowohl politische als auch rechtliche Schwierigkeiten mit ihren Kapitalzusagen. Da ihre Beiträge aber ohnehin gering waren, forderten Frankreich und andere Länder, dass das Rahmenabkommen in Kraft treten sollte, sobald 90 Prozent der sogenannten Commitment Confirmations eingegangen seien. Dies bedeutete, dass ein mögliches erstes Engagement der EFSF ohne die rückständigen Anteilseigner stattfinden könnte. Deutschland akzeptierte dies unter der Bedingung, dass die Nachzügler bei einem späteren Engagement einen entsprechend höheren Anteil beisteuern würden.[42]

Der zweite Punkt betraf die Forderung Deutschlands, dass die AAA-Anteilseigner bei der Auszahlung des Liquiditätspuffers der EFSF günstige Konditionen erhalten sollten. Der Puffer würde sich im Laufe der Zeit durch Gebühren für Garantien und Dienstleistungen ansammeln. Er sollte in hochwertige liquide Schuldtitel investiert und bei einem Ausfall oder am Ende der Laufzeit der EFSF an die Aktionäre ausgezahlt werden. Deutschland hatte argumentiert, dass der Puffer nicht anteilig, sondern entsprechend den Ratings verteilt werden sollte, da das Toprating die Refinanzierungskosten der EFSF senke und damit die Akkumulation des Liquiditätspuffers überhaupt erst ermögliche.[43] Das war logisch, aber Deutschland war isoliert, und auch die anderen AAA-Anteilseigner unterstützten diese etwas knauserig-krämerische Forderung Berlins nicht.[44] Mir persönlich kam es auch seltsam vor, 148 Milliarden Euro an Steuergeldern auf den Tisch zu legen und sich dann um »Peanuts« zu streiten. Wie so oft waren wir in kleinen Dingen groß und in großen Dingen klein ...

Schäuble ließ beide Forderungen am 2. Juni 2010 fallen – in einer Situation, in der sich die Märkte erneut verschlechterten und die EZB hinter den Kulissen die sofortige Einsatzbereitschaft der EFSF forderte. In den folgenden Tagen zahlten die Geschäftsbanken 351 Milliarden Euro bei der EZB ein, statt sich gegenseitig

Kredite zu gewähren – ein deutliches Zeichen für einen neuerlichen Zusammenbruch des Marktvertrauens. Bei einem ergebnislosen G-20-Treffen der Finanzminister im südkoreanischen Busan wurde klar, dass es weder eine internationale Vereinbarung über Bankenabgaben noch über eine FTT geben würde.[45] Ebenso ergebnislos verlief das erste Treffen der Van-Rompuy-Taskforce zur Governance-Reform am 7. Juni 2010, bei dem es um alle Fragen ging, die eine Vertragsänderung erfordern würden.

Doch auf der Sitzung der Eurogruppe am selben Tag wurde die EFSF formell eingerichtet – ausgestattet mit dem gewünschten AAA-Rating. Die deutsche Finanzagentur, zuständig für das Schuldenmanagement der Bundesrepublik, stand Gewehr bei Fuß, um eine Notanleihe zur Weiterleitung an die EFSF zu begeben, falls dies erforderlich sein sollte, bevor der neue Rettungsfonds einsatzbereit wäre. Der bayerische CDU-Bundestagsabgeordnete Peter Gauweiler aber hatte vor dem Bundesverfassungsgericht gegen das EFSF-Bürgschaftsgesetz geklagt – und Karlsruhe lehnte am 9. Juni 2010 erneut ein sofortiges Tätigwerden ab.[46]

Das Sparpaket

Zwei Tage zuvor hatte die deutsche Regierung ein Sparpaket von 80 Milliarden Euro bis 2014 angekündigt.[47] Es beinhaltete eine neue Steuer auf den Flugverkehr sowie Kürzungen, insbesondere bei den Sozialausgaben und der Verteidigung. Die Regierung kündigte an, die Bundeswehr noch einmal um vierzigtausend Soldaten zu verkleinern, und stellte erstmals die traditionelle Wehrpflicht in Deutschland infrage – bis dahin ein Eckpfeiler der Christdemokratie.

Unsere Spin-Doktoren versuchten vergeblich, das Sparpaket als »Zukunftspaket« zu bezeichnen. Semantisch schien mir der politische Gebrauch des Begriffes »Sparen« ohnehin schon weit von seiner ursprünglichen Bedeutung entfernt zu sein – nämlich mehr

Geld einzunehmen, als man ausgibt und damit einen Sparvorrat anzulegen. »Sparen« in der gängigen Haushaltspolitik bedeutet meistens jedoch eine Erhöhung der Einnahmen über den Anstieg der Ausgaben hinaus, möglicherweise auch nur einen langsameren Anstieg der Ausgaben, aber kaum deren Senkung (in nominalen Werten). Auch Schäuble schien so zu denken: »In Wahrheit sparen wir gar nicht«, sagte er zu dieser Zeit einmal erstaunlich offen zu Parteifreunden, die es mir später berichteten.

Besonders fragwürdig fand ich die Anwendung des verwässerten Sparbegriffs auf die reine Planung. Mit großer Betriebsamkeit wurde die mittelfristige Finanzplanung angepasst: 80 Milliarden Euro sollten »eingespart« werden, das meiste, aber längst nicht alles auf der Ausgabenseite, »eingespart« allerdings nur im Sinne eines reduzierten Planungswertes. Natürlich muss das Sparen in der Planung beginnen, aber kommunikativ wurde die Entscheidung bewusst überspitzt, um Handlungsfähigkeit in der Krise zu suggerieren. Unabhängig von seiner Bezeichnung – dieses Sparpaket war unsere Eintrittskarte zum strategischen Ziel der »schwarzen Null«, des Haushaltsausgleichs. Dieser war fest eingebettet in das ökonomische Weltbild derjenigen, die in Deutschland Wirtschaftspolitik machten, mich eingeschlossen.

Während der öffentlichen Vorstellung des Sparpaketes sollte ich für einen unserer Parlamentarischen Staatssekretäre zusätzlich zu der umfangreichen technischen Vorbereitung, die der Minister und er von den Fachleuten erhalten hatten, möglichst »saftige« Kernbotschaften vorbereiten. Also setzte ich mich hin und hakte eine Liste von Kriterien ab, die unsere Politik als Lehrbuchfall wachstumsfreundlicher Ausgabenkürzungen darstellte – ein Thema, mit dem ich mich einige Jahre zuvor als Finanzökonom bei der EZB beschäftigt hatte.[48] Und ein Lehrbuchfall für wachstumsfreundliche Konsolidierung war unser Sparpaket in der Tat – der bis heute letzte seiner Art:

Wir zogen die Konsolidierungsanstrengungen zeitlich vor und massierten sie zu Beginn der geplanten Anpassung. Ihren Schwerpunkt legten wir auf Ausgabenkürzungen statt auf Einnahmeerhöhungen. Wir reduzierten die langfristige Verschuldung angesichts der hochgradig problematischen deutschen Demografie. Insbesondere senkten wir die Last der impliziten Schulden, die also gar nicht in der Prognose des Bruttoinlandsproduktes auftauchten. Außerdem reduzierten wir den Staatskonsum – insbesondere bei den Löhnen – und schonten öffentliche Investitionen. Bei den Steuererhöhungen fokussierten wir uns auf indirekte Steuern und solche direkten Steuern, die mit geringer Nachfrageelastizität verbunden waren, um die negativen Auswirkungen jeder Steuererhöhung auf das Wachstum zu minimieren. Unser Ansatz war kontrazyklisch, da wir während eines wirtschaftlichen Aufschwungs und nicht während einer monetären Kontraktion sparten. Wir stärkten die haushaltspolitischen Institutionen – insbesondere durch die Schuldenbremse in der Verfassung, die im Vorjahr verabschiedet worden war.

Die einzigen beiden Kriterien aus dem Lehrbuch, die ich für die Kernbotschaften des Parlamentarischen Staatssekretärs nicht abhaken konnte, betrafen das Fehlen flankierender Strukturreformen zur Steigerung des Potenzialwachstums und eine häufig von Wirtschaftswissenschaftlern ausgesprochene, aber von der Politik fast nie beachtete Empfehlung: Wenn man den Wähler ökonomisch in Bedrängnis bringt, dann sollte man allen Segmenten der Gesellschaft Opfer abverlangen und wehtun – nicht nur bestimmten Teilen. Ein konkreter Fall war die neuartige Steuer auf den Luftverkehr, die sich als besonders schädlich für das Geschäftsmodell von Air Berlin, der damals zweitgrößten Fluggesellschaft in Deutschland, erwies. Noch im Jahr der Einführung der Steuer musste Air Berlin ihren Betrieb einstellen, und die Lufthansa verblieb als Quasimonopolist im innerdeutschen Markt.

Unbeeindruckt von den kleinen Schönheitsfehlern leitete ich meine Kernbotschaften für unsere PR-Strategie ab und fasste zusammen: Solide Staatsfinanzen sind die Voraussetzung für Wachstum – nicht umgekehrt. »*It's the confidence, stupid!*« Defizitäres

Ausgeben würde dagegen zu noch mehr Schulden führen und die Wirksamkeit der Finanzpolitik verringern, statt sie zu verbessern. Wir investierten das politische Kapital dieser Regierung in die Konsolidierungsstrategie und verpflichteten uns, zu sagen, was wir taten, und zu tun, was wir sagten. Wir wollten klare strategische Ziele setzen, verlässlich sein, den Wirtschaftsakteuren eine langfristige Planung ermöglichen und vor allem durch unser umfassendes Konzept Vertrauen schaffen. Es dauerte eine Weile, aber die Rechnung ging auf: Die »schwarze Null« wurde auf Jahre hinaus zu Schäubles Markenzeichen.

Am späten Abend des Tages, an dem das Sparpaket auf allen Kanälen angekündigt wurde, traf ich in bester Laune auf einen Bundeswehrkameraden, ebenfalls Offizier der Reserve, der gerade im Verteidigungsministerium diente. Das kürzlich eingeführte Rauchverbot in Berlin wurde noch weitgehend ignoriert, und wir genossen unsere Zigarren in Clärchens Ballhaus. Doch zum Tanzen war ihm nicht zumute. Mein Kamerad beugte sich zu mir herüber und kam auf das Sparpaket zu sprechen. Er sagte, dass die Bundeswehr, wenn sie weitere vier Divisionen streichen würde, um Geld für den Einsatz in Afghanistan freizumachen, nun kleiner wäre als die Reichswehr des Versailler Vertrages – und als Militär nicht einmal annähernd so gut. »Ihr ruiniert uns unwiederbringlich. Vergiss Afghanistan, wenn wir nicht einmal in der Lage sind, unser eigenes Land zu verteidigen. Was ist denn, wenn wir in zehn oder fünfzehn Jahren einmal ein Problem mit Russland haben? Dann wird man auf diese Merkel-Regierung zurückschauen und sagen: Ihr habt damals die Bundeswehr kaputtgespart. Und dann ist guter Rat teuer. Für Griechenland habt Ihr Geld, aber nicht für die eigene Sicherheit.« So weit mein Kamerad aus dem Verteidigungministerium. Ich aber wollte davon nichts hören und zitierte ihm gegenüber die Kanzlerin, die vor der Presse mit ihrer ganzen Autorität erklärt hatte: »Dies sind ernste Zeiten. Es sind schwierige Zeiten.«[49]

5 Kein Land in Sicht

Noch mehr Debatten über Governance

Die EFSF war in mehr als einer Hinsicht der entscheidende Wendepunkt im fiskalischen Teil der Eurokrise. Im krassen Gegensatz zum ursprünglichen Vorschlag der Kommission hatten Deutschland und andere Mitgliedsländer auf einem zwischenstaatlichen Ansatz anstelle der sogenannten Gemeinschaftsmethode bestanden. Die EFSF-Vereinbarung basierte auf einem internationalen Vertrag und stand vollständig unter der Kontrolle der nationalen Regierungen. Dasselbe gilt für ihren Nachfolger, den Europäischen Stabilitätsmechanismus (ESM).

Beide funktionieren innerhalb eines kooperativen Rahmens, in dem die Kommission, die EZB, der IWF und andere Institutionen ihre Rolle und Funktion haben – aber im Wesentlichen sind sie zwischenstaatliche Instrumente. Damit haben sie keinen föderalistischen oder supranationalen Trend in der europäischen Integration gestärkt, sondern im Gegenteil das Gleichgewicht zugunsten eines föderativen Ansatzes verschoben. Im wahrsten Sinne des Wortes haben sie in finanzieller Hinsicht die nationale Souveränität verschiedener Nationalstaaten gebündelt und gleichzeitig eine bedeutende Machtverschiebung auf die supranationale Ebene mit allen Mitteln vermieden. Der Bedarf an Institutionen, Regeln, Verfahren und dergleichen wurde hauptsächlich auf nationaler Ebene und mit zwischenstaatlichen Mitteln gedeckt.

Die Governance-Debatte war aus meiner Sicht viel wichtiger und grundlegender für die Zukunft Europas als die konkreten Rettungsprogramme, ihre Finanzierung und die damit verbundenen Konditionen. Ich bedauerte, dass Institutionen nur mit dem funktionalen Zweck gegründet wurden, finanzielle Anforderungen zu erfüllen, ohne an die strategischen Entscheidungen zu denken, welche die akute Notlage für die Integrationspolitik grundsätzlich eröffnet hätte. Die Governance-Debatte schien zwischen zwei übergeordneten taktischen und kurzfristigen Erwägungen eingezwängt zu sein: erstens die französische Forderung, eine Vertragsänderung zu vermeiden, und zweitens die deutsche Forderung nach einer Regelung, die – zumindest aus deutscher Sicht – die Aussicht maximierte, dass die Kredite vollständig zurückgezahlt würden. Den maßgeblichen Akteuren schien nicht bewusst zu sein, dass die Folgen eines zwischenstaatlichen Rettungsmechanismus in institutioneller Hinsicht pfadabhängig sind: Ein eingeschlagener Pfad schließt jeden alternativen aus, solange der bestehende irgendwie fortgesetzt werden kann. So gilt das zumindest für Institutionen und politische Grundsatzentscheidungen. Einmal diesen einen Weg eingeschlagen, würde man ihn so lange wie möglich fortsetzen. Es bedürfte erst einer neuerlichen Krise, um ihn zu verlassen.

Der Wille und die Fähigkeit, strategisch über die europäische Integrationspolitik nachzudenken, war in der EZB am ehesten ausgeprägt. Einerseits war sie das Organ, das in dieser Frage die geringste Macht besaß und am weitesten von der Entscheidungsfindung in der Integrationspolitik entfernt war. Dieses Gebiet ging weit über das enge geldpolitische Mandat der Bank hinaus. Andererseits war die EZB auch mit am stärksten vom strategisch-institutionellen Defizit der Integrationspolitik betroffen: Nur durch ihre Zweckentfremdung und Inanspruchnahme zur Monetisierung der Krise konnte das integrationspolitische Manko kompensiert werden. Und sie verfügte über den Luxus vieler akademisch gut ausgebildeter und praktisch erfahrener Eurokraten, die in der Lage waren, konzeptionell über die Steuerung der EU und des Euroraums nachzudenken.

Die Identität eines EZB-Mitarbeiters unterscheidet sich überdies stark von der eines nationalen Beamten. Im Gegensatz zu den Mitarbeitern der nationalen Regierungen waren die EZB-Leute, ähnlich wie die Mitarbeiter der Kommission, daran gewöhnt, in einer europäischen supranationalen Institution mit einem originär europäischen Blick auf die Politik zu arbeiten. Es überrascht daher nicht, dass es die EZB war, die der Van-Rompuy-Taskforce ein umfassendes, weitreichendes, und integrationsfreundliches Konzept für die Reform der Governance des Währungsraums vorlegte.[1]

Der Vermerk der EZB enthielt wertvolle Vorschläge: Erstens eine stärkere Überwachung der Haushaltspolitik und eine wirksamere Korrektur übermäßiger Defizite und Schulden. Zweitens einen verbesserten Rahmen für die Überwachung der Wettbewerbsfähigkeit und die symmetrische Korrektur wirtschaftlicher Ungleichgewichte. Und drittens einen angemessenen und dauerhaften Rahmen für das Krisenmanagement, der die Finanzstabilität im Euroraum gewährleisten und gleichzeitig den Moral Hazard reduzieren sollte, also den Missbrauch der möglichen Hilfe und damit verbundene Fehlanreize.

Die EZB erklärte kühn, aber durchaus berechtigt, dass ihre Vorschläge einen Quantensprung zur Stärkung der institutionellen Grundlagen der WWU bedeuteten. Sie skizzierte einen Fahrplan für eine »vertiefte Wirtschaftsunion«, in der die Wirtschafts- und Finanzpolitik endlich auf ein Niveau gehoben würde, das dem bereits erreichten Integrationsgrad in Währungsangelegenheiten entspräche.

Damit nicht genug: In Bezug auf die Finanzpolitik schlug die EZB vor, die Ex-ante-Koordinierung in der Eurogruppe massiv zu stärken, indem diese durch eine unabhängige EU-Fiskalagentur gestützt würde, die auf der Grundlage zuverlässiger Eurostat-Daten haushaltspolitische Parameter festlegen sowie die nationale Fiskalpolitik und ihre verlässliche Planung validieren sollte. Abweichungen von den Vorgaben dieser Agentur würden automatisch und gerichtlich sanktioniert, auch durch nichtfinanzielle Sanktionen wie die Aussetzung von Stimmrechten, Überwachung vor Ort sowie Sondermissionen, die ungehorsame Mitgliedstaaten zwingen würden, die Zustimmung der Fiskalagentur für den Vollzug des nationalen Haushalts einzuholen.

Neben der Haushaltsagentur sollte eine weitere Institution für das Krisenmanagement auf Dauer eingerichtet werden, falls es trotz der Überwachung noch zu einer Staatsschuldenkrise käme. Diese zweite Agentur würde die dauerhafte Nachfolge der EFSF antreten und Notkredite vergeben beziehungsweise Staatsschulden eines in Not geratenen Mitgliedslandes zur Stützung aufkaufen. Offenbar wollte die EZB diese Funktion, die sie gerade erst übernommen hatte, schleunigst wieder loswerden. Die neue Agentur sollte also im Notfall einspringen, allerdings nur unter strengen Auflagen und gegen handelbare Sicherheiten, die der Mitgliedstaat stellen müsste, zum Beispiel gedeckt durch staatliches Eigentum. Die Konditionalität würde durch die Einsetzung eines europäischen Vollstreckungsbeamten über den nationalen Haushalt sichergestellt, wodurch dem Empfängerstaat letztlich die Steuerhoheit entzogen würde.

Diese Idee war in der Tat auch unter uns Beamten im deutschen Finanzministerium beliebt – allerdings nur in Bezug auf Staaten wie Griechenland. Auf Deutschland selbst angewandt, schien diese Vorstellung völlig abwegig. Ein Empfängerland der EFSF jedoch unter solche Kuratel zu stellen, war für uns ein attraktiver Gedanke, den wir im weiteren Verlauf des Prozesses auch eigenständig einmal in die Verhandlungen einbrachten – wohlwissend, dass dies für die anderen Länder unzumutbar war.

Die Gedankenspiele der EZB waren selbst mit derart weitreichenden Eingriffen in die staatliche Souveränität noch nicht abgeschlossen. Um Europas Wettbewerbsfähigkeit zu steigern, wollte die Bank die erheblichen Divergenzen und makroökonomischen Ungleichgewichte innerhalb des Euroraums angehen. Sie schreckte jedoch davor zurück, auch hier ein so strenges und quasi entpolitisiertes System vorzuschlagen, wie sie es für die Finanzpolitik im Sinn hatte.

Für die EZB waren die Ungleichgewichte ausschließlich ein angebotsseitiges Phänomen, ähnlich der deutschen Sichtweise. Die Bank schlug vor, die bis dato »weiche« politische Koordinierung teilweise durch »harte« Elemente wie einen Korrekturmechanismus zu ersetzen, der sich am SWP orientieren sollte. Er sollte ein »Verfahren bei übermäßiger Anfälligkeit« für sogenannte Problemfälle beinhalten, die unter erheblichen Verlusten an Wettbewerbsfähigkeit und daraus resultierenden Handelsdefiziten litten. Die EZB schlug vor, dieses Verfahren auf zwei von ihr bereits regelmäßig veröffentlichte Wettbewerbsindizes zu stützen, die auf Inflation und Lohnstückkosten sowie auf Abweichungen von der »stabilitätsorientierten Lohnentwicklung« abstellten. Zusätzliche Indikatoren könnten Kosten- und Preisentwicklungen, Vermögenspreise, die Analyse von Kredit- und Vermögensblasen et cetera sein. Anhaltende »Problemfälle« mit vorsätzlichen Verstößen gegen frühere Empfehlungen sollten wie bei der Finanzpolitik mit Sanktionen belegt werden.

Meinem Tagebuch zufolge war ich zunächst ziemlich begeistert, als ich die Vorschläge der EZB las – sie bedeuteten die Erfüllung meiner wildesten technokratischen Träume. Aber dann kamen mir Zweifel: Wie steht es mit der Legitimität? War es überhaupt denkbar, dass ein nationaler souveräner demokratischer Staat vor einem europäischen Vollstreckungsbeamten kapitulieren würde? Und wenn ja, würde das Volk so etwas akzeptieren oder sich wütend gegen seine Regierung und den europäischen Prokonsul erheben? Obwohl ich große Sympathie für das politologische Konzept eines europäischen Imperiums hege,[2] wollte ich es mir nicht als einen Rechtsraum vorstellen, der ausschließlich auf funktionaler und bürokratischer Effizienz beruhen würde, fast wie China, ohne nennenswerte demokratische Vertretung und Beteiligung des Volkes. Nicht zum ersten Mal kam mir ein merkwürdiger Gedanke in den Sinn: Wie würde das wohl bei den Briten ankommen? Sicher, sie gehörten nicht zur Eurozone – aber würde eine solche Denkweise nicht diejenigen im Vereinigten Königreich auf den Plan rufen, die sich grundsätzlich gegen die europäische Integration aussprachen?

Selbst einem überzeugten Integrationisten wie mir fehlten im Konzept der EZB die demokratischen Kernelemente dessen, was ich unter einer »politischen Union« verstehe, also ein Europäisches Parlament, das diesen Namen verdient und dem sowohl die Fiskalagentur als auch das Krisenmanagementgremium und auch die Kommission selbst als Exekutivorgane des Staates rechenschaftspflichtig sind. In der akademischen Literatur über Legitimität, die ich im Kopf hatte, ging es bei den Ideen der EZB ausschließlich um »Output-Legitimität«, also um Problemlösungsfähigkeit, während die »Input-Legitimität«, das heißt die Partizipation der Bürger, völlig außer Acht gelassen wurde.[3] Auf jeden Fall liefen die EZB-Vorschläge diametral gegen die Einheitsfront der Interessen der Mitgliedstaaten und hatten nicht den Hauch einer Chance auf Umsetzung.

Am Montag, dem 14. Juni 2010, empfing Bundeskanzlerin Angela Merkel den französischen Staatspräsidenten Nicolas Sarkozy in Berlin, um im Vorfeld des nächsten Treffens der Staats- und Regierungschefs in Brüssel, das für Donnerstag derselben Woche anberaumt war, über die Governance-Reform der Eurozone zu sprechen. Die Begegnung war um eine Woche verschoben worden, was zu Gerüchten über ein Zerwürfnis zwischen Frankreich und Deutschland führte. Im Vorfeld hatte Sarkozy erneut eine Wirtschaftsregierung für die Eurozone vorgeschlagen und hierfür ein eigenes Generalsekretariat ins Spiel gebracht. Nach eineinhalb Stunden Gespräch mit Merkel wurde jedoch klar, dass es keine neuen Institutionen geben würde. Ich konnte Merkel verstehen: Wenn man französische Avancen zur Governance ablehnen wollte, dann konnte man auch die Ideen der EZB nicht unterstützen – geschweige denn eigene Ambitionen entwickeln. Das war die Büchse der Pandora, die besser ganz geschlossen bliebe.

Sarkozy und Merkel einigten sich erstaunlicherweise immerhin darauf, das Stimmrecht eines Mitgliedstaates im EU-Rat als ultimative politische Sanktion auszusetzen. Wahrscheinlich war Sarkozy zu diesem Zugeständnis bereit, weil er sich sicher sein konnte, dass es am Veto anderer Partner scheitern würde. Im Hinblick auf die Haushaltspolitik korrigierte Sarkozy seine frühere Kritik am deutschen Sparpaket und kündigte stattdessen an, dass auch Frankreich versuchen werde, seine Ausgaben zu senken. Sie einigten sich zudem darauf, sich für eine Bankenabgabe und eine Finanztransaktionssteuer auf G-20-Ebene einzusetzen. Der Europäische Rat schloss am Donnerstag wie folgt:[4]

Die EU ist der weltweiten Finanzkrise mit vereinter Entschlossenheit begegnet und hat das Notwendige getan, um die Stabilität der Wirtschafts- und Währungsunion zu sichern. (...) Wir haben die Grundlagen für eine wesentlich stärkere wirtschaftspolitische Steuerung geschaffen. Wir sind nach wie vor entschlossen, alle notwendigen Maßnahmen zu ergreifen, um unsere Volkswirtschaften wieder auf den Weg eines nachhaltigen und arbeitsplatzschaffenden Wachstums zu bringen. Zu diesem Zweck

– verabschieden wir »Europa 2020«, unsere neue Strategie für Beschäftigung und intelligentes, nachhaltiges und integratives Wachstum. (...) Wir werden in den kommenden Monaten weiter erörtern, wie spezifische Politiken mobilisiert werden können, um das Wachstumspotenzial der EU freizusetzen, angefangen bei der Innovations- und Energiepolitik;

– bekräftigen wir unsere gemeinsame Entschlossenheit, die Tragfähigkeit der öffentlichen Finanzen zu gewährleisten, unter anderem durch die Beschleunigung der Pläne zur Haushaltskonsolidierung, wo dies gerechtfertigt ist;

– bekräftigen wir unser Engagement für die Gewährleistung der Finanzstabilität, indem wir die Lücken in der Regulierung und Beaufsichtigung der Finanzmärkte sowohl auf EU-Ebene als auch auf Ebene der G-20 schließen (...);

– betonen wir unsere Einigkeit, dass die Koordinierung unserer Wirtschaftspolitiken dringend verstärkt werden muss. (...)

Am Abend desselben Tages hörte ich Egon Bahr in der Deutschen Gesellschaft für Auswärtige Politik. Es war ein schöner Hochsommerabend, als wir uns im Garten des Thinktanks versammelten. Bahr war in den 1960er-Jahren der Vordenker der sozialdemokratischen Außenpolitik gewesen, und ich hörte ihn über die EU sagen:»Ein beklagenswertes Gebilde – zum Haareraufen.« Später einmal nannte er die EU eine»Lachnummer«.[5] Bahrs Argument lautete schon seit Längerem, dass die europäische Integration nur vorankommen könne, wenn Großbritannien austrete und Europa sich von den USA emanzipiere. Mit der gemeinsamen Währung seien wir aus der Deckung gekommen – nun hieße es Augen zu und durch. Die aktuelle Situation sei trostlos und beschämend. Das deutsche Volk sei reif und bereit, auf den Nationalstaat zu verzichten, während die Franzosen tragischerweise an ihm festhielten. Diesen Zahn würde ihnen die Eurokrise hoffentlich ziehen.

Beim anschließenden Empfang sagte ich ihm unter vier Augen, dass ich seine Sichtweise teilte und dass der Europäische Rat am selben Tag nichts außer Phrasen erbracht habe. Aber ich fügte hinzu, dass Bahr die Tendenz der Merkel-Regierung nicht unterschätzen sollte, trotz ihrer Bereitschaft, finanzielle Verpflichtungen für Europa anzuhäufen, ebenfalls am Nationalstaat festzuhalten. Nicht aus Patriotismus wie in Frankreich, sondern weil der Wille und die Kraft fehlten zum großen Wurf. Bahr nickte resigniert. »Traurig, aber wahr«, sagte er zu mir.»Das muss wohl erst alles an die Wand fahren.«

Noch mehr Vorschläge zur Umstrukturierung von Staatsschulden

Die Governance-Debatte würde zu einer punktuellen Stärkung des SWP führen, soweit dies durch eine Änderung des Sekundärrechts möglich war, und zu nichts anderem: Jegliche Reformelemente, die eine Änderung des Vertrages erfordern würden, blieben unerreichbar. Gleichzeitig glaubte die deutsche Regierung immer noch, dass die EFSF eine vorübergehende Einrichtung sein würde, und sie versuchte systematisch, den Schwerpunkt auf ein regelbasiertes System für Staatsinsolvenzen zu verlagern. Berlin arbeitete neben zahlreichen Thinktanks an einem offiziellen Konzept für einen Umstrukturierungsmechanismus von Staatsanleihen (Sovereign Bond Restructuring Mechanism, SBRM).[6]

Der Grundgedanke eines solchen SBRM war es, zu verhindern, dass private Gläubiger durch öffentliche Gläubiger als Risikoträger ersetzt werden – wie es bei der Rettung Griechenlands und der anschließenden Einrichtung der EFSF geschehen war. Staatsschulden in privaten Händen sollten in privaten Händen verbleiben, einschließlich des damit verbundenen Risikos. Dadurch könnten Fehlanreize und Moral Hazard eingedämmt werden. Die Märkte könnten, sobald ein logisches und transparentes System eingeführt wäre, staatliche Schulden richtig einschätzen und bewerten und würden dann von sich aus das notwendige Maß an Disziplin auf verschwenderische Regierungen ausüben. Im Kern ging es darum, die Prinzipien des Marktes auch beim Thema Staatsverschuldung voll zum Tragen kommen zu lassen, was einen komplett anderen Ansatz darstellte als die europäische Rettungspolitik. Indem man die Gläubiger im Privatsektor in Haftung nahm, anstatt die öffentlichen Schuldner zu retten, würde man den Moral Hazard verringern und für angemessene Risikoprämien sorgen. Schließlich enthielt der Zinssatz jeder Anleihe eine Risikokomponente und floss dem Gläubiger als Gewinn zu – folglich sollte dieser auch das Risiko tragen, ohne es auf die öffentlichen Kassen abwälzen zu können. Das konzeptionelle Modell umfasste zwei Phasen.

In der ersten Phase würde das Schuldnerland durch eine maßvolle Stundung seiner Schulden, möglicherweise in Verbindung mit moderaten Abschlägen, eine »Atempause« erhalten. Die Kombination aus Schuldenschnitt und Prolongation würde von einer neuen Institution mit der Bezeichnung »Berliner Club« (im Gegensatz zum traditionellen Pariser Club, der sich mit Schuldenproblemen von Entwicklungsländern befasst) organisiert werden.[7] Der Berliner Club würde die Umschuldung mit einer Garantie für einen Teil des Schuldenbestands absichern. Standardisierte CACs in allen Staatsanleihen würden die Umstrukturierung vereinfachen. Das Schuldnerland würde sich in der ersten Phase verpflichten, die Bedingungen der zweiten Phase zu akzeptieren, falls die Atempause nicht ausreichen sollte, um den Marktzugang wiederzuerlangen, und es würde ein IWF-Anpassungsprogramm durchlaufen. Phase zwei käme in den Fällen zum Tragen, in denen das IWF-Programm eine Rückkehr an den Markt nicht ermöglicht hätte. Im Falle drohender Zahlungsunfähigkeit würde eine drastische Umschuldung greifen, die wiederum vom Berliner Club koordiniert würde, an der auch der Pariser Club und der Londoner Club (der sich mit den Schulden des Privatsektors befasst) beteiligt wären. Eine Garantie des Berliner Clubs würde den Zahlungsausfall verhindern. Er könnte als Gegenleistung für die Auszahlung der Garantie staatliche Sicherheiten beanspruchen. Während des gesamten Prozesses würde der Berliner Club als politisch unabhängige juristische Person handeln.

Diese Denkweise war unter Finanzmarktexperten in Berlin besonders ausgeprägt und stand im Gegensatz zum vorherrschenden Denken der sogenannten Europäer in der Regierung. Hochrangige Wirtschaftsberater im Kanzleramt waren entschlossen, in der zweiten Jahreshälfte 2010 eine Initiative für einen SBRM auf G-20-Ebene zu starten.[8] Sie sahen ausdrücklich sowohl die Notwendigkeit als auch eine echte Chance für ihr Projekt für den Fall, dass der Bail-out-Ansatz scheitern würde. Die SBRM-Initiative baute auf einer bereits erwähnten, früheren Debatte im IWF über einen Mechanismus zur Umstrukturierung staatlicher Schulden (SDRM) auf. In Erwartung von Schwierigkeiten auf der Ebene der G-20 schlugen die Experten vor, wenigstens die EFSF in eine europäische Umstrukturierungsfazilität umzuwandeln.

Druck auf Deutschland

Doch die Lage auf den Finanzmärkten blieb so angespannt und fragil, dass konkrete Schritte zur Schuldenrestrukturierung unterblieben. In Vorbereitung eines G-20-Gipfels Ende des Monats trat am 14. Juni 2010 in Toronto der sogenannte Finanzstabilitätsrat (FSB) aus Zentralbankpräsidenten und Finanzstaatssekretären unter dem Vorsitz von Mario Draghi, dem damaligen Präsidenten der Banca d'Italia, zusammen.[9] Die Teilnehmer befürchteten, dass die europäischen Banken unter Liquiditätsengpässen leiden könnten, und vermerkten angesichts der allgemeinen Unsicherheit und des Austrocknens der Interbankenmärkte ein Déjà-vu zur Lehman-Krise. Einige argumentierten, dass die Glaubwürdigkeit der öffentlichen Unterstützung für das Bankensystem an ihre Grenzen stoße. Letztlich kann zwar die Zentralbank unbegrenzt Liquidität zur Verfügung stellen – aber nur auf Kosten der Preisstabilität. Draghi verwies auf die geplanten Bankenstresstests in der EU. Diese würden öffentlich gemacht und von sogenannten Backstops flankiert – politischen Erklärungen zum Umgang mit potenziell ernsten Situationen, die durch Stresstests aufgedeckt werden.

Am Vorabend des G-20-Gipfels musste Finanzminister Schäuble die deutsche Konsolidierungspolitik der schwarzen Null verteidigen, die international als unseliger Sparzwang gegeißelt wurde. Der berüchtigte Hedgefonds-Manager George Soros war einer der lautstärksten Kritiker. Als ich ihn einmal am Ehrenhof des Ministeriums in Empfang nahm, sagte er mir ganz unverblümt, dass wir nicht verstanden hätten, wie die Finanzmärkte funktionierten. Soros zufolge gäben die Märkte ein verzerrtes Bild der Realität wieder – etwa »Griechenland geht bankrott« –, und wenn wir ihnen folgten, anstatt sie anzuleiten, ließen wir zu, dass die irrationalen Märkte die Realität bestimmen, anstatt dass die Politik die Realität bestimmt. Das war das schärfste Argument gegen einen SDRM. Soros vertrat rigoros die Meinung, dass die Stabilisierung des Euro notwendig und in unserem eigenen Interesse sei, um Verwerfungen auf den Finanzmärkten zu vermeiden.[10] In Anlehnung an eine Forderung von US-Finanzminister Timothy Geithner von Anfang der Woche sollten wir überdies die Sparmaßnahmen vergessen und mehr für das Wachstum und die Binnennachfrage tun, einschließlich der Defizitausgaben.

Auch US-Präsident Barack Obama hatte sich in einem Schreiben an die Staats- und Regierungschefs der G-20-Staaten gewandt und Deutschland eine knappe Abfuhr erteilt:»Ich bin besorgt über die schwache Nachfrage des privaten Sektors und die anhaltend starke Abhängigkeit einiger Länder von Exporten, die bereits hohe Außenhandelsüberschüsse aufweisen.«[11] Nicht nur an dieser Stelle war der Druck aus Washington auf Berlin enorm.[12]

Um den Druck zu mindern, veröffentlichten wir einen Meinungsbeitrag von Schäuble in der *Financial Times*, demzufolge »die deutsche Regierung weiß, dass sie die Verantwortung hat, das Wachstum in Europa und der Welt zu fördern«. Und weiter:»Wir werden ihr nicht gerecht, indem wir Staatsschulden anhäufen, sondern indem wir unsere traditionelle Rolle als Stabilitätsanker erfüllen.«[13] Wir konnten jedoch mit Rücksicht auf die Popularität der schwarzen Null nicht im Ausland argumentieren, dass unser Sparpaket ja nominal keineswegs geringere Ausgaben bedeutete und wir das Bruttoinlandsprodukt einfach nur minimal schneller wachsen ließen als die realen Primärausgaben. Der Haushalt 2010 galt immerhin noch als expansiv, und die vorgenommenen Kürzungen machten weniger als 0,5 Prozent des Bruttoinlandsproduktes aus. In Schäubles Stellungnahme wurde unmissverständlich festgestellt, dass es »zwei unterschiedliche Ansätze für die Wirtschaftspolitik auf beiden Seiten des Atlantiks« gebe. Wir argumentierten, dass die US-Politiker sich gerne auf kurzfristige Korrekturmaßnahmen konzentrierten, während wir längerfristig denken und uns daher mehr mit den Auswirkungen übermäßiger Defizite und den Gefahren einer hohen Inflation befassen würden:[14]

Die deutschen Verbraucher sind so. *Diese Abneigung gegen Defizite und Inflationsängste, die ihre Wurzeln in der deutschen Geschichte des vergangenen Jahrhunderts hat, mögen unseren amerikanischen Freunden, deren Wirtschaftskultur zum Teil von deflationären Episoden geprägt ist, seltsam erscheinen. Dennoch gehören diese Ängste zu den stärksten Faktoren für den Konsum und die Sparquote in unserem Land. Der Versuch, die Inlandsnachfrage durch eine weitere Erhöhung der staatlichen Kreditaufnahme zu steigern, wäre hier zumindest kontraproduktiv. Im Gegenteil, die Wiederherstellung des Vertrauens in unsere Fähigkeit, das Defizit abzubauen, ist eine Voraussetzung für ein ausgewogenes und nachhaltiges Wachstum.*

Wir führten den demografischen Rückgang aus und die Tatsache, dass unsere Haushaltspolitik die öffentlichen Ausgaben für Forschung und Entwicklung nicht etwa reduziere, sondern sogar erhöhe, bevor wir in unserem Credo gipfelten:[15]

Wir werden uns an die Regeln der Schuldenbremse und an ihr europäisches Pendant, den Stabilitäts- und Wachstumspakt, halten, nicht aus Prestigegründen, nicht nur, weil wir rechtlich dazu verpflichtet sind, und auch nicht, wie behauptet wurde, aus Masochismus, sondern weil dies der beste Weg ist, um bei unseren Bürgern und Investoren das Vertrauen zu wecken, dass der Staat die aktuelle Situation bewältigen kann.

Zumindest eine weitere Regierung in Europa schien ähnlich wie wir zu denken: Am 22. Juni kündigte der britische Schatzkanzler ein Konsolidierungspaket von ähnlichem Ausmaß an. Und selbst US-Präsident Obama erklärte in seinem oben erwähnten Schreiben, dass »alle G-20-Länder glaubwürdige und wachstumsfreundliche Pläne zur Wiederherstellung nachhaltiger öffentlicher Finanzen aufstellen sollten«. Aber unsere Konsolidierungsbemühungen und auch die britischen waren natürlich im Verhältnis zu dem, was wir von Griechenland erwarteten, lächerlich klein: Ausgabenkürzungen um 13 Prozentpunkte des Bruttoinlandsproduktes bis 2014. Wenn man die Konsolidierung ewig hinausschiebt, wird sie einen auf eine Weise heimsuchen, die alles andere als »wachstumsfreundlich« ist.

Sixpack statt Governance-Reform

Während Herman Van Rompuys Governance-Debatte ins Stocken geriet, machte sich die Kommission daran, mit den bestehenden Institutionen und dem bestehenden Regelwerk schrittweise voranzukommen. Am 30. Juni 2010 veröffentlichte Brüssel eine Mitteilung mit dem Titel »Verstärkte wirtschaftspolitische Koordinierung für Stabilität, Wachstum und Beschäftigung – Instrumente für eine bessere wirtschaftspolitische Steuerung in der EU«.[16] Darin schlug die Kommission ein Legislativprogramm vor, das als »Sixpack« bezeichnet wurde, da es aus nicht weniger als sechs einzelnen Verordnungen bestehen sollte. Das dreifache Ziel lautete, die Haushaltsdisziplin zu erhöhen, gleichzeitig die makroökonomischen Ungleichgewichte zu verringern und Strukturreformen zur Steigerung der Wettbewerbsfähigkeit anzuregen. Sowohl der präventive als auch der korrektive Teil des SWP sollten gestärkt werden.

Eine der vorgeschlagenen Neuerungen bestand darin, unzureichende Konsolidierungsbemühungen in Zeiten des wirtschaftlichen Aufschwungs zu sanktionieren. Eine andere sah vor, die Schuldenanpassungspfade verbindlicher als bisher zu gestalten und den Schwerpunkt des SWP von der einseitigen Kontrolle der jährlichen Defizite auf den kontinuierlichen Abbau übermäßiger Schuldenstände zu verlagern. Gleichzeitig sollten Sanktionen für übermäßige Defizite viel schneller als bisher greifen, auch durch Kürzung der EU-Transfers. Auf nationaler Ebene sollten Schuldenbremsen und fiskalische Überwachungsmechanismen eingeführt werden. Die Koordinierung sollte durch die Einführung eines »Europäischen Semesters« mit Berichts-, Bewertungs- und

Korrekturzyklen der nationalen Finanz- und Wirtschaftspolitiken erleichtert werden. Neue Indikatoren sollten definiert werden, darunter die Entwicklung der Leistungsbilanz, der Arbeitskosten, der Immobilienpreise, der privaten Verschuldung und Ähnliches. Ein makroökonomisches Ungleichgewicht, das von einem bestimmten Mitgliedstaat verursacht wird, sollte einer Peer-Review unterzogen werden und letztlich auch Sanktionen wie beim Verfahren bei einem übermäßigen Defizit nach sich ziehen.

Kommissar Rehn kündigte die Legislativvorschläge für Ende September 2010 an und löste damit faktisch die Arbeit der Van-Rompuy-Taskforce ab. In dieser wurden zwar die Diskussionen unter den Finanzministern und auf Arbeitsebene fortgesetzt – unter anderem über die deutsche Forderung nach einer staatlichen Insolvenzregelung –, doch kamen sie nicht mehr in der eigentlichen Gesetzgebungsarbeit der EU zum Zuge. Rehn erklärte:»Den Luxus von Zeit haben wir nicht.«[17] Ohne Deutschland explizit zu erwähnen, sagte Rehn zudem, niemand wolle die Exporterfolge eines Landes schmälern, aber je nach Fall könne es auch Empfehlungen zur Stärkung der Binnennachfrage geben.

Das Sixpack wurde in der Öffentlichkeit gut aufgenommen, aber die meisten Kommentatoren verstanden schnell, dass es Vertragsänderungen ausklammerte. Das Festhalten an einer unveränderten Fassung des Primärrechts würde es jedoch unmöglich machen, das System der Wirtschaftssanktionen wesentlich zu verschärfen, geschweige denn, sie automatisch anzuwenden. SWP-Sanktionen würden ein politisches Vorrecht bleiben – und damit nicht glaubwürdig. Ich notierte als erste Einschätzung:»Im besten Fall wird die Initiative der Kommission helfen, die Rettungspolitik im Inland zu verkaufen. Im schlimmsten Fall wird sie den internationalen Druck gegen unsere schwarze Null weiter erhöhen.«

Für unsere zentrale Forderung in der Van-Rompuy-Taskforce, ein staatliches Insolvenzregime, wurde die Lage nun düster: Auf der Ebene der Staatssekretäre wurde das Thema zwar erstmals im Juli 2010 diskutiert, fand dort aber nur ein laues Echo. Die meisten anderen Mitgliedsländer konzentrierten sich auf die Fortführung der EFSF, ohne einen Mechanismus für eine geordnete Staatsinsolvenz vorzusehen.

Lediglich die Niederlande, Finnland und Dänemark stellten sich auf unsere Seite und argumentierten, dass ein staatlicher Insolvenzmechanismus aus ihrer Sicht eine Voraussetzung für einen dauerhaften Rettungsfonds sei. Frankreich war zumindest offen für eine Diskussion über Haircuts bei Staatsanleihen, die vom privaten Sektor gehalten werden – argumentierte aber, dass diese Frage verschoben werden sollte, solange die Märkte sehr nervös seien und negativ auf eine solche Debatte reagieren würden.

Wir reduzierten unsere Überlegungen zur Staatsinsolvenz auf das Prinzip, den Marktzugang für das betreffende Land zu erhalten, gleichzeitig den Umfang der ausländischen Unterstützung auf ein Mindestmaß zu reduzieren und die Lasten zwischen privaten und öffentlichen Gläubigern in geordneter Weise zu verteilen. Auf diese Weise konnte immer noch der Moral Hazard reduziert werden, der mit der plumpen Rettung eines bankrotten Staates ansonsten verbunden war.

Die Umstrukturierung war unserer Vorstellung nach weiterhin in zwei Phasen vorzusehen: Zunächst sollten dem betroffenen Land die »Atempause« und ein Anpassungsprogramm der Kommission und des IWF eingeräumt werden, um das Land im Laufe der Zeit vollständig an die Kapitalmärkte zurückzuführen. Die EZB und ihre politische Unabhängigkeit sollten nicht mehr in der Troika kompromittiert werden. Wir schlugen keinen Berliner Club mehr vor – ein Name, der sich in der Diskussion als wenig hilfreich erwiesen hatte. Stattdessen erwogen wir, den neuen Europäischen Ausschuss für Systemrisiken (European Systemic Risk Board, ESRB) in diese Bemühungen einzubeziehen. Die Atempause würde durch Schuldenrestrukturierung und Garantien erreicht. In Ermangelung eines Berliner Clubs war unklar, wer die Garantien gewähren sollte, aber in jedem Fall würden die in allen Staatsanleihen enthaltenen CACs Mehrheitsentscheidungen unter den Gläubigern ermöglichen, was die konkrete Entscheidungsfindung für die Anpassung erleichtern und wahrscheinlich auch die Einrichtung einer gemeinsamen Garantie erlauben würde. Wir wären auch bereit gewesen, dafür die EFSF in Betracht zu ziehen.

Unser Modell sah damals immer noch die zweite Phase vor, falls Phase eins nicht erfolgreich sein sollte: Eine dauerhafte Zahlungsunfähigkeit und damit die Unfähigkeit des betroffenen Landes, zur Marktfinanzierung zurückzukehren. Die Garantie würde in Anspruch genommen und das betroffene Land strengen Beschränkungen unterworfen, etwa dem Verlust seiner Stimme im Rat und der Beschlagnahme seiner Vermögenswerte. Leider sah niemand, der mit den Überlegungen in Paris und Brüssel vertraut war, große Chancen, dass unsere Vision Wirklichkeit werden könnte.

Im Sommer wandte sich die EZB überraschend ablehnend gegen den deutschen Vorschlag eines Umschuldungsmechanismus. Sie argumentierte, dass eine Umstrukturierung der Staatsschulden die Rechtsstaatlichkeit und darüber hinaus das Vertrauen in den Staat im Allgemeinen untergraben würde. Sie würde auch die Regulierung der Finanzmärkte aushebeln, indem sie Staatsanleihen als Referenzwerte infrage stellte. Das alles würde zu nicht weniger Moral Hazard führen als die Rettungspolitik und die übermäßige Verschuldung nicht verringern, sondern erhöhen. Außerdem würde dies spekulative Angriffe auf europäische Anleihen fördern und die ohnehin schon instabile Lage noch gefährlicher machen. Die Umschuldung würde nicht in geordneter, sondern in chaotischer Weise erfolgen. Die vorangegangene SDRM-Initiative, so die EZB, sei aus guten Gründen gescheitert und sollte nicht wiederbelebt werden. Stattdessen sollte die Eurozone das fiskalische Regelwerk stärken.

Intern wiesen unsere Fachleute die Argumente der EZB zurück. Schließlich hätten sich die Arbeit des Pariser Clubs und des Londoner Clubs sowie eine lange Geschichte der Umschuldung von Staatsschulden bewährt. Die Frage sei nicht, ob eine Umschuldung stattfinde, sondern wie – und vor allem, ob sie in geordneter Weise nach den bisherigen Vereinbarungen, Regeln und Institutionen durchgeführt werden könne. Im Gegensatz zur Haltung der EZB könne auf diese Weise sehr wohl Vertrauen aufgebaut werden, und die Marktdisziplin werde gestärkt.

Es war hingegen offensichtlich, dass der SWP in der Vergangenheit nicht zu einer ausreichenden Haushaltsdisziplin geführt hatte – somit bestand wenig Hoffnung, das Problem durch noch mehr, noch strengere und vor allem noch komplexere Regeln zu beheben. Die Neugestaltung des Regelwerks des SWP war jedoch der einzige gemeinsame Nenner für das weitere Vorgehen der Van-Rompuy-Taskforce. Wir mussten einsehen, dass Deutschland in der Frage einer staatlichen Insolvenzregelung isoliert war. Die Hoffnungen auf eine deutsch-französische Einigung in dieser Frage erwiesen sich als trügerisch. Frankreich und die anderen Mitgliedstaaten waren zwar bereit, einen dauerhaften Krisenbewältigungsmechanismus in Erwägung zu ziehen – die Ähnlichkeit mit dem deutschen Vorschlag bestand aber nur dem Namen nach: Unter diesem Etikett sahen unsere Partner nichts anderes als eine dauerhafte Fortführung der EFSF vor. Das, was von unseren Vorstellungen Realität wurde, ist also nicht der Inhalt, sondern nur der Name: Europäischer Stabilisierungsmechanismus (ESM).

Banken-Stresstest

Am 23. Juli 2010 wurden die Ergebnisse des Bankenstresstests bekannt gegeben.[18] 91 europäische Banken hatten sich dem Test unterzogen, während hinter den Kulissen heftig an der Methodik gefeilt wurde. Das Stressszenario sah einen Wirtschaftsabschwung in Verbindung mit höheren Zinsen und Risikoprämien auf Staatsanleihen aller europäischen Länder außer Deutschland vor. Das wichtigste Ergebnis lautete, dass sieben Banken – fünf aus Spanien und je eine aus Griechenland und Deutschland – die Mindestschwelle von 6 Prozent für das Kernkapital unterschreiten würden, sodass ihnen zusammen 3,5 Milliarden Euro an Kapital fehlen würden. Der gesetzliche Mindestwert von 4 Prozent wurde von einer spanischen Bank unterschritten. Weitere 17 Banken – wiederum hauptsächlich aus Spanien – unterschritten die Kernkapitalquote von 7 Prozent und weitere 15 Banken – wiederum hauptsächlich aus Spanien – erreichten nicht einmal 8 Prozent. Die übrigen 52 Banken wurden als solide und sicher eingestuft.

Wir hatten uns bereits im Vorfeld Sorgen über das Abschneiden der deutschen Landesbanken gemacht. Tatsächlich war ihre Lage schlimmer, als der Stresstest vermuten ließ – aber sie profitierten für die Belange des Stresstests vordergründig von der jüngsten Vergangenheit staatlicher Unterstützung, von Kapitalspritzen und der Ausgliederung toxischer Vermögenswerte in die öffentlichen Bilanzen. Obwohl die Ergebnisse insgesamt mit Erleichterung aufgenommen wurden, zeigten sie doch vor allem die Schwäche des spanischen Bankensystems. Dies erinnerte mich an ein wichtiges Thema: Beginnend mit der ursprünglichen Griechenland-Rettung spiegelte die EFSF (und ihr Nachfolger ESM) eine kontinuierliche Präferenz wider, eher Staaten als Banken zu retten. Andere Fälle als Griechenland, mit denen wir es bald zu tun bekamen, insbesondere Irland und Spanien, führten zu sogenannten Bankenprogrammen, aber die eigentliche Rettung erfolgte auch hier über die nationalen Haushalte, selbst wenn die begünstigten Mitgliedstaaten dann erhebliche Teile der Mittel zur Kapitalisierung ihrer Banken verwendeten.

Dies warf die berechtigte Frage auf, ob es sinnvoll war, den Umweg über die Staatshaushalte zu nehmen, statt die Banken direkt zu kapitalisieren. Kann man Staaten wie Banken stabilisieren? Die unterschiedlichen Erfahrungen mit der Bankenkrise von 2007 und 2008 legten nahe, dass eine staatliche Regierung weitaus größere Kontrolle über ihre lokalen Finanzinstitute hat als eine zwischenstaatliche Einrichtung wie die EU über einen souveränen Nationalstaat. Die Konditionalität der nationalen Anpassungsprogramme erwies sich stets als unzureichend, da sie den allgegenwärtigen Problemen der zeitlichen Inkonsistenz und des Moral Hazards zum Opfer fiel. Demgegenüber steht die potenziell unbegrenzte rechtliche und fachliche Kontrolle, die eine Regierung über eine Bank ausüben kann, einschließlich ihrer Verstaatlichung als Ultima Ratio. Aber natürlich gab es vorerst keine rechtliche Handhabe, mit der ein zwischenstaatliches Gremium Macht über nationale Banken ausüben konnte, zumindest nicht auf kurze Sicht. Das Thema »Bankenunion« war noch im Entstehen begriffen und prägte erst einen späteren Abschnitt der Krise.

Umschuldung

Im Sommer 2010 forcierte der IWF die Idee, Griechenland durch eine Lockerung der Rückzahlungsfristen für die Hilfskredite Spielraum zu verschaffen. Der Fonds hatte erkannt, dass Griechenland nicht in der Lage sein würde, seine Kredite zurückzuzahlen, und schlug vor, die Rückzahlungsfrist in etwa zu verdoppeln. Wir waren von diesem Vorstoß auf dem falschen Fuß ertappt und argumentierten, dass die Rückzahlungslast in der Tat beträchtlich, aber von Anfang an klar gewesen sei. Die übliche Struktur sei umgesetzt worden: ungefähr drei Jahre ohne Schuldendienst, gefolgt von zwei Jahren Tilgung in acht Raten. Der IWF hatte vorgeschlagen, die tilgungsfreie Zeit auf viereinhalb Jahre und die Rückzahlungsfrist sogar auf zehn Jahre zu verlängern.

Dagegen verwiesen wir auf die damit verbundenen Reputationsrisiken für Griechenland, welche die Aussicht auf eine Rückkehr zur Marktfinanzierung schmälern würden. Außerdem würden die Anreize für Disziplin und Reformen noch schwächer und der Moral Hazard entsprechend zunehmen. Darüber hinaus bedürfe jede Verlängerung einer erneuten parlamentarischen Zustimmung in Berlin. Es bestand die Gefahr, dass die Bundeskanzlerin nur wenige Monate nach dem politisch äußerst kostspieligen und schwierigen Verfahren, das den Bail-out ermöglicht hatte, ihr Gesicht verlieren würde. Die Regierung müsste die KfW entschädigen und hätte ein noch größeres Risiko, das anhängige Verfahren vor dem Bundesverfassungsgericht zu verlieren. Während wir nicht umhinkamen, hinter vorgehaltener Hand den ökonomischen Argumenten des Fonds zuzustimmen, blieb uns keine andere Wahl, als die Avance aus Washington rundweg abzulehnen. Vom 26. Juli bis 5. August 2010 besuchte die Troika Athen. Einige enge ehemalige Kollegen der EZB waren daran beteiligt und schilderten mir direkt ihre Eindrücke. Sie hatten persönliche Anfeindungen und Bedrohungen in Athen erfahren und Polizeischutz in Anspruch nehmen müssen. Die Zusammenarbeit mit den griechischen Kollegen sei hingegen sehr anständig verlaufen und habe vom Ablauf her an die sogeannten Artikel-IV-Konsultationen des IWF erinnert, mithin also eine Mischung aus Aktenstudium und strukturierten Gesprächen. Ihre Mission sei routinemäßig vorgesehen gewesen, um die Umsetzung des Stabilisierungsprogramms zu überprüfen und auf dieser Grundlage die zweite Tranche des Kredits zu genehmigen. Die Gespräche seien intensiv und gut strukturiert gewesen. Das Team habe sich zunächst mit hochrangigen Regierungsvertretern, vor allem des Finanzministeriums, und der Zentralbank getroffen, um einen Überblick über die Wirtschaftslage, aktuelle Herausforderungen und geplante Maßnahmen zu erhalten. Danach seien detailliertere Treffen mit verschiedenen Akteuren gefolgt, die für spezielle Bereiche der Wirtschaft verantwortlich waren, wie zum Beispiel Arbeitsmarkt, Finanzsystem oder Außenwirtschaft. Während dieser Gespräche habe das Troika-Team gezielte Fragen gestellt, um die wirtschaftlichen Daten und Prognosen des Landes zu verstehen und mit den eigenen Annahmen abzugleichen. Es sei dabei um fiskalische und monetäre Politiken, das Inflationsziel, Haushaltsdefizite, Schuldenmanagement und den Zustand des Bankensektors gegangen. Soweit möglich seien auch Vertreter des privaten Sektors, von Nichtregierungsorganisationen und akademische Experten einbezogen worden, um ein möglichst umfassendes Bild zu erhalten. Die Gespräche seien dialogorientiert abgelaufen: Die Troika-Experten hätten ihre Analysen präsentiert und sich die Perspektiven der lokalen Verantwortlichen angehört.

Es sei intensiv über mögliche Risiken, politische Optionen und Reformen diskutiert worden. Die Kommission veröffentlichte die Ergebnisse der Troika am 19. August. Kommissar Olli Rehn wurde mit den Worten zitiert:[19]

Griechenland hat in der ersten Jahreshälfte 2010 eine beeindruckende Haushaltskonsolidierung erreicht und rasche Fortschritte bei wichtigen Strukturreformen erzielt. Trotz der erheblichen Fortschritte bleiben Herausforderungen und Risiken. Die größte unmittelbare Herausforderung besteht darin, eine angemessene Liquidität und finanzielle Stabilität des Bankensektors zu gewährleisten. Gleichzeitig muss die Strukturreformagenda vorangetrieben werden, um das enorme Potenzial zur Steigerung des Wachstums freizusetzen.

Wir sahen uns den Bericht der Troika im Detail an. Das griechische Bruttoinlandsprodukt schrumpfte 2010 um 4 Prozentpunkte und sollte 2011 um weitere 2,6 Prozentpunkte schrumpfen. Die Arbeitslosigkeit stieg, das Leistungsbilanzdefizit ging zurück, blieb aber hoch. Die Inflation war mit 5,5 Prozent viel höher als erwartet – vor allem aufgrund der Wirkung höherer Steuern auf die Preisstruktur. Das Haushaltsdefizit wurde durch Ausgabenkürzungen in Höhe von 17 Prozentpunkten des Bruttoinlandsproduktes von 13,6 Prozent im Jahr 2009 auf 8 Prozent im Jahr 2010 gesenkt – eine erstaunliche Leistung. In der Zwischenzeit passierten die Strukturreformgesetze wie vorgeschrieben das Parlament, wobei das einzige Hindernis die Privatisierungen und die Umstrukturierung der staatlichen Unternehmen waren. Der Bankensektor litt unter Liquiditätsmangel, und die Regierung plante daher, Bankenanleihen durch eine Staatsgarantie von bis zu 25 Milliarden Euro zu stützen. Erfreulicherweise war Griechenland in der Lage, kurzläufige T-Bills für 3,5 Milliarden Euro mit einer Laufzeit von 26 Wochen am Markt zu platzieren. Die Risikoprämien für griechische Staatsanleihen blieben jedoch sehr hoch, was nach Ansicht der Kommission ein Zeichen dafür war, dass die Märkte entgegen allen anderslautenden Beteuerungen eine Umschuldung für die Zukunft erwarteten. Alles in allem schien das Programm planmäßig zu verlaufen. Die zweite Tranche würde wie geplant ausgezahlt werden können. Die KfW hatte in der ersten Tranche 4,43 Milliarden Euro überwiesen und wurde nun instruiert, in der zweiten Tranche 1,5 Milliarden Euro zu überweisen. Dagegen beschloss die slowakische Regierung am 11. August 2010, sich nicht an der Griechenland-Rettung zu beteiligen, was in Berlin für erhebliche Irritationen sorgte.

Hinter den Kulissen jedoch neigte die Kommission zu der Auffassung des IWF, wonach das griechische Programm angepasst und der Kredit umstrukturiert werden sollte. Dies wurde einen Monat später deutlich, als die Kommission den Finanzierungsbedarf Griechenlands auf 86 Milliarden Euro im Jahr 2014 und 80 Milliarden Euro im Jahr 2015 einschätzte – eindeutig zu hoch für das Empfinden der Finanzmärkte. Uns erschien es jedoch politisch weiterhin unmöglich, auch nur eine Verlängerung der Laufzeiten für den Bundestag und die deutsche Öffentlichkeit akzeptabel zu machen. Darüber hinaus würde eine Lockerung des Programms wenige Monate nach seinem Start aus unserer Sicht den Moral Hazard inakzeptabel verschärfen. Es kam uns in politisch vor allem auf die penible Umsetzung der im Programm vorgeschriebenen Maßnahmen an – nicht primär auf deren wirtschaftliche oder gesellschaftliche Auswirkungen. Dabei machten wir uns keine Illusionen, wie schwierig es werden würde, den hohen Mittelbedarf für die Jahre 2014 und 2015 auf den Finanzmärkten zu decken – aber uns blieb nur eine Devise: Kommt Zeit, kommt Rat. Lieber später ein neues Programm als jetzt eine Verlängerung oder eine wie auch immer geartete Umstrukturierung. Dies war die Botschaft, die wir für den Finanzminister aufbereiteten, um sie seinem griechischen Amtskollegen Papakonstantinou bei einem Treffen am 22. September zu übermitteln.

Die offizielle Veröffentlichung der sogenannten Maastricht-Daten durch Eurostat am 22. Oktober zeichnete jedoch ein überraschend düsteres Bild vom Zustand der griechischen Staatsfinanzen. Es war nicht zu leugnen, dass das Programm vielleicht vorläufig noch auf Kurs war, aber ganz offenkundig auf falschen Annahmen beruhte. Eurostat korrigierte die Defizitquote für 2009 um 1,5 Prozentpunkte und die Schuldenquote sogar um 12,7 Prozentpunkte nach oben, was zum Teil auf die Auswirkungen außerbörslicher Swap-Geschäfte mit der Investmentbank Goldman Sachs in den Jahren 2005 und 2006 zurückzuführen war. Die Schuldenquote dürfte in Folge auf 157 Prozent des Bruttoinlandsproduktes im Jahr 2013 ansteigen, mehr als 10 Prozentpunkte höher als im Programm vorgesehen. Es lag auf der Hand, dass Griechenland auch die im Programm festgelegte Defizitgrenze von 8 Prozent bald überschreiten würde – und spätestens dann war das Programm aus dem Ruder gelaufen.

Was folgte, war der Fluch der bösen Tat, ein veritabler Teufelskreis: Wir forderten noch mehr Ausgabenkürzungen für den griechischen Haushalt 2011, der von der nächsten Troika-Mission dann Mitte November bewertet werden sollte. Die Frage der Umschuldung kam sozusagen auf Wiedervorlage.

Kurze Ruhe vor dem nächsten Sturm

Zuvor, am 6. und 7. September, erlebte ich als Mitglied der Delegation von Minister Schäuble in Brüssel ausgesprochen schwierige Sitzungen der Van-Rompuy-Taskforce, des Ecofin und der Eurogruppe. Deutschland war mit seiner Forderung nach einem Insolvenzregime isoliert, und ohne Vertragsänderung kam auch eine ernsthafte Stärkung des SWP nicht infrage. Ich wunderte mich, warum wir selbst solche beschränkten Forderungen mit drei Monaten Verspätung aufgestellt hatten. Nun war es zu spät, unsere finanziellen Zusagen in Gegenleistungen umzumünzen. Wir hatten umsonst Hoffnungen in eine deutsch-französische Initiative für die Taskforce gesetzt und fühlten uns nunmehr von Paris betrogen.

In den folgenden Wochen erwiesen sich zumindest die Legislativvorschläge der Kommission zur Stärkung des SWP als relativ nahe an der deutschen Linie, weitaus mehr als die parallele Diskussion in der Taskforce. Daher verlegte sich der Apparat schnell darauf, die Governance-Debatte mitsamt der Regelung von Staatsinsolvenzen wieder in die Schublade zu stecken und sich vielmehr auf die Arbeit am »Sixpack« zu konzentrieren. Die Taskforce wurde folglich im Oktober nach einem halben Dutzend Sitzungen aufgelöst, und alles, was von ihr übrig blieb, war ihr Abschlussbericht[20] sowie eine substanzlose Erwähnung in den Schlussfolgerungen des Europäischen Rates vom 28. und 29. Oktober 2010.[21] Die Taskforce hatte nicht annähernd die großen Hoffnungen auf eine institutionelle Reform erfüllt, die sie eine Zeitlang in deutschen Regierungskreisen erweckt hatte. Die historische Chance auf eine tiefgreifende Reform war schon verpasst, bevor sie ihre Arbeit überhaupt aufgenommen hatte.

Ein wichtiges Thema bei den Beratungen der Eurogruppe am 6. September war die endgültige Einrichtung der EFSF. Ihr Geschäftsführer Klaus Regling sowie die Kommission und die EZB sprachen sich für ein AAA-Rating nicht nur für die von der EFSF emittierten Anleihen aus, wie von Deutschland vorgeschlagen, sondern auch für das Instrument selbst. Wir zögerten, weil dies entweder mehr Kapital erfordern oder den Betrag des verfügbaren Kapitals für künftige Rettungsmaßnahmen verringern würde. Schäuble stellte klar, dass Letzteres der Fall sein müsse, da Deutschland seine Garantie für die EFSF nicht erhöhen werde. Ebenso wenig werde Deutschland von anteiliger statt gemeinschaftlicher Haftung abrücken. Die Einsatzbereitschaft der EFSF wurde nun aber dringlich, da ab Mitte September 2010 die Haushaltsnotlage Irlands in den Fokus rückte.

6 Irland – der Musterschüler fällt durch

Bankenkrise

Im krassen Gegensatz zu Griechenland galt Irland als der finanzpolitische Musterschüler der Eurozone und wurde von Kommission und EZB gleichermaßen für seine Solidität und Nachhaltigkeit gelobt. Bis 2007, als die Bankenkrise ausbrach, hatte Irland regelmäßig Haushaltsüberschüsse erwirtschaftet. Der Abstand zehnjähriger irischer Staatsanleihen gegenüber der deutschen Bundesanleihe stieg am 10. September aber auf 344 Basispunkte. Während der Finanzierungsbedarf Irlands für 2010 fast gedeckt war, würde das Land 2011 etwa 8,7 Milliarden Euro von den Finanzmärkten benötigen. Doch die Anleger waren durch den unerwartet hohen Kapitalbedarf des irischen Bankensektors verunsichert. Nach Angaben der Ratingagentur Standard & Poor's belief sich der zusätzliche Kapitalbedarf 2010 bereits auf 23 Milliarden Euro, was mehr als 14 Prozent des irischen Bruttoinlandsproduktes entsprach. Allein die Anglo Irish Bank benötigte angeblich mehr als 20 Milliarden Euro, was das Staatsdefizit für 2010 nach der jüngsten verfügbaren Schätzung der Deutschen Bank auf schwindelerregende 25,6 Prozent des Bruttoinlandsproduktes ansteigen lassen würde.

Was die Liquidität anbelangte, waren die irischen Banken in hohem Maße von den Notfalltendern der EZB abhängig geworden. Im August 2010 wiesen die Bücher 589 Milliarden Euro an ausstehenden Krediten für den Bankensektor aus, von denen jeweils 100 Milliarden auf Banken in Griechenland und Irland entfielen – Tendenz steigend. Dies führte zu ernsthafter Besorgnis und zu einem Zwist innerhalb der EZB, die im Oktober beschloss, ihre Leitlinien für geldpolitische Instrumente zu verschärfen.[1] Die offizielle Maastricht-Meldung des irischen Defizits wurde mit allgemeiner Sorge erwartet. Die Staatsschuldenquote stieg von einer der niedrigsten im Euroraum – 25 Prozent des Bruttoinlandsproduktes im Jahr 2007 – sprunghaft auf 92 Prozent und damit weit über den Maastricht-Referenzwert. Für 2013 stand sie mit 125 Prozent zu erwarten. Nur Griechenland und Italien verzeichneten schlimmere Werte. Die Finanzmärkte verloren schlagartig das Vertrauen in die Fähigkeit Irlands, die Krise durch erneute Anstrengungen zur Haushaltskonsolidierung zu bewältigen – diese schienen sowohl in wirtschaftlicher als auch in politischer Hinsicht unmöglich. Die Fachleute im Ministerium hatten Schäuble bereits Mitte September 2010 alarmiert, dass die Frage eines Bail-outs auch für Irland unausweichlich werde.

Am 27. September 2010 erkrankte Schäuble erneut und musste ins Krankenhaus eingeliefert werden. Anfang Oktober schlug der irische Finanzminister Brian Lenihan eine Umstrukturierung der Schulden der verstaatlichten Banken vor, einen sogenannten Haircut. Verglichen mit der Größe des Landes war der irische Bankensektor stark überdimensioniert und litt unter einem hohen Anteil an faulen Immobilienkrediten. Es war eine politische Entscheidung gewesen, den Finanzsektor in Irland massiv aufzublähen, und die damit verbundenen Risiken wurden nun mit Verspätung deutlich. Irland wurde von den Ratingagenturen herabgestuft und verfiel in politische Turbulenzen. Der Spread gegenüber dem Bund stieg am 12. Oktober 2010 auf 435 Basispunkte.

Aus unserer Sicht gab es – trotz dieses düsteren Bildes – einige wichtige Merkmale in Irland, die das Land von Griechenland unterscheiden. Erstens gab es einen starken und bewährten politischen Konsens, das Defizit unter Kontrolle zu halten, aufbauend auf früheren erfolgreichen Konsolidierungsbemühungen in den 1980er-Jahren. Zweitens war die irische Wirtschaft nach wie vor äußerst wettbewerbsfähig, was vor allem auf die sehr niedrigen Lohnstückkosten und die hohe Produktivität zurückzuführen war, und die Leistungsbilanz des Landes sollte angesichts der stark rückläufigen Importe weitgehend ausgeglichen bleiben. Infolgedessen war unsere Bereitschaft, Irland zu helfen, im Vergleich zu Griechenland deutlich höher. Wir waren willens, eine negative Rückkopplung zwischen den Entwicklungen auf den Kapitalmärkten und der Situation der öffentlichen Finanzen des Landes zu verhindern, und sahen es in unserem Interesse, die Handlungsfähigkeit des irischen Staates zu gewährleisten.

Irland führte im September 2010 eine sogenannte Prudential Capital Assessment Review durch, eine Art interner Bankenstresstest, und meldete einen Finanzierungsbedarf in Höhe von rund 45 Milliarden Euro. Die Regierung ging davon aus, dass sich die einmaligen Auswirkungen der Stabilisierung des Bankensektors auf etwa 20 Prozent des Bruttoinlandsproduktes belaufen würden. Sie plante einen Schuldenschnitt bei nachrangigen Anleihen, insbesondere der Anglo Irish Bank, um den privaten Sektor an den Gesamtkosten zu beteiligen. Die Stresstests dieser Bank hatten ein Risiko von 3 Prozent ergeben, dass der Kapitalbedarf von 7,3 Milliarden Euro um weitere 5 Milliarden Euro steigen könnte – und dieses Risiko war zu hoch. Das Platzen der Immobilienblase wirkte sich nun verspätet auf die Bankbilanzen aus. Wir befürworteten zunächst den geplanten Haircut und waren sogar beeindruckt von der Kühnheit, mit der Dublin zur Tat schritt.

Die irische Regierung plante im Dezember 2010 einen Haushaltsentwurf für 2011/2012 mit Konsolidierungsmaßnahmen in Höhe von rund 2 Prozent des Bruttoinlandsproduktes oder 3 Milliarden Euro. Die Löhne und Gehälter im öffentlichen Dienst waren bereits um 5 bis 15 Prozent gekürzt worden, aber die Regierung wollte ihren äußerst wettbewerbsfähigen Körperschaftssteuersatz von 12,5 Prozent unter allen Umständen beibehalten. Tatsächlich war es einzig dieser Steuerwettbewerb, der Irland in Deutschland unbeliebt machte. Mit seinem aggressiv attraktiven Steuersystem hatte Dublin über vierhundert Unternehmen aus dem Banken- und Versicherungssektor der EU angelockt, von denen etwa vierzig aus Deutschland kamen.

Premierminister Brian Cowen hatte die Boomphase als Finanzminister orchestriert und wurde nunmehr weithin für die Anhäufung von Risiken in seinem Land verantwortlich gemacht. Seine Amtszeit sollte 2012 enden, aber die geplanten Konsolidierungsmaßnahmen würden sich bis 2014 hinziehen und waren innenpolitisch natürlich massiv unpopulär. Die einfachen Leute waren in Rage, dass die Banker und die Aufsichtsbehörden nicht für den Schlamassel, den sie angerichtet hatten, zur Verantwortung gezogen wurden. Unsere Botschaft in Dublin kabelte nach Berlin, dass die Regierung wahrscheinlich bald stürzen werde. Die geplanten Abschläge für die Inhaber nachrangiger Anleihen waren daher auch ein Mittel, um die Öffentlichkeit zu beruhigen und zu zeigen, dass die Anleger tatsächlich an der Last beteiligt wurden.

Strandspaziergang

Am 18. und 19. Oktober 2010 fand in Deauville in der Normandie ein deutsch-französisch-russisches Gipfeltreffen statt, während gleichzeitig die Ecofin-Minister in Brüssel zusammenkamen, unter anderem zur Abschlusssitzung der Van-Rompuy-Taskforce. Bei diesem Treffen mit den Russen wurden geopolitische Fragen erörtert und eine »strategische Vision eines gemeinsamen Raums, der auf den Werten der Demokratie und der Rechtsstaatlichkeit beruht und in dem freier Personen-, Waren-, Dienstleistungs- und Kapitalverkehr herrschen soll«, entwickelt.[2] Ein Sprachgebrauch zwischen Westeuropa und Russland, der keine zwölf Jahre später unvorstellbar schien.

Vor dem Dreiertreffen mit Russland trafen sich Bundeskanzlerin Merkel und Präsident Sarkozy zu bilateralen Gesprächen über Fragen der Eurozone. Dieser Austausch gipfelte in dem berühmten gemeinsamen Spaziergang der beiden am Strand von Deauville.

Dieser Vorgang überlagerte die parallel stattfindenden institutionellen Gespräche in der Van-Rompuy-Taskforce, im Ecofin-Rat und in der Eurogruppe und brachten so den gesamten Komplex um den SWP und die Zukunft der EFSF aus der Sackgasse. Die gesamte EU, insbesondere die Kommission, waren allerdings desavouiert – auch die Finanzministerien. Am Abend des 18. Oktober lasen wir wie alle anderen die Ergebnisse des Strandspaziergangs in den Tickermeldungen der Nachrichtenagenturen. Das war nicht die Gemeinschaftsmethode der europäischen Integration, und das war auch keine zwischenstaatliche Vorgehensweise. Im Gegenteil: Der Deal von Merkel und Sarkozy gab einen Geschmack von Großmachtpolitik im Stil des 19. Jahrhunderts und wurde von den Nichtbeteiligten als solche wahrgenommen.

Das Ergebnis des Treffens waren eine deutsch-französische Erklärung zur wirtschaftspolitischen Steuerung[3] und ein ausführliches Pressebriefing[4]. Die Erklärung besagte, dass die Sanktionen des SWP »automatischer« sein sollten – was natürlich nicht dasselbe ist wie »automatisch« und für mein Sprachverständnis eine grammatikalische Unmöglichkeit darstellte. Zwar bezeichnete man die Sanktionen im korrektiven Teil des SWP als automatisch – allerdings bedurften sie vertragsgemäß nach wie vor der Zustimmung im Rat mit qualifizierter Mehrheit. Dies war aber gerade nicht die Definition von »automatisch«. Frankreich und Deutschland hielten jedenfalls fest,

(...) dass eine Änderung der Verträge erforderlich ist und dass der Präsident des Europäischen Rates ersucht werden sollte, in engem Kontakt mit den Mitgliedern des Europäischen Rates konkrete Optionen vorzulegen, die die Schaffung eines soliden Rahmens für die Krisenbewältigung vor der Tagung des Europäischen Rates im März 2011 ermöglichen.

Die Änderung der Verträge sollte einen soliden Rechtsrahmen und, was besonders auffällig ist, die Aussetzung von Stimmrechten »im

Falle einer schwerwiegenden Verletzung der Grundprinzipien der WWU« schaffen – das heißt die von Deutschland geforderte politische Sanktion. Die Einigung über eine solche Vertragsänderung sah wie ein Durchbruch zu unseren Gunsten aus – wenn sich Frankreich nicht in Wahrheit darauf hätte verlassen können, dass andere Länder ihre einstimmige Unterstützung zuverlässig verweigern würden.

Daher erhielt die »Stabilitätskoalition« aus Deutschland, den Niederlanden und Skandinavien bei genauer Betrachtung einen sehr schlechten Deal von Merkel: Wir hatten unsere Ausweichoption in Form von tatsächlich automatischen SWP-Sanktionen praktisch fallengelassen. Diese hätte vorgesehen, dass die Kommission weitere Schritte im Rahmen des Defizitverfahrens einseitig einleitet und die Abstimmung im Rat umgekehrt wird, sodass eine qualifizierte Mehrheit erforderlich gewesen wäre, um das Defizitverfahren zu stoppen, statt es umzusetzen. Diese umgekehrte Mehrheit war unsere letzte Hoffnung gewesen. Sie schien in der Taskforce gut erreichbar zu sein und wurde auch von der Kommission favorisiert, die darin einen Zuwachs an eigener Macht sah und einen entsprechenden Gesetzesentwurf vorlegen wollte. Ich hätte zwar erwartet, dass auch diese umgekehrte Mehrheit eine Vertragsänderung erfordert hätte, aber die Kommission und unsere Rechtsexperten waren durchaus der Meinung, dies allein im Sekundärrecht regeln zu können. Und just diese umgekehrte Mehrheit war nun von Merkel in Deauville fallengelassen worden – das Einzige und Letzte an Governance-Reform, was wir substanziell vielleicht hätten erreichen können.

Im Gegenzug für den Verzicht auf die Forderung nach einer umgekehrten Mehrheit erhielten wir eine Art Regierungskonferenz mit der verschwindend geringen Möglichkeit einer Vertragsänderung im Gegenzug für die fast sichere Fortführung der EFSF. Angesichts der Tatsache, dass dieser 2013, einem Jahr der Bundestagswahl, auslaufen würde, hielt ich diesen Kurs nicht zuletzt innenpolitisch für ziemlich riskant: Wollte man sich kurz vor dem Wahltermin mit der Perpetuierung der europäischen Rettungspolitik befassen? Der

Deal war für unsere Position in der Tat so schlecht, dass ich naiv hoffte, Merkel hätte insgeheim im Gegenzug irgendetwas Wichtiges im Sinne des deutschen nationalen Interesses erhalten, das vielleicht nichts mit der WWU zu tun hatte. Ich wollte mir nicht vorstellen, dass es ihr womöglich schlichtweg gar nicht darum ging, das nationale Interesse Deutschlands zu vertreten.

Unsere offiziellen Kommentare zum Gipfel fielen freilich positiv aus. Der Parlamentarische Staatssekretär Steffen Kampeter freute sich über einen »großen Erfolg« und einen »guten Tag für die Stabilitätskultur in Europa«. Frankreich und Deutschland seien der Motor der europäischen Handlungsfähigkeit. Man sagte Kampeter damals nach, dass er sich als möglicher Nachfolger von Schäuble in Stellung bringen wollte.[5] Finanzstaatssekretär Jörg Asmussen erklärte: »Wir haben immer gesagt, dass die Sanktionen automatischer werden müssen. Jetzt werden sie quasi-automatisch.«[6] Asmussen zitierte damit bewusst oder unbewusst einen seiner Vorgänger, Jürgen Stark, den Chefunterhändler des SWP von 1995/1996, der den ursprünglichen Pakt ebenfalls für seine »quasi-automatischen Sanktionen« gelobt hatte.[7] Doch die Presse war recht gut informiert und damals durchaus regierungskritisch. Sie durchschaute den wahren Charakter des Deals und stellte die strategischen Zugeständnisse Deutschlands heraus: »Merkel gibt beim Euro-Stabilitätspakt nach. Unter dem Druck von Sarkozy lässt die Kanzlerin ihre Forderung nach einer automatischen Bestrafung von Defizitsündern fallen.«[8]

Was 1995 versäumt worden war, konnte jetzt nicht mehr nachgeholt werden, nachdem wir unser Faustpfand aus der Hand gegeben hatten. Wir hatten uns der Logik der fiskalischen Rettungsaktionen gebeugt und unsere Gegenforderungen viel zu zögerlich, zu unzusammenhängend und zu spät formuliert. Hätten wir vor der ersten griechischen Rettungsaktion strategische Forderungen gestellt, wäre die Situation eine andere gewesen, unabhängig davon, wie klug unsere Konzepte gewesen sein mochten. Jetzt aber war es zu spät – und unsere Verbündeten wie Finnland und die Niederlande, aber auch Nicht-Euroländer wie Schweden, waren entsetzt, mehr noch die EZB.[9] Sowohl bei den Gesprächen in Deauville als auch in der Van-Rompuy-Taskforce hatte sich gezeigt, dass Europa gespalten war zwischen denjenigen, die den SWP durch automatische Sanktionen stärken wollten, und denjenigen, die sich jeder Verschärfung widersetzten. Das erste Lager um Deutschland war viel kleiner und umfasste nur sehr wenige Länder. Ihre Ambitionen wurden in Deauville zunichte.

Finanzmarktkommentatoren sahen eine Logik am Werk, die unsere größte Befürchtung darstellte: Je schwächer der SWP, desto wichtiger würde ein permanenter Rettungsfonds.[10] Ich sah den Kern der deutsch-französischen Vereinbarung im Widerstand beider Länder gegen weitere Kompetenzen und Macht für die Kommission. Ohne Zweifel hätte ein gehärteter SWP die Macht Brüssels gegenüber den Mitgliedstaaten gestärkt. Stattdessen agierte in Deauville eine Art deutsch-französisches *Directoire*, eine benevolente Hegemonie der beiden Führungsmächte. Die politische Union Europas hingegen würde auf absehbare Zeit unerreichbar bleiben. Der SWP sollte lediglich geringfügig neu kalibriert werden.

Deutschland hätte theoretisch zwar noch versuchen können, Disziplin und Anreize zu guter Finanzpolitik durch den gewünschten Krisenbewältigungsmechanismus zu bewirken, obwohl es in dieser Frage weitgehend isoliert war. Um dieses Ziel zu erreichen, hätte es aber jede Verlängerung oder Verstetigung der EFSF blockieren müssen. Sobald diese einmal dauerhaft eingerichtet war – ironischerweise ebenfalls unter dem Etikett des Krisenmechanismus –, verfügte Deutschland endgültig über keinen Hebel mehr, eigene strategische Ziele zu erreichen. Worin ich Merkel allerdings recht gab, war der Umstand, dass eine Blockade der EFSF-Verstetigung in der jetzigen Lage kaum noch glaubhaft war. Dem Druck der Märkte, nicht zuletzt in Bezug auf Irland, hätten wir nicht lange standgehalten.

Gegenüber dem Bundestag waren sowohl das Ministerium als auch das Kanzleramt damit beschäftigt, abzuwiegeln und darauf hinzuweisen, dass es keine Widersprüche zwischen der Deauville-Erklärung und dem Bericht der Taskforce gab. 2013 standen wie erwähnt Bundestagswahlen an, da war jeder Katzenjammer fehl am Platz. Wie aber würden die Bevölkerung eine dauerhafte EFSF ohne die von Deutschland angestrebte institutionelle Untermauerung sehen? Würden die deutschen Wähler das Problem überhaupt verstehen? Oder würde die strategische Niederlage von Deauville im öffentlichen Bewusstsein rasch verblassen? Würden die Bürger das durchgehen lassen? Ja, sie würden, wie wir heute wissen – und sie würden noch weit mehr als das durchgehen lassen.

Wie erwartet, brachte der Gesamtkompromiss am Ende keinen wirklichen Automatismus für den SWP, da der Vertrag einen solchen auch nicht vorsah. Im Rahmen des Verfahrens bei einem übermäßigen Defizit galten die Schritte gemäß Artikel 104, Absatz 8, AEUV als die »harten« Verfahrensstufen, die letztlich am Ende einer langen Eskalationsleiter zu finanziellen Sanktionen führen können. Typischerweise wurde die Beschlussfassung in diesem Abschnitt des Vertrages mit den Worten »Der Rat *kann* beschließen ...«[11] definiert. Alles, was Deutschland an »Quasiautomatik« erreichte, war eine unverbindliche Selbstverpflichtung des Rates, sich in jedem konkreten Einzelfall tatsächlich auch für den nächsten Schritt des Defizitverfahrens zu entscheiden, im Sinne von: »Der Rat *wird* beschließen ...« Jeder aber, der sich ein wenig mit Europarecht auskennt, musste schnell erkennen, dass diese politische Selbstverpflichtung nicht rechtsverbindlich war. Sanktionen im Rahmen des SWP waren und blieben eine Frage des politischen Ermessens.

Ohnehin wuchsen grundsätzliche Zweifel an der Sinnhaftigkeit von Sanktionen: Schließlich hatten die aktuellen Probleme Irlands und, bereits am Horizont erkennbar, Spaniens nichts mit freiwilligen, leichtfertigen Überschreitungen der Referenzwerte für Schulden- und Defizitquoten durch diese Länder zu tun. Die SWP-Sanktionen waren völlig wirkungslos gegen eine Problemlage, wie sie in Irland und wenig später auch Spanien zutage trat. Dennoch hofften überzeugte SWP-Anhänger, das Primärrecht doch noch zugunsten strengerer Sanktionen ändern zu können: Nicht in Form einer vollwertigen Vertragsreform, die einen vorangehenden Konvent erfordert hätte, aber der bevorstehende EU-Beitritt Kroatiens könnte vielleicht genutzt werden, um den Vertrag schrittweise durch eine Regierungskonferenz zu ändern.

Dies erforderte weitere Untersuchungen und barg das Risiko, auf die Einwände anderer Mitgliedstaaten, insbesondere des Vereinigten Königreichs, zu stoßen. Großbritannien würde auch jeden Krisenbewältigungsmechanismus blockieren, der für die gesamte EU rechtsverbindlich wäre. Für Letzteres müsste man also entweder wieder auf eine zwischenstaatliche Lösung oder auf die im Vertrag vorgesehene und bisher noch nicht erprobte »verstärkte Zusammenarbeit« zurückgreifen. Mit Ausnahme von Deutschland, den Niederlanden und Finnland sprachen sich alle anderen Länder ohnehin eher für eine Fortführung der EFSF als für die Einführung eines anderen Mechanismus' aus.

Neben diesen institutionellen Fragen, über die in der Presse ausführlich berichtet wurde, wurde ein anderes Thema der Deauville-Gespräche noch nicht öffentlich diskutiert, schien aber noch weitaus interessanter zu sein: Sarkozy und Merkel hatten sich offenbar darauf verständigt, eine moderate Umstrukturierung der griechischen Staatsschulden unter dem politisch auffälligen Schlagwort »Beteiligung des Privatsektors« ins Auge zu fassen. So lautete die kryptische Formulierung in der deutsch-französischen Erklärung, die besagte, dass die Krisenbewältigung eine »angemessene Beteiligung privater Gläubiger« erfordere. Es sollte bis zum Sommer 2011 dauern, bevor eine solche Beteiligung des Privatsektors ernsthaft diskutiert wurde – aber die Ursprünge der letztlich dann doch vorgenommenen, ersten aber wahrlich nicht letzten Umstrukturierung der griechischen Schulden lagen in Deauville. Die Erklärung war jedoch so vorsichtig formuliert worden, dass man sie leicht überlesen konnte – um die Finanzmärkte nicht hellhörig zu machen.

In Berlin befürchteten wir, dass der Deauville-Kompromiss die Kommission und mehr noch die EZB entfremdet hatte. EZB-Präsident Jean-Claude Trichet war erkennbar verunsichert und hatte schon im Hinblick auf die Taskforce darum gebeten, eine Fußnote in den Abschlusstext aufzunehmen:»Der Präsident der EZB ist nicht mit allen Elementen dieses Berichts einverstanden.« Auch die Mitglieder der CDU- und CSU-Bundestagsfraktion waren mit dem Ergebnis unzufrieden.

Sie beklagten die unzureichende Verschärfung des Stabilitäts- und Wachstumspakts – ein Thema, das für Trichet von untergeordneter Bedeutung war, da er sich mehr Sorgen über eine mögliche Verschlechterung der Märkte aufgrund der Andeutungen über mögliche Haircuts und Umstrukturierungen machte.

Wir machten unseren Ansprechpartnern bei der EZB und den Abgeordneten gegenüber deutlich, dass wir die Initiative der Kommission zum SWP befürwortet hätten, dass Deutschland aber in der Frage des Automatismus isoliert gewesen sei. Die Dinge müssten schließlich weitergehen, und die deutsch-französische Einigung habe zumindest die Blockade überwunden und es uns ermöglicht, die Einrichtung eines ständigen Krisenbewältigungsmechanismus als nächsten Schritt ins Auge zu fassen. Und immerhin würden die Sanktionen wenigstens etwas angeschärft – wenn auch nicht automatisch. Wo immer nötig, spielten wir den angedeuteten Haircut herunter.

Nichts hilft besser, eine Niederlage zu akzeptieren, als das Ergebnis gegenüber Dritten zu verteidigen. Nachdem wir eine Zeit lang vor verschiedenen Auditorien die guten Aspekte der Vereinbarung hervorgehoben hatten, sahen wir Deauville tatsächlich viel positiver als zu Beginn. Die Wirkung der Autosuggestion ist in solchen Situationen erheblich. Der Schriftsteller Robert Musil nannte sie einmal die»normative Kraft des Faktischen«.

Beteiligung des Privatsektors

Der künftige Mechanismus zur Krisenbewältigung war nun die dringlichste Frage. Die Hauptakteure der europäischen Arena hatten immer noch keine gemeinsame analytische Grundlage – es gab nur, wie wir es nannten,»Bausteine«, die verstreut umherlagen. Deutschland war bereit, den neuen Mechanismus mit neuen Garantien, möglicherweise sogar mit Kapital auszustatten, wenn er eine Art Insolvenzregelung oder zumindest Bestimmungen über Haircuts für die Anleihen der betroffenen Länder enthielte. So wollten wir unser Insolvenzregime durch die Hintertür in die neue Architektur einbringen. Wir hielten die Beteiligung des Privatsektors für unerlässlich, um den Moral Hazard, der mit dem EFSF-System verbunden ist, zu verringern und die Belastung für die Steuerzahler zu reduzieren.

Als pragmatischen Weg griffen wir wieder einmal zurück auf einheitliche Collective Action Clauses in allen Anleihen des Euroraums. Mit diesen CACs könnten wir auf den schwerfälligen gesetzlichen Ansatz verzichten, der bereits in den IWF-Diskussionen über den SDRM gescheitert war. Sie waren, wie schon erwähnt, alles andere als eine radikale Neuerung – tatsächlich waren sie bereits in allen Anleihen enthalten, die nach New Yorker Recht begeben wurden, sowie in EU-Anleihen nach ausländischem Recht. Was aus unserer Sicht noch fehlte, war ein geordnetes und transparentes Verfahren für die Durchführung von Verhandlungen zwischen dem Schuldnerland und seinen privaten Gläubigern. Das übergeordnete Ziel des Mechanismus wäre in diesem Zusammenhang, die richtigen Anreize für eine solide Finanzpolitik zu setzen – angesichts des Scheiterns des Stabilitäts- und Wachstumspakts – und eine Staatsinsolvenz zu vermeiden.

Wir wollten diese Fragen zunächst mit Frankreich erörtern und dann versuchen, in den Niederlanden Unterstützung zu erwirken. Zu dritt würden wir dann bei der Kommission darauf drängen, einen Vorschlag im Sinne unserer Vereinbarungen zu machen. Nach Deauville wollten wir gemeinsam mit Frankreich Führungsstärke zeigen – sowohl Merkel als auch Schäuble bekräftigten dies öffentlich. Schäuble etwa verkündete, Frankreich und Deutschland seien die »Schrittmacher« in Europa.[12] Würde aber die EZB einen solchen Ansatz unterstützen? Die Kommunikation war für sie das Hauptproblem: Jeder Hinweis auf Haircuts oder sogar eine mögliche Insolvenz könnte die Marktstimmung leicht zum Entgleisen bringen und nach hinten losgehen – das war die Hauptsorge in Frankfurt. In jedem Fall war die griechische Rettungsaktion ein anderes Paar Schuhe und würde, so dachten wir zunächst, nicht unter eine künftige neue Regelung für Rettungsaktionen und Schuldenregulierung fallen. Es stand jedoch zu befürchten, dass wir angesichts des zunehmenden Drucks der Märkte in Sachen Irland und Spanien wahrscheinlich gezwungen sein würden, schnell einer Verlängerung der EFSF zuzustimmen – und höchstwahrscheinlich auch auf eine Umschuldungsprozedur auf der Basis allgemeinverbindlicher CACs zu verzichten. Immer kleiner und kleiner wurden die Forderungen, die wir noch zu stellen wagten – und auch damit konnten wir nicht mehr durchdringen.

Hinter den Kulissen zeichnete sich jedoch noch ein weiteres Problem für die EZB ab, dessen wir uns durchaus bewusst waren: Seit Beginn des SMP-Programms hatte die EZB in großem Umfang Staatsanleihen südeuropäischer Länder aufgekauft. Bis Ende Oktober 2010 beliefen sich diese auf nicht weniger als 63,5 Milliarden Euro, und wir gingen davon aus, dass es sich dabei größtenteils um Griechenland-Titel handelte. Daher konnte die EZB bei der Umstrukturierung der griechischen Schulden nicht neutral und objektiv sein – die Bank würde sich sonst ins eigene Knie schießen. Schlimmer noch, die EZB war erpressbar geworden. Wie sich später herausstellte, war die Bank, die die griechischen SMP-Schulden hielt, den Drohungen Athens ausgesetzt, einseitig Haircuts vorzunehmen. Solche Drohungen könnten die EZB später dazu veranlasst haben, trotz der sehr realen Aussicht auf einen Austritt

Griechenlands aus dem Euroraum eine weitere Notfinanzierung für dessen Geschäftsbanken zu genehmigen.[13] Diese beklagenswerte Situation sollte jedoch unseren gewünschten Umstrukturierungsmechanismus vorläufig nicht beeinträchtigen. Die Einführung von CACs war zukunftsorientiert und würde sich nicht auf den bestehenden Schuldenbestand beziehen, einschließlich der Schulden, die die EZB im Rahmen des SMP hielt. Wir fragten uns, ob sie sich über eine andere Folge der CACs Sorgen machen könnte: Würden sie den Wert von Staatsschulden als Sicherheiten für die Liquidität der Zentralbank verringern? Andererseits hatte die EZB bereits ihre Flexibilität und ihren Pragmatismus unter Beweis gestellt, wenn es darum ging, ihr Regularium für Sicherheiten an die aktuellen Bedürfnisse anzupassen. Alles in allem hielten wir den Widerstand der EZB gegen unseren Plan daher nicht für gerechtfertigt. Sie wehrte sich dennoch und argumentierte, dass der Mechanismus die Rechtsstaatlichkeit untergraben, das Vertrauen der Anleger zerstören, die Regulierung der Finanzmärkte lähmen und zur Spekulation einladen würde.[14] Schon angesichts der Aussicht auf ein irisches Rettungspaket machte die EZB unmissverständlich klar, dass in der Eurozone keinerlei Abschläge oder Haircuts in irgendeiner Form vorgenommen werden sollten – obwohl die Iren selbst dies aus guten innenpolitischen und ökonomischen Gründen ja vorhatten.

Auch die Kommission unterstützte unseren Vorschlag nicht und arbeitete an einem eigenen Ansatz. Sie wollte eine Vertragsänderung vermeiden und das Nachfolgesystem der EFSF auf der Grundlage von Artikel 352 einführen, den wir bisweilen als »Ermächtigungsklausel« bezeichneten. Die künftige Regelung sollte nicht mehr durch Konsensentscheidungen eingeschränkt sein und dem Empfängerland Kreditlinien sogar mit einem Abschlag gewähren. Brüssel wollte die EFSF, den EFSM und die Zahlungsbilanzfazilität zu einem riesigen Gemeinschaftsinstrument verschmelzen, das gegen eine vergrößerte Marge im EU-Haushalt am Markt Kredite aufnehmen und von den EU-Mitgliedstaaten garantiert werden sollte – eine Idee, gegen die wir uns kategorisch wehrten, die aber schließlich 2021 mit dem sogenannten NextGenerationEU-Fonds in Höhe von 750 Milliarden EU das Licht der Welt erblickte, der unter dem Vorwand der Covid-Pandemie eingerichtet wurde.[15] Die Kommission stand einer Beteiligung des Privatsektors ebenso ablehnend gegenüber wie die EZB. Außerdem sah Brüssel keine Notwendigkeit für eine zusätzliche Besicherung durch das Empfängerland – zum Beispiel durch nationale Vermögenswerte, wie es die Finnen forderten. Zu unserer Überraschung schien die Kommission immer noch an die Konditionalität zu glauben. Aber es waren ja auch nicht die eigenen Mittel, die in den Sand gesetzt wurden. Dies erinnerte mich an einen Witz, den ich zum ersten Mal über die europäische Politik in den westlichen Balkanländern gehört hatte: Ihr tut so, als würdet ihr reformieren, und wir tun so, als würden wir euch glauben. Doch auch Schäuble schien nach wie vor der Logik der Stabilisierungsprogramme zu vertrauen: »Vor der Entschlossenheit der griechischen Regierung habe ich großen Respekt. Vor ein paar Monaten hätte noch kaum jemand geglaubt, dass die Griechen ein solch drastisches Sparprogramm umsetzen können. Jetzt sind sie auf einem guten Weg.«[16]

Im Vergleich zu dieser Haltung hatte ich persönlich viel mehr Sympathie für den finnischen Vorschlag, EFSF-Anleihen durch den begünstigten Mitgliedstaat zu besichern. Helsinki argumentierte, dass Sicherheiten beispielsweise durch die Verbriefung von Krediten öffentlicher Banken oder staatlicher Vermögenswerte gebildet werden könnten. Tatsächlich sah Artikel 5 des EFSF-Rahmenvertrages bereits eine Bonitätsverbesserung unter Rückgriff auf staatliche Aktiva vor.[17] Doch diese Idee stieß in Brüssel, Frankfurt, Berlin und vor allem Paris auf taube Ohren – obwohl sie durchaus einer ernsthaften Erwägung wert gewesen wäre.

Zurück im Krisenmodus

Die Rendite zehnjähriger irischer Staatsanleihen betrug am 8. November 2010 zum ersten Mal über 8 Prozent, was einem Abstand von 563 Basispunkten zum Bund entsprach. Portugal lag mit 6,87 Prozent nicht viel niedriger. Andererseits versicherte uns die irische Regierung, dass es ihr gelungen sei, ihren Finanzierungsbedarf für 2010 zu decken, während Portugal 93 Prozent seines Bedarfs für dasselbe Jahr gedeckt hatte. Irland kündigte außerdem ein weiteres Sparpaket in Höhe von 15 Milliarden Euro an, um das gesamtstaatliche Defizit von 32 Prozent des Bruttoinlandsproduktes im Jahr 2010 bis 2014 wieder auf den Referenzwert von 3 Prozent zu senken. Wir waren jedoch der Meinung, dass Dublin angesichts solch drakonischer Maßnahmen allzu optimistische Annahmen über das Wirtschaftswachstum machte: Ohne die neuen Konsolidierungsanstrengungen rechnete der IWF mit einem Wachstum der irischen Wirtschaft von 2,3 Prozent im Jahr 2011 – während die Regierung mit 2,75 Prozent ein höheres Wachstum anstrebte, einschließlich der jüngsten Maßnahmen. Dies erschien uns als Wunschdenken, nicht zuletzt weil die angespannte Situation politisch ihren Tribut erforderte: Am 2. November trat ein Abgeordneter der Regierungspartei Fianna Fail zurück, und einen Tag später erzwang der High Court kurzfristig eine Nachwahl, welche die Regierungsmehrheit infrage stellte.

In dieser prekären Situation begann Italien, uns den Arm auf den Rücken zu drehen: Rom argumentierte – mit einigem Recht – dass unser Gerede über die Beteiligung des Privatsektors die Renditen im Süden in die Höhe trieb. Einige nannten dies bereits den »Merkel-Crash« auf den Anleihemärkten.[18] Zu allem Überfluss drohte Italien mit einer kaum verhüllten Drohung, dass es die EFSF-Hilfen für Irland blockieren würde, wenn eine Umschuldung auf dem Tisch bliebe – vor dem Hintergrund, dass mehrere Mitgliedstaaten und die Kommission begonnen hatten, sich für einen »Präventivschlag« der EFSF zugunsten von Irland und Portugal auszusprechen. Es gab außerdem Gerüchte, dass China strategisch irische und portugiesische Anleihen kaufe.

Darüber hinaus gab es ernsthafte Anzeichen dafür, dass das griechische Programm aus dem Ruder lief: Die monatlichen Einnahmedaten blieben weit hinter den Zielvorgaben zurück, und das Defizit schrumpfte nicht so schnell wie geplant. Das Verfehlen des Defizitziels würde Griechenland (und uns) vor die sehr unangenehme Wahl stellen, entweder zusätzliche und sogenannte Backloaded-Kürzungen vorzunehmen oder neue Hilfsgelder zu beantragen, die zu einem weiteren Programm aufgestockt würden – es sei denn, man sei bereit, die Frage der Umschuldung erneut zu erörtern. Da Griechenland auf absehbare Zeit faktisch von den Finanzmärkten ausgeschlossen war, sah das Problem zunehmend wie eine Endlosschleife aus.

Im November 2010 verschlechterte sich die Lage für Irland von Tag zu Tag. Am 12. November lag die Rendite für zehnjährige Staatsschulden bei fast 9 Prozent, und José Manuel Barroso, der damalige Kommissionspräsident und spätere Vorsitzende von Goldman Sachs International, versicherte auf dem G-20-Gipfel in Seoul, dass Irland notfalls gerettet werden würde. Der irische Finanzminister Lenihan bedankte sich für Barrosos Solidarität, versuchte aber, die Märkte davon zu überzeugen, dass Irland keine Rettungsaktion benötigen werde. Besonders betroffen von der Krise war der britische Finanzsektor mit einem geschätzten Engagement von rund 150 Milliarden US-Dollar bei irischen Banken – dicht gefolgt von den deutschen Banken mit einem Engagement von rund 138 Milliarden US-Dollar.

Nach ihrer Sitzung am 16. November 2010 gab die Eurogruppe Erklärungen zu Griechenland, Portugal und Irland ab und versuchte so, die Finanzmärkte durch deklaratorische Politik zu beruhigen:[19]

Wir begrüßen das starke Engagement der griechischen Regierung, im Haushalt 2011 die erforderlichen zusätzlichen Maßnahmen zu ergreifen, um das ehrgeizige Defizitziel von 17 Milliarden Euro im nächsten Jahr zu bestätigen. Die Regierung legt derzeit die Einzelheiten dieser zusätzlichen Maßnahmen im Haushalt 2011 und in der überarbeiteten Absichtserklärung fest. Wir betonen insbesondere die Notwendigkeit weiterer Ausgabenkürzungen sowie die Beschleunigung und Vertiefung der Strukturreformen, vor allem in den Bereichen Steuern, Arbeitsmärkte, Unternehmensumfeld, Gesundheitsversorgung und Effizienz der öffentlichen Verwaltung. Wir sind nach wie vor zuversichtlich, dass die erheblichen Fortschritte, die im Laufe dieses Jahres erzielt wurden, sich fortsetzen werden, sodass die Konsolidierung des griechischen Haushalts weiterhin planmäßig verlaufen kann.

Für Portugal enthielt die Erklärung ähnlich ermutigende Worte:[20]

Die Eurogruppe, die Europäische Kommission und die EZB begrüßen die jüngste Bestätigung der portugiesischen Regierung, dass sie sich verpflichtet hat, das öffentliche Defizit 2011 auf 4,6 Prozent des Bruttoinlandsproduktes zu senken, sowie den kürzlich veröffentlichten Haushaltsentwurf. Die konsequente Umsetzung dieses Defizitabbauplans wird die Stabilisierung der öffentlichen Schuldenquote wie geplant sicherstellen.

Besonders kritisch äußerten sie sich zu Irland:[21]

Wir haben volles Vertrauen, dass die Vierjahresstrategie, die Ende des Monats bekannt gegeben werden soll, gründlich und detailliert sein wird und den Zieltermin 2014 für die Korrektur des übermäßigen Defizits fest verankern wird. Diese Strategie wird auch sicherstellen, dass die öffentliche Schuldenquote auf einen festen Abwärtspfad gebracht wird. (...)
Die Marktbedingungen haben sich jedoch nicht normalisiert, und der Druck bleibt bestehen, was Anlass zu der Sorge gibt, dass weitere Reformen und Stabilisierungsmaßnahmen erforderlich sein könnten. Wir begrüßen die Entschlossenheit der irischen Regierung, eine kurze und gezielte Konsultation mit der Kommission, der EZB und dem IWF einzuleiten, um zu ermitteln, wie die notwendige Unterstützung

zur Bewältigung der Marktrisiken, insbesondere im Hinblick auf den Bankensektor, im Rahmen des vierjährigen Haushaltsplans und des kommenden Haushalts am besten geleistet werden kann. Wir bekräftigen, dass wir entschlossene und koordinierte Maßnahmen ergreifen werden, um die Finanzstabilität des Euro-Währungsgebiets zu sichern, falls dies erforderlich ist, und dass wir über die dafür erforderlichen Mittel verfügen.

Wenn man zwischen den Zeilen der Erklärung der Eurogruppe zu Irland las, konnte man nicht daran zweifeln, dass der nächste Rettungsfall immer näher rückte. Deutschland argumentierte weiterhin, dass eine solche Unterstützung nach unserem nationalen Garantiegesetz für die EFSF die Ultima Ratio sei. Aber die Maßnahme zur Ultima Ratio zu erklären, war eine reine Formalität: Sobald eine politische Einigung erzielt war, würde diese Formalität durch einen Konsensbeschluss der Mitgliedstaaten des Euro-Währungsgebiets erfüllt, in dem schlichtweg deklariert wurde, dass die Notfallmaßnahmen zur Sicherung der Solvenz des betreffenden Landes und der Finanzstabilität der Währungsunion insgesamt erforderlich seien.

Die Eurogruppe müsste dem von der Troika aus IWF, Kommission und EZB ausgearbeiteten Anpassungsprogramm für Irland zustimmen. Inzwischen wollten weder die dortige Regierung noch irgendein anderer Akteur den Inhabern bestehender Anleihen einen Schuldenschnitt aufzwingen. Dieser Sinneswandel sorgte für eine kurzzeitige Erleichterung auf dem irischen Anleihemarkt, der durch die Anleihekäufe der EZB im Rahmen des SMP weiter gestützt wurde: Die EZB kaufte in der ersten Novemberwoche 2010 Anleihen im Wert von 700 Millionen Euro und in der zweiten Woche weitere 1,07 Milliarden Euro, die meisten aus Irland. Die Rendite zehnjähriger irischer Anleihen sank vorübergehend in Richtung 8 Prozent. Das Gesamtvolumen des SMP stieg zu diesem Zeitpunkt auf 65 Milliarden Euro, wovon etwa die Hälfte auf Griechenland entfiel.[22]

Als die Minister am 16. und 17. November 2010 zusammenkamen, bemühte sich Deutschland nach Kräften, den Schaden zu begrenzen, der durch frühere Gespräche über die Beteiligung des Privatsektors entstanden war. Wir räumten ein, dass nur der künftige Mechanismus zur Krisenbewältigung auf eine Umschuldung zurückgreifen werde und dass dies in keinem Fall auf die aktuelle Situation zutreffen solle. Wir versprachen, dass wir eine Beteiligung des Privatsektors an den aktuellen Problemen Griechenlands, Irlands und Portugals ausdrücklich ausschlössen, und entzogen damit endgültig den ursprünglichen irischen Bemühungen, die Anleihegläubiger zur Kasse zu bitten, den Boden.

Ungleichgewichte

Auf derselben Sitzung der Eurogruppe wurde auch über die makroökonomischen Ungleichgewichte in der Eurozone diskutiert. Die Debatte richtete sich derzeit konkret an Deutschland und Italien, und zwar gemäß einer rotierenden Reihenfolge. Diese sogenannte Peer-Review wurde von den Ministern im Frühjahr 2010 vereinbart und im Vorgriff auf das formelle Verfahren für Ungleichgewichte abgehalten, das in Zukunft eingeführt werden sollte. Es wurde beschlossen, immer Paare von Ländern zu diskutieren, und zwar eines mit einem Leistungsbilanzüberschuss und eines mit einem Defizit. In diesem Fall kommentierte Frankreich Deutschland als Überschussland, und Österreich kommentierte Italien als Defizitland. Doch bevor das kommentierende Land zu Wort kam, gab es offizielle Einführungen durch den Vorsitzenden der Arbeitsgruppe der Eurogruppe (Eurogroup Working Group, EWG, also die Finanzstaatssekretäre), durch den Wirtschaftspolitischen Ausschuss der EU (WPA), durch die Kommission und durch die EZB. Schließlich erhielt das zu bewertende Land die Möglichkeit zu antworten.

Deutschland galt als eine der wettbewerbsfähigsten Volkswirtschaften des Euroraums, litt aber unter einer schwachen Binnennachfrage. Offensichtlich hingen beide Probleme zusammen, denn Deutschland hatte seine Wettbewerbsfähigkeit nicht erreicht, ohne das Reallohnwachstum zu unterdrücken, hohe Ersparnisse anzuhäufen und sein exportorientiertes Wachstumsmodell zu perfektionieren. Es war offensichtlich, dass die deutsche Leistungsbilanz die eine Seite der Medaille darstellte, was die Ungleichgewichte im Euroraum betraf. Die andere Seite der Medaille waren Länder mit Leistungsbilanzdefiziten wie Italien.

Soweit ich das beurteilen konnte, wurde in der Debatte der Zusammenhang zwischen den Leistungsbilanzungleichgewichten und der Staatsschuldenkrise, die wir nun schon seit mehr als einem halben Jahr erlebten, nicht aufgegriffen. Viele Ökonomen argumentierten, dass die Haushaltsdefizite in einer Währungsunion und damit unter festen Wechselkursen von den Ländern verursacht wurden, die damit zumindest teilweise ihr Leistungsbilanzdefizit finanzierten. In Analogie dazu war die fiskalische Sparsamkeit ihr Weg, das Leistungsbilanzdefizit zu reduzieren. Damit diese Politik funktionierte, hätte Deutschland aber viel stärker expandieren müssen. Dies stand jedoch im Widerspruch zu unserer politischen Strategie, der schwarzen Null. Die Dinge passten einfach nicht zusammen.

So einfach es auch war, Haushalts- und Leistungsbilanzsalden in den Identitäten der öffentlichen Rechnungslegung miteinander zu verbinden – es war nahezu unmöglich, diese Themen politisch im Zusammenhang zu diskutieren. Meinem Eindruck nach fanden die Debatten über Haushaltsdefizite zwar von denselben Personen und im selben Raum am selben Tag statt – aber geistig und institutionell getrennt von der Debatte über makroökonomische Ungleichgewichte. Ich hatte den Eindruck, dass dies einer der schwerwiegenden Mängel der wirtschaftspolitischen Koordinierung im Euroraum war – und, was noch schlimmer war, einer, der durch keine der laufenden Reformmaßnahmen behoben würde.

Die Berichte der Eurogruppe, die die offiziellen politischen Empfehlungen an Italien und Deutschland im Rahmen des Ungleichgewichtsverfahrens enthielten, unterschieden sich von den Bewertungen Frankreichs und Österreichs und waren unter der Aufsicht der Finanzstaatssekretäre in der EWG deutlich gestrafft worden. Folglich betonten sie sowohl für Italien als auch für Deutschland eine rigorose Haushaltskonsolidierung neben Strukturreformmaßnahmen zur Steigerung der Wettbewerbsfähigkeit, etwa die Liberalisierung von Dienstleistungen, die Verbesserung des Bildungswesens oder die Förderung von Forschung und Entwicklung.

Während die Empfehlungen von der deutschen Delegation begrüßt wurden – der Bericht bestätigte und rechtfertigte die finanzpolitische Strategie der Regierung – argumentierte die italienische Delegation, dass die hohe Schuldenquote an dem vergleichsweise großen Nettovermögen der privaten Haushalte in Italien gemessen werden (das in der Tat zu den höchsten in der EU gehörte) und daher nicht zu finanzpolitischen Sparmaßnahmen führen solle. Das neue Verfahren zur Erörterung der makroökonomischen Ungleichgewichte im Euroraum war also nichts anderes als eine Wiederholung des bekannten Austauschs unterschiedlicher Weltanschauungen über die Finanzpolitik.

Die nächste Rettungsaktion

Viel wichtiger waren zu diesem Zeitpunkt jedoch Irland und die allgemeine Unsicherheit, die nach der Sitzung der Eurogruppe anhielt. Die Teilnehmer hatten Mühe, die Öffentlichkeit davon zu überzeugen, dass ein Bail-out weder beantragt noch konkret vorgeschlagen worden sei. Es gab anderslautende Gerüchte, dass die irische Regierung die Möglichkeiten einer direkten Bankenrekapitalisierung durch die EFSF ausloten wollte.[23] Dies schien plausibel, wenn man bedenkt, dass allein die verstaatlichte Anglo Irish Bank fast 30 Milliarden Euro an Staatskapital verschlungen hatte – eine Summe, die fast 20 Prozent des irischen Bruttoinlandsproduktes entsprach. Direkte Kapitalspritzen durch die EFSF waren jedoch nicht möglich, da die EFSF-Statuten nur Rettungskredite an Staaten vorsahen. Der irische Staat hätte also das europäische Geld nehmen und es seinerseits in Bankkapital umwandeln müssen. Dies war der erste Fall, in dem ich von einer »Todesspirale« zwischen Staaten und Banken hörte. Auf jeden Fall trafen am Donnerstag, dem 18. November 2010, Mitarbeiter der Troika aus IWF, Kommission und EZB in Dublin ein mit der Aufgabe, die Lage zu bewerten und ein mögliches Programm auszuarbeiten. Über ihre Ankunft wurde viel berichtet, und das ließ die Gemüter einmal mehr über die schnell wachsende Unvermeidlichkeit des bevorstehenden Bailouts konvergieren.

Am selben Tag kam es inmitten erhöhter Spannungen und Kämpfe hinter den Kulissen zu einer Kehrtwende in der Kommunikation der irischen Regierung. Zum ersten Mal gab Dublin offiziell zu, dass es zur Überwindung der Krise die Hilfe seiner europäischen Partner benötigen werde. Es oblag dem Gouverneur der irischen Zentralbank Patrick Honohan zu erklären, dass die Regierung um Hilfe bitten werde: »Ich gehe davon aus, dass das passieren wird, ja ... absolut. Es wird ein großes Darlehen sein, denn der Zweck des Betrages, der vorgestreckt oder zur Verfügung gestellt werden soll, ist es, zu zeigen, dass Irland über genügend Feuerkraft verfügt, um mit allen Bedenken des Marktes fertig zu werden.«[24]

In der Folge räumte der irische Finanzminister Brian Lenihan im Parlament die Möglichkeit eines Rettungspaketes ein, versuchte aber zu argumentieren, dass es eine Ausweichoption bleiben könne und nicht unbedingt aktiviert werden müsse. Es stellte sich jedoch zugleich heraus, dass die Konditionen des europäischen Notkredits mit rund 5 Prozent im Vergleich zu den Marktzinsen für irische Schuldtitel, die wieder auf rund 9 Prozent anstiegen, attraktiv erschienen. Am Sonntag bestätigte Lenihan, dass er dem Kabinett empfehlen werde, offiziell die EU-Hilfe zu beantragen. Fast zeitgleich gaben die Finanzminister der Eurogruppe und des Ecofin-Rates eine Erklärung ab, die kurz zuvor in einer Telefonkonferenz vereinbart worden war:[25]

Die Minister begrüßen das Ersuchen der irischen Regierung um finanzielle Unterstützung durch die Europäische Union und die Mitgliedstaaten des Euroraums. Die Minister stimmen mit der Kommission und der EZB darin überein, dass die Bereitstellung von Hilfe für Irland gerechtfertigt ist, um die Finanzstabilität in der EU und im Euro-Währungsgebiet zu gewährleisten.

Im Rahmen eines gemeinsamen Programms von EU und IWF sollte das Finanzhilfepaket für den irischen Staat aus dem Europäischen Finanzstabilisierungsmechanismus (EFSM) und der Europäischen Finanzstabilisierungsfazilität (EFSF) finanziert werden, möglicherweise ergänzt durch bilaterale Darlehen, die von den EU-Mitgliedstaaten auszuhandeln sind. Das Vereinigte Königreich und Schweden haben heute bereits signalisiert, dass sie bereit sind, ein bilaterales Darlehen in Betracht zu ziehen. (...)

Das Programm wird die finanzpolitischen Herausforderungen der irischen Wirtschaft entschlossen angehen. Es wird auf den Haushaltsanpassungen und Strukturreformen aufbauen, die die irische Regierung nächste Woche in ihrer Vierjahres-Haushaltsstrategie vorlegen wird. Diese Strategie wird die Einzelheiten der Verpflichtung der Regierung zur Haushaltskonsolidierung in Höhe von 6 Milliarden Euro im Jahr 2011 als Teil einer Strategie enthalten, die bis 2014 zu einem Defizit von 3 Prozent des Bruttoinlandsproduktes führen soll, was eine Gesamtkonsolidierung von 15 Milliarden Euro im Rahmen der Vierjahresstrategie bedeutet, die eine jährliche Überprüfung beinhaltet. (...)

Das Programm wird auch einen Fonds für den potenziellen künftigen Kapitalbedarf des Bankensektors umfassen. Aufbauend auf den Maßnahmen, die Irland bereits zur Bewältigung des Stresses in seinem Bankensektor ergriffen hat, wird ein umfassendes Spektrum von Maßnahmen – einschließlich des Abbaus von Fremdkapital und der Umstrukturierung des Bankensektors – dazu beitragen, dass das Bankensystem seine Rolle für das Funktionieren der Wirtschaft erfüllt. (...)

Es fühlte sich ein wenig wie ein Déjà-vu an, als ich später an diesem Tag die Kopie eines Schreibens von Lenihan an Jean-Claude

Juncker, Präsident der Eurogruppe, und Didier Reynders, EU-Ratspräsidentschaft, vom 21. November 2010 erhielt und dem Minister vorlegte. Das Schreiben lautete wie folgt:[26]

> *Sehr geehrte Damen und Herren,*
> *im Namen der irischen Behörden beantrage ich hiermit förmlich finanzielle Unterstützung im Rahmen eines gemeinsamen EU-IWF-Programms. Die beantragte Außenhilfe wird im Rahmen des Europäischen Finanzstabilisierungsmechanismus, der Europäischen Finanzstabilisierungsfazilität und des IWF-Hilfsprogramms gewährt. Ich begrüße die Erklärung der Eurogruppe und der ECOFIN-Minister, die mit der EU-Kommission und der EZB darin übereinstimmen, dass die Unterstützung Irlands gerechtfertigt ist, um die Finanzstabilität in der EU und im Euroraum zu gewährleisten.*
> *Die irischen Behörden werden bei der Ausarbeitung des gemeinsamen Hilfsprogramms der EU und des IWF für den irischen Staat, das nun entwickelt werden muss, uneingeschränkt zusammenarbeiten.*
> *Mit freundlichen Grüßen*
> *Brian Lenihan, Finanzminister*

Diese Vorgänge schienen mittlerweile fast schon Teil eines Rituals zu sein. Zu diesem Ritual gehörte auch eine fast schon sprichwörtliche Aussage: »Scheitert der Euro, scheitert Europa.« Dieser ursprünglich von der deutschen Bundeskanzlerin Angela Merkel geprägte Spruch wurde in diesem Fall von Ratspräsident Herman Van Rompuy vorgetragen, kurz bevor Lenihan seinen Brief abschickte.[27]

Eine Besonderheit des irischen Falles war das ausgeprägte Engagement britischer Banken, neben deutschen und anderen europäischen Finanzhäusern. Die BIZ schätzt das Engagement britischer Banken in irischen Staats- und Privatschulden auf 149 Milliarden US-Dollar, verglichen mit 139 Milliarden bei deutschen, 54 Milliarden bei belgischen und 50 Milliarden bei französischen Banken.[28]

Dies warf die Frage auf, warum nur der Steuerzahler des Euroraums einspringen sollte, um die City jenseits des Ärmelkanals vor Abschreibungen zu retten. In der Tat hatte die Treasury Ihrer Majestät bereits zuvor ihre Bereitschaft signalisiert, sich an der bevorstehenden Rettungsaktion für Irland zu beteiligen. Ein Beamter wurde wie folgt zitiert:»Das ist nicht Griechenland – wir sind enge Handelspartner.«[29] Premierminister David Cameron hatte jedoch zunächst einen bilateralen Kredit ausgeschlossen, da dies das britische Defizit in die Höhe treiben würde. Eine offensichtliche Lösung für die Einbeziehung des Vereinigten Königreichs in die Rettungsaktion für Irland war der von der Kommission eingerichtete Europäische Finanzstabilisierungsmechanismus (EFSM) anstelle der EFSF, die ja nur Mitglieder des Euroraums umfasste. Der EFSM wurde im Mai 2010 mit einem weitaus geringeren Budget und einem viel weniger ehrgeizigen Aufgabenbereich als ursprünglich von der Kommission vorgeschlagen eingerichtet.[30] Ungeachtet dessen würde der EFSM, da er aus dem EU-Haushalt finanziert wurde, Großbritannien (bis zum Brexit) automatisch einbeziehen – allerdings nur für den vom EFSM finanzierten Teil des Gesamtpaketes. Ein zusätzliches bilaterales Darlehen wäre erforderlich, um das Vereinigte Königreich auch in Bezug auf das EFSF-Darlehen an sein relatives Gewicht heranzuführen. Später beteiligten sich außerdem Schweden und Dänemark an solchen bilateralen Darlehen von Mitgliedstaaten außerhalb des Euroraums an Irland.

Vor diesen Ereignissen geriet die irische Regierung dann doch unter erheblichen Druck, ihren aggressiv niedrigen Körperschaftssteuersatz zu erhöhen. Im konkreten Fall hatten Frankreich und Deutschland diese Forderung jedoch kurzzeitig fallengelassen, um der irischen Regierung über die Klippe zu helfen. Lenihan bedankte sich ausdrücklich bei ihnen. Außerdem hatte Irland, anders als Griechenland, in der Vergangenheit eine gute Erfolgsbilanz bei letztlich sogar expansiven Haushaltskonsolidierungen.[31] Daher sollte es im Rahmen der Konditionalität seines Programms mehr Spielraum erhalten.

Einer überraschten deutschen Öffentlichkeit erklärte Finanzminister Wolfgang Schäuble am 21. November, warum es nun doch eine gute Idee sei, Irland, das nach Griechenland an die Reihe kam, zu retten. In einem Fernsehinterview nach den Abendnachrichten erläuterte Schäuble:»Hier geht es um die Stabilität unserer gemeinsamen Währung. (...) Wenn wir die richtige Lösung für die irischen Probleme finden, dann stehen die Chancen gut, dass es keine weitere Ansteckung geben wird.« Weiter sagte er:»Wir brauchen in Zukunft eine bessere Lösung, damit sich so etwas nicht wiederholt.« Es könne nicht angehen, dass»einige hohe Zinsen kassieren und am Ende der Steuerzahler das Risiko trägt«.[32]

Von Berlin aus gesehen, war es mehrere Tage nach der Ankündigung immer noch nicht klar, warum gerade die irische Rettungsaktion so unausweichlich geworden war. Die eifrigsten Befürworter waren offenbar Portugal und Spanien, die Ansteckungseffekte befürchteten. Aber sie allein hätten kaum die Stimmung der Schwergewichte der Eurogruppe, vor allem Frankreichs und Deutschlands, umkehren können – und auch nicht die der irischen Regierung selbst. Letztere hätte sich vielleicht von der oben erwähnten Zinsdifferenz zwischen dem Rettungspaket und der künftigen Marktfinanzierung überzeugen lassen, doch das war alles andere als offensichtlich.

Den meisten Beobachtern zufolge war EZB-Präsident Jean-Claude Trichet die treibende Kraft hinter der Entscheidung. Wir spekulierten, dass die EZB einen massiven Anstieg der irischen Staatsverschuldung in ihrer eigenen Bilanz vermeiden wollte, der den Griechenlands übertraf und nur aufgrund von Kapitaldefiziten im irischen Bankensektor entstanden war. Auch die prinzipielle Ablehnung einer Beteiligung des Privatsektors oder eines Haircuts trug die Handschrift der EZB. Dennoch war es zumindest für einige meiner Kollegen und mich überraschend zu sehen, dass Alternativen überhaupt nicht mehr in Betracht gezogen wurden. Hatte irgendjemand darüber nachgedacht, einige der irischen Banken zu schließen und zu liquidieren – oder galten sie allesamt automatisch als systemrelevant?

Besonders beunruhigend war, dass die irische Episode bewies, wie wenig Griechenland jene Ausnahme darstellte, als die sie ursprüng-

lich bezeichnet worden war. Es konnte somit weitere Fälle geben –
sogar solche mit ausgezeichneter Erfolgsbilanz in der Finanzpolitik,
mit einer äußerst wettbewerbsfähigen Wirtschaft und ohne eine
Vorgeschichte von statistischen Tricksereien. Mit Irland war der
Musterschüler der Eurogruppe gefallen, und das war eine veritable
Hiobsbotschaft. Sie könnte die EFSF zu klein erscheinen lassen und
nur den Auftakt für einen viel größeren Hilfsbedarf darstellen.

In einer anderen Hinsicht ähnelte die irische Episode wiederum
der griechischen: Das Ersuchen um internationale Hilfe brachte die
Regierung unmittelbar zu Fall. Nur einen Tag nach dem Hilfsersu-
chen kündigte Premierminister Brian Cowen an, dass das Parlament nach der Verabschiedung des Sparhaushalts aufgelöst werde,
allgemeine Wahlen sollten im Frühjahr 2011 folgen. Cowens Sturz
wurde dadurch herbeigeführt, dass die Grünen, sein kleinerer Koalitionspartner, ankündigten, die Regierung zu verlassen. Selbst prominente Mitglieder von Cowens eigener Partei, Fianna Fail, hatten
den Rücktritt der Regierung gefordert.

Auch in Deutschland waren die Reaktionen auf die jüngsten
Nachrichten von der europäischen Rettungsfront alles andere als
erfreulich. Abgeordnete und gewichtige Stimmen in der Öffentlichkeit stellten berechtigte Fragen: Warum sollte der deutsche
Steuerzahler ein Land stützen, das ein höheres Pro-Kopf-Einkom-
men hatte als Deutschland selbst? Die Regierung bemühte sich zu
vermitteln, dass die Rettungsaktion im Interesse der finanziellen
Stabilität des Euroraums stehe, da ein irischer Zahlungsausfall zu
einer unkontrollierten Ansteckung führen werde, sowohl über andere Mitgliedstaaten als auch über den Bankensektor. Kritiker wiesen jedoch darauf hin, dass die Rettungsaktion es den Banken, die
enorme Gewinne gemacht hatten, ermöglichte, ihre Verluste auf
den Steuerzahler abzuwälzen. Die Regierung argumentierte, dass
der irische Staat von den Rettungsdarlehen profitieren werde, nicht
die Banken direkt. Aber warum hatte Irland überhaupt um Hilfe
gebeten, nachdem es sich in den Wochen zuvor noch hartnäckig
geweigert hatte, sie anzunehmen? Um die Ansteckung einzudäm-

men und sich die Glaubwürdigkeit eines ordentlichen Anpassungsprogramms zu sichern. Und warum gab es keine Abschläge für die Anleihegläubiger, wo doch gerade Deutschland dies als den richtigen Weg vorgeschlagen hatte? Die derzeitige Marktlage würde dies nicht zulassen. War dies nicht der Beginn der gefürchteten Transferunion? Nein, dies sei eine einmalige Maßnahme, die genau dazu diente, weitere Fälle zu verhindern – und in Zukunft werde es einen permanenten Mechanismus zur Krisenbewältigung geben. Subventionierten wir nicht den irischen Steuerwettbewerb und damit den Wettlauf nach unten bei der Unternehmensbesteuerung? Ja, aber warteten wir den Vorschlag der Troika für das irische Programm ab, schließlich gehe es um die Wettbewerbsfähigkeit.

Beide Seiten in dieser Debatte hatten recht. Es ging nicht um das bessere Argument, es ging um die Wahrnehmung von Notwendigkeiten durch die Entscheidungsträger. Alle Anstrengungen waren nun auf die Festlegung des irischen Programms gerichtet. Die Regierung schlug einen auf vier Jahre angelegten Sparplan vor, der eine Senkung des Mindestlohns, Kürzungen bei der Sozialhilfe und bei den Gehältern im öffentlichen Dienst sowie weniger Ausnahmen von der Einkommensteuer vorsah. Die Staatsausgaben sollten durch Kürzungen in den Bereichen Gesundheit, Bildung, Landwirtschaft, Justiz und Verteidigung um 10 Milliarden Euro gesenkt werden. Die Steuern sollten zwischen 2011 und 2014 um 5 Milliarden Euro angehoben werden, obwohl für den wettbewerbsfähigen Körperschaftssteuersatz von 12,5 Prozent keine Erhöhung vorgesehen war. Dagegen sollte die Mehrwertsteuer von 21 auf 23 Prozent steigen. Rund 6 Milliarden Euro, das waren 40 Prozent der Gesamtanpassung, sollten im Jahr 2011 vorgezogen werden. Das Konsolidierungspaket in Höhe von 15 Milliarden Euro entsprach 4 Prozent des Bruttoinlandsprodukts und kam zu den bereits beschlossenen fünf Sparpaketen in den vorangegangenen zweieinhalb Jahren hinzu, die sich insgesamt auf 15 Milliarden Euro beliefen. Die von den internationalen Partnern beantragten Hilfskredite sollten sich laut Dublin auf 85 Milliarden Euro belaufen.

Am 28. November 2010 wurde eine Einigung über das Programm erzielt, und die Eurogruppe erklärte:[33]

Die Minister haben heute einstimmig beschlossen, dem Ersuchen der irischen Behörden vom 22. November 2010 nachzukommen und Finanzhilfe zu gewähren. Die Minister stimmen mit der Kommission und der EZB darin überein, dass die Gewährung eines Darlehens an Irland gerechtfertigt ist, um die Finanzstabilität im Euroraum und in der EU insgesamt zu gewährleisten. Die finanzielle Unterstützung des Euroraums und der EU wird auf der Grundlage eines Programms gewährt, das von der Kommission und dem IWF in Zusammenarbeit mit der EZB und den irischen Behörden ausgehandelt wurde. Die Minister begrüßen die Einigung auf Stabsebene über ein dreijähriges gemeinsames EU-/IWF-Finanzhilfeprogramm für Irland. Die irische Regierung hat das Programm am 28. November gebilligt.
Die Minister haben die heute angekündigten Maßnahmen einstimmig gebilligt. Das Programm stützt sich auf die soliden Fundamente der irischen Wirtschaft und ruht auf drei Säulen:
– eine sofortige Stärkung und umfassende Überarbeitung des Bankensystems
– eine ehrgeizige Haushaltsanpassung zur Wiederherstellung der Tragfähigkeit der öffentlichen Finanzen, unter anderem durch die Korrektur des übermäßigen Defizits bis 2015
– wachstumsfördernde Reformen, insbesondere auf dem Arbeitsmarkt, um die Rückkehr zu einem robusten und nachhaltigen Wachstum zu ermöglichen und die wirtschaftliche und soziale Stellung der Bürger zu sichern.
Das Finanzpaket des Programms deckt einen Finanzierungsbedarf von bis zu 85 Milliarden Euro, davon 10 Milliarden Euro für unmittelbare Rekapitalisierungsmaßnahmen, 25 Milliarden Euro für die Unterstützung des Bankensystems und 50 Milliarden Euro zur Deckung des Haushaltsfinanzierungsbedarfs. Die Hälfte der Unterstützungsmaßnahmen für den Bankensektor (17½ Milliarden Euro) wird durch einen irischen Beitrag aus dem Liquiditätspuffer des

Schatzamtes und aus Investitionen des Nationalen Rentenreserve-
fonds finanziert. Der Rest des Gesamtpaketes soll zu gleichen Teilen
von i) dem Europäischen Finanzstabilisierungsmechanismus
(EFSM), ii) der Europäischen Finanzstabilisierungsfazilität (EFSF)
zusammen mit bilateralen Darlehen des Vereinigten Königreichs, Dä-
nemarks und Schwedens und iii) dem IWF (jeweils 22½ Milliarden
Euro) getragen werden.

Wie üblich wurden im IWF-Stabsbericht, der am 4. Dezember 2010
fertiggestellt wurde, umfassende Informationen über das irische
Programm zusammengestellt.[34] Ebenfalls wie üblich wurde die verbindliche Liste der Maßnahmen, Reformen und Fristen im Memorandum of Understanding zusammengestellt, das am 7. Dezember
2010 veröffentlicht wurde.[35]

Weitgehend unbemerkt von der Öffentlichkeit und im Schatten
des Irland-Verfahrens hatte Bundeskanzlerin Merkel im direkten
Austausch mit dem französischen Staatspräsidenten Sarkozy, dem
Präsidenten der Eurogruppe Juncker und dem Ratspräsidenten
Van Rompuy die deutschen Forderungen nach einer Beteiligung
des Privatsektors und Umschuldungsregelungen im künftigen
Krisenbewältigungsmechanismus weitgehend fallengelassen. Sie
räumte ein, dass solche Maßnahmen nicht automatisch oder stan-
dardmäßig ergriffen werden könnten, sondern nur von Fall zu Fall
und nach spezifischen Verhandlungen, die Marktüberlegungen berücksichtigen müssten.[36] Zu diesem Zweck gabt die Eurogruppe
am 28. November 2010 eine Erklärung über den künftigen Krisenbewältigungsmechanismus ab, der ab sofort als Europäischer Stabilitätsmechanismus (ESM) bezeichnet wurde:[37]

Die Regeln werden angepasst, um eine fallweise Beteiligung privater
Gläubiger vorzusehen, die mit der Politik des IWF voll im Einklang
steht. (...) Für den unerwarteten Fall, dass ein Land zahlungsunfähig
zu werden droht, muss der Mitgliedstaat im Einklang mit der IWF-
Praxis einen umfassenden Umstrukturierungsplan mit seinen priva-

ten Gläubigern aushandeln, um die Schuldentragfähigkeit wiederher-
zustellen.

Ebenso wenig beachtet wurde die Entscheidung der Eurogruppe, die Rückzahlungsfrist für die griechischen Kredite von drei auf siebeneinhalb Jahre zu verlängern und sie für Griechenland damit auf das gleiche Niveau wie für Irland zu bringen. Vergleichsweise mehr Beachtung in der deutschen Öffentlichkeit fand die Tatsache, dass die deutsche Staatsgarantie für die EFSF nun effektiv die ersten 10,1 Milliarden Euro abdecken würde, um die irische Rettungsaktion aus dem Instrument abzubilden (zuzüglich des deutschen Anteils am IWF-Kredit).

Dies war nur der Anfang des finanziellen Risikos, das sich in der deutschen Staatsbilanz ansammelte. Aber hier endet unsere Geschichte – vorerst.

7 Durchwurschteln als Regierungsform

Griechenland und Irland im Vergleich

Finanzminister Schäuble sagte einmal in eigenartigem Englisch: »It will not happen that there will be a Staatsbankrott.«[1] Staatsinsolvenzen im Euroraum mit allen Mitteln verhindern – das war das Leitmotiv des jahrelangen Durchwurschtelns unter Merkel in der Eurokrise. Die Mittel änderten sich im Laufe der Zeit. Beginnend mit deklaratorischer Politik, schnürten die Mitgliedstaaten im Mai 2010 ein Paket bilateraler Kredite für Griechenland. Gleichzeitig lehnten sie einen von der Kommission vorgeschlagenen großen gemeinschaftlichen Rettungsfonds ab und entschieden sich stattdessen für eine zwischenstaatliche und befristete Lösung, die EFSF. Dieser Teil der Geschichte wird in diesem Buch behandelt. Bereits vor der ersten Inanspruchnahme der EFSF – im Falle Irlands im November 2010 – wurde klar, dass die EFSF durch einen dauerhaften Mechanismus, den ESM, abgelöst werden würde. Der ESM würde immer noch zwischenstaatlich sein, aber bereits auf gemeinsamem Kapital basieren. Die beiden Fallstudien dieses Buches, also die erste griechische und die irische Rettungsaktion, weisen wichtige Gemeinsamkeiten auf.

Erstens verloren die Finanzmärkte ihr Vertrauen in das jeweilige Land, sobald eine bestimmte Rendite der Staatsschulden überschritten wurde. Ab einem bestimmten Punkt gab es kein Zurück mehr und nur noch zwei Alternativen: Insolvenz oder Bail-out. Diese Dynamik wurde schnell zu einer selbsterfüllenden Prophezeiung, und die Entscheidung, eine Insolvenz auszuschließen, machte den Bail-out unausweichlich.

Zweitens hofften die politischen Entscheidungsträger, dass die Ankündigung und Vorbereitung einer Rettungsaktion letztere überflüssig machen werde. Sie glaubten, dass es so etwas wie einen Ankündigungs- oder Vertrauenseffekt gebe, der die Erwartungen der Wirtschaftsakteure nachhaltig umkehren könne. Doch das Gegenteil war der Fall: Die Verfügbarkeit des Rettungspaketes führte zu einer mentalen Konvergenz der Märkte, der politischen Entscheidungsträger und der breiten Öffentlichkeit mit dem genauen Ziel, dieses Rettungspaket zu erreichen. Dies dürfte ein fruchtbares Feld für die Verhaltensökonomie sein.[2]

Drittens erfolgte die Rettung durch die Finanz- und Geldpolitik. Von Anfang an spielte die EZB durch das SMP sowie durch Liquiditätsoperationen, welche die Finanzierung von Staatsschulden durch Banken unterstützen, eine entscheidende Rolle. Mit der Zeit lernten die politischen Entscheidungsträger in den Gläubigerländern, hohe politische Kosten für fiskalische Rettungsmaßnahmen tragen zu müssen. Die politischen Entscheider in den Schuldnerländern waren aufgrund der entsprechenden Anpassungs- und Sparprogramme sogar noch stärker betroffen. Tatsächlich stürzten sowohl die griechische als auch die irische Regierung augenblicklich, als sie ausländische Hilfe in Anspruch nahmen. Die Finanzierung einer Rettungsaktion durch die Geldpolitik war dagegen weit weniger sichtbar und politisch viel weniger kostspielig. Kein Wunder also, dass die Inanspruchnahme von EFSF und ESM im Laufe der Zeit nachließ, sobald die Monetisierung der Krise Raum griff.

Viertens bestand Deutschland auf Sparmaßnahmen, um die Bedienung und Rückzahlung der Rettungskredite durch die Schuldnerländer zu erzwingen. Wettbewerbsfähigkeit war der Heilige Gral, unabhängig vom wirtschaftlichen Wachstumsmodell eines anderen Landes. Folglich erwartete Deutschland von allen anderen Ländern, dass sie es als angebotsorientierte, exportgetriebene Wirtschaft sogar noch überträfen. Die gemeinschaftliche Geldpolitik wurde durch

Einheitsrezepte für die Steuer-, Wirtschafts- und Strukturpolitik gleichermaßen ergänzt. Diese Logik setzte sich über differenzierte Betrachtungen hinweg, die in den Ansätzen des IWF, der Kommission und den zaghaften Debatten der Eurogruppe über makroökonomische Ungleichgewichte nicht ausreichend zum Tragen kamen. Fünftens lehnte Deutschland die Idee einer Umschuldung für die Rettungsdarlehen kategorisch ab, was eine Folge der obigen Ausführungen war. Im Gegensatz dazu förderte es diese Idee für ausstehende Staatsanleihen stark, was zu einer bizarren, weiteren Entfremdung der Finanzmärkte führte, bevor sie schließlich für den in diesem Buch behandelten Zeitraum aufgegeben wurde. Später erzwang Deutschland jedoch Haircuts, insbesondere 2013 in Zypern.

Sechstens und letztens hatte Deutschland eine rein taktische und finanzielle Sicht der Dinge. Es fehlten strategische Forderungen zu den grundlegenden institutionellen Mängeln der WWU und Überlegungen zur europäischen Integration im Allgemeinen. Dies hätte der Methode des *muddling through* widersprochen und gehörte einfach nicht zum politischen Instrumentarium von Angela Merkel. Folglich stellte Deutschland zu keinem Zeitpunkt des in diesem Buch behandelten Prozesses im richtigen Moment strategische Forderungen an seine Partner – im Gegenzug für die Einsetzung und Perpetuierung der fiskalischen Rettung oder für die stille Duldung der Monetisierung. Die einzige halbgare Ausnahme von dieser Regel war das deutsche Projekt der Schuldenrestrukturierung und einer begleitenden Stärkung der fiskalischen Governance im Euroraum – was freilich weit hinter einer ernsthaften Reform der EU insgesamt zurückblieb und trotzdem nicht einmal ansatzweise zum Tragen kam.

Ebenso aufschlussreich sind wichtige Unterschiede zwischen den beiden Fallstudien in diesem Buch:

Erstens wurde in Berlin nicht verstanden, dass die Anpassungs- und Sparpolitik in Irland und Griechenland unterschiedliche Auswirkungen hatte. Im Falle Griechenlands verringerte die drastische Austerität die Chance, die Kredite zurückzuzahlen, was zu weiteren

Anschlussprogrammen in den nachfolgenden Jahren führte. Wenn die Medizin nicht wirkt, wird dem Patienten mehr davon verabreicht. Diese selbstzerstörerische Schleife wurde bereits Ende 2010 akzeptiert, als klar wurde, dass das ursprüngliche Programm aus dem Ruder lief.

Zweitens war der Grund für das oben Gesagte ein grundlegend anderes Wirtschaftsmodell. Es bräuchte ein eigenes Buch, um die Wirtschaftspolitik, die Kulturen und die Strukturen zwischen Griechenland und Irland zu vergleichen, und sicherlich stellen diese beiden Länder in diesem Spektrum polare Gegensätze dar. Aber, wie ein englisches Sprichwort sagt, für einen Mann mit einem Hammer ist jedes Problem ein Nagel. Sobald die Art und Weise, wie Rettungsmaßnahmen durchgeführt werden, festgelegt ist und die entsprechenden Verfahren und Institutionen vorhanden sind, wird der gesamte Ansatz pfadabhängig und universell anwendbar.

Drittens war Griechenland das schwächste Glied und damit das erste Element der Kette, das nachgab. Es wurde als einzigartige Ausnahme betrachtet und dargestellt. Diese Vorstellung half im politischen Kampf um eine Mehrheit im Bundestag und bei der Beschwichtigung der Bürger. Irland hingegen falsifizierte diese These: Wenn Irland auch fallen kann, dann ist niemand sicher. Mit Irland wurde die Ansteckung zur Realität. Dies ließ das Ausmaß möglicher Rettungsmaßnahmen sofort in eine andere Dimension rücken. Letztlich müssten alle Vorkehrungen für eine viel größere Gruppe potenzieller Schuldnerstaaten gelten – was schnell zu Forderungen nach einem Gesamtvolumen von über einer Billion Euro führte.

Die Berliner Erfahrung

Die Ausgangsfrage dieses Buches lautete: Wie hat die Regierung Merkel auf den Ausbruch der Eurokrise reagiert? Wie eingangs erwähnt, gliedert sich diese Frage in mehrere Unterpunkte, wobei der erste lautet: Welche Optionen haben die Entscheidungsträger in

Berlin wahrgenommen? Im Prinzip gab es zwei unmittelbare Optionen – die Akzeptanz einer Staatsinsolvenz in der Eurozone oder die Rettung des betreffenden Landes. Eine Erweiterung der ersten Option wäre der Austritt Deutschlands aus der WWU. Man kann mit Sicherheit sagen, dass sowohl diese extreme als auch die enge Variante der ersten Option nie ernsthaft in Betracht gezogen wurden. In diesem Sinne war der Bail-out tatsächlich alternativlos – nicht faktisch, sondern konzeptionell.

Zweitens: Welche Informationen standen den Entscheidungsträgern in Berlin zur Verfügung, und haben sie die Situation richtig eingeschätzt? Es ist hoffentlich klargeworden, dass neben dem Zeitdruck der Mangel an Informationen das wichtigste Merkmal des Durchwurschtelns ist – und tatsächlich der Hauptgrund für diese Verhaltensweise. Wir waren in der Lage, die Arithmetik der fällig werdenden Staatsschulden zu betrachten und so den Umfang und den Zeitpunkt der erforderlichen Rettungsaktion zu bestimmen. Wir waren auch in der Lage, die Auswirkungen auf den Finanzsektor abzuschätzen, wenn die Rettungsaktion nicht zustande käme. Aber das war es auch schon – das waren die einzigen wichtigen Parameter, die zur Verfügung standen. Alles andere kann man getrost als »known unknowns« und vor allem als »unkown unkowns« bezeichnen. Deren Gesamtausmaß wurde als so monumental empfunden, dass in der Tat das gesamte Schicksal und die Zukunft Europas davon abzuhängen schienen. »Scheitert der Euro, scheitert Europa«, war mehr als ein Slogan: Es war die gefühlte Realität.

Drittens, welche politischen Zwänge und Einflüsse gab es, sowohl von außen als auch von innen? Die Einführung des Euro war bereits in den 1990er-Jahren in Deutschland sehr unpopulär. Die drohende Zahlungsunfähigkeit Griechenlands gab den Euroskeptikern recht. Die Bundestagsabgeordneten von CDU und CSU sahen sich in ihren Wahlkreisen einem massiven Widerstand gegen das Rettungspaket gegenüber. Um die erforderlichen Mehrheiten zu erhalten, bedurfte es zunehmend erheblicher Überzeugungsarbeit innerhalb der Bundestagsfraktion. Zwei Elemente waren für die politische Kommunikation entscheidend: der Darlehens-charakter des Rettungspaketes – also das falsche Versprechen, dass das deutsche Steuergeld in voller Höhe und mit Zinsen zurück-gezahlt werde – und die äußerste Härte der entsprechenden Spar-programme. Man muss verstehen, dass Letztere für die Zwecke der deutschen Innenpolitik erforderlich waren. Trotzdem waren die innenpolitischen Folgen auch in Deutschland enorm, zum Beispiel der Verlust von Nordrhein-Westfalen im Mai 2010 und das Auf-kommen der AfD drei Jahre später.

Rechtliche und insbesondere verfassungsrechtliche Zwänge spielten in der Anfangsphase der Krise eine große Rolle. Die Ent-scheidungsträger waren sich der vorangegangenen Urteile des Bundesverfassungsgerichts bewusst, welche die Mitgliedschaft Deutschlands in der gemeinsamen Währung eindeutig qualifiziert hatten und dem geplanten Bail-out entgegenzustehen schienen. Das rechtliche Risiko verwirklichte sich jedoch im Zuge der ersten Griechenland-Rettung nicht, da sich die Verfassungsrichter nach-vollziehbar davor scheuten, die im Kern politische Verantwortung für die grundsätzliche Infragestellung der WWU zu übernehmen.

In der Folgezeit war das rechtliche Risiko gänzlich verschwun-den. Die Einschaltung des Verfassungsgerichts wurde in den weite-ren Phasen der Krise zu einer besseren Formalität – mit Ausnahme der Fragen, welche die formale Rolle und Stellung des Parlaments im Entscheidungsverfahren der Rettungspolitik betrafen. Indem das Bundesverfassungsgericht die Politik der Regierung in den ent-sprechenden Fällen, mit denen es befasst wurde, letztlich bestätigte und rechtfertigte, trug es dazu bei, den innenpolitischen Druck zu mindern.

Der ausländische Einfluss ging oft in die entgegengesetzte Richtung im Vergleich zum inländischen, sodass die Regierung zwischen inländischem und ausländischem Druck hin- und her-gerissen war. Mit Ausnahme des ehemaligen D-Mark-Blocks, haupt-sächlich der Niederlande und Österreichs, sowie Finnlands und der baltischen Länder, war Deutschland in der Eurogruppe ziemlich isoliert. Frankreich als wichtigster ausländischer Partner war der Fürsprecher der südlichen Mitgliedstaaten und vertrat deren Interessen in der Regel sehr wirkungsvoll. Außerhalb des Euroraums wurde das Interesse des Vereinigten Königreichs vor allem durch die Sichtweise der City und der Finanzmärkte im Allgemeinen geprägt, die sich auch in Berlin für Rettungsmaßnahmen, die Vergemeinschaftung von Schulden und die Monetisierung einsetzten. Auf der anderen Seite des Atlantiks vertrat die US-Regierung prononcierte Ansichten über die Stabilisierung des Euroraums in ähnlicher Weise und übte zeitweise entscheidenden Einfluss auf Deutschland aus. Andere externe Kräfte, insbesondere die Kommission, die EZB, der IWF und Vertreter der Finanzmärkte, arbeiteten allesamt daran, die deutsche Regierung zu Rettungsmaßnahmen und zur Vergemeinschaftung von Schulden sowie zur Duldung der monetären Staatsfinanzierung zu bewegen. Schließlich vertraten die angelsächsischen Ökonomen als auch prominente Finanzinvestoren fast ausnahmslos sowie ein bedeutender Teil der deutschen Ökonomen dieselbe Auffassung und argumentierten lautstark in der Öffentlichkeit, gewöhnlich verstärkt durch die Finanzpresse.

Infolgedessen war die Regierung Merkel oft isoliert und konnte die Bedingungen für die entsprechenden Entscheidungen nur in dem Maße festlegen, wie sie es tatsächlich wagte, gelegentlich von ihrem Vetorecht Gebrauch zu machen. Der ultimative Hebel, der deutsche Austritt aus der gemeinsamen Währung, wurde in den Verhandlungen nie eingesetzt. Deutsche Vertreter in internationalen Gremien fühlen sich in Situationen der internationalen Isolation und des Machtkampfes besonders unwohl. Es ist daher verständlich, dass Merkel und in geringerem Maße auch Schäuble in hochpolitischen Situationen auf internationaler Ebene oft unter Druck nachgegeben haben. Alleingänge in der internationalen und europäischen Sphäre sind nichts, womit deutsche Politiker gut leben können. Wenn sie beispielsweise in der griechischen Presse als Nazis dargestellt werden, wirkt das auf sie ein, und sei es unbewusst.

Viertens: Welche Interessen hat die Regierung Merkel in der Eurokrise verfolgt? Die deutsche politische Kultur hat die Fähigkeit, strategische nationale Interessen zu definieren, weitgehend verloren. Viel häufiger und sogar systematisch wird auf Staatsraison zurückgegriffen. Die europäische Integration oder die »europäische Solidarität« sind häufig darunter zu finden. Bismarcks Einsicht hat auch heute noch Gewicht: »Ich habe das Wort Europa immer im Munde derjenigen Politiker gefunden, die von anderen Mächten etwas verlangten, was sie im eigenen Namen nicht zu fordern wagten.« Die Rettung des Euro wurde gewohnheitsmäßig mit dem nationalen Interesse gleichgesetzt, und zwar nicht nur zu Zwecken der externen Kommunikation, sondern auch in der Überzeugung der politischen Entscheidungsträger. Darüber hinaus waren Rolle und Verantwortung eines Quasihegemons in ihren Köpfen präsent. Sie fühlten sich – trotz ihres enger gefassten Wahlmandats – für das gesamte Euro-Währungsgebiet und nicht nur für Deutschland verantwortlich. Dies wirft Fragen der Demokratietheorie, ja sogar der Legitimität auf, die wir hier nicht näher beleuchten können.

Erst in zweiter Linie wurden Überlegungen nationaler Art angestellt, wie etwa Fragen der Haftung oder der strukturellen Anpassung. Unter diesen wurde das moralische Risiko als Kernproblem der Rettungspolitik identifiziert – und zwar als Problem für den Euroraum selbst, nicht nur für Deutschland als Gläubigerland. Nur wenn es zu einem Interessenkonflikt zwischen dem Überleben des Euro-Währungsgebiets als Ganzes und dem einzelner Mitgliedstaaten, insbesondere Griechenlands, kam, war Deutschland in der Lage, zu differenzieren und dem Gruppeninteresse in zunehmendem Maße Vorrang einzuräumen.

Wie wurde die Entscheidungsfindung im Bundesfinanzministerium zeitweise durch das Kanzleramt überlagert? In der Anfangsphase der Krise, von der in diesem Buch die Rede ist, gab es kaum Differenzen zwischen dem Ministerium und dem Kanzleramt. Es gab eine gemeinsame Beurteilung und eine äußerst enge

Zusammenarbeit, insbesondere auf der höheren und höchsten Verwaltungsebene. Die einzigen Ausnahmen in dieser Phase waren die gescheiterten BMF-Vorschläge zum Europäischen Währungsfonds beziehungsweise zur Vertiefung der europäischen Integration sowie die Einrichtung der EFSF und der Deauville-Kompromiss. In den letzteren beiden Fällen ging das Kanzleramt voran, und das Ministerium musste sich fügen und folgen – und das in rasantem Tempo. Es ist jedoch wichtig zu verstehen, dass diese letzteren beiden Ausnahmen keine grundlegenden Unterschiede in der Sichtweise mit sich bringen, nur in Geschwindigkeit und Reihenfolge. Anders als in späteren Fällen, insbesondere bei der Bankenunion 2012 und dem Grexit 2015, bestand im Großen und Ganzen keine Notwendigkeit für eine hierarchische Steuerung des Ministeriums durch das Kanzleramt.

Die Eurokrise nach 2010

Können wir aus den Fallstudien zu Griechenland und Irland in der Anfangsphase der Krise lernen, wie die späteren Phasen gehandhabt wurden? Der hier behandelte Zeitraum stellt in vielerlei Hinsicht einen kritischen Wendepunkt dar. Er war konstitutiv für die nachfolgende Zeit bis zum Jahr 2015 und in mancher Hinsicht bis heute und weit in die Zukunft hinein.

Die wichtigste Pfadabhängigkeit, die sich 2010 herauskristallisierte, bestand darin, dass die Mitgliedstaaten des Euroraums und die zuständigen Institutionen eine Kombination aus fiskalischen und monetären Rettungsmaßnahmen einleiteten, anstatt die Zahlungsunfähigkeit des Staates und die daraus resultierenden banken-, finanz- und wirtschaftspolitischen Folgen zu akzeptieren. Fiskalische Rettungsmaßnahmen gab es bis 2015, dem Jahr, in dem das dritte griechische Programm in Kraft trat. Nach Irland wurden von der EFSF und ihrem Nachfolger, dem ESM, drei weitere Länder mit Rettungspaketen ausgestattet: Portugal, Spanien und Zypern.

Diese nachfolgenden Länderbeispiele lassen weitgehend durch die Brille dieses Buches verstehen: Das Argument der Systemrelevanz war in allen Fällen vorherrschend, und das war ausschlaggebend für die politische Unterstützung der Programme in Deutschland. Eine bestimmte Routine und Abfolge von Ereignissen wiederholte sich jedes Mal: Marktverschlechterung über einen Point of no Return hinaus, Verweigerung gefolgt von Akzeptanz, kognitive Konvergenz hin zu einem Bail-out mit zusätzlichem Programm, technische Vorbereitungen durch die Troika, Ankündigung und Erklärung der Systemrelevanz, Gesetzgebungsverfahren in den Mitgliedstaaten und Umsetzung durch die EFSF, später den ESM.

Ende 2011 setzten viele europäische und angelsächsische Politiker und Marktteilnehmer Deutschland unter Druck, einer »Bazooka« zuzustimmen oder eine globale »Firewall« gegen eine weitere Ansteckung der Eurokrise zu errichten. Draghi bediente sich sogar nicht ohne Humor der »Dicken Berta«, um zu verdeutlichen, was von Deutschland verlangt wurde. Die Frage war, ob die EFSF-Ressourcen auf dem bereits zugesagten Niveau gedeckelt werden oder ob sowohl die alten EFSF- und die frischen ESM-Mittel als auch die »Feuerkraft« des IWF eingesetzt werden sollten. Die Eurogruppe einigte sich auf eine kombinierte Obergrenze von EFSF und ESM von 700 Milliarden Euro plus 150 Milliarden an zusätzlichen bilateralen Beiträgen zum IWF und beeindruckte die Märkte mit einer Gesamtkreditkapazität von weit über 1 Billion US-Dollar.[3]

Zuvor musste Bundesbankpräsident Jens Weidmann die Bundesregierung daran hindern, einer Hebelung der Sonderziehungsrechte der Mitgliedstaaten des Euroraums beim IWF oder sogar ihrer Goldreserven zuzustimmen – alles in dem Versuch, die Rettungsressourcen der EFSF aufzustocken. Die EZB und andere Akteure hatten diesen Vorschlag am 4. November 2011 bei einem G-20-Treffen in Cannes unterbreitet.[4] Weidmann war in Cannes nicht anwesend, schaltete sich aber telefonisch ein und bestand zur Überraschung von US-Präsident Barack Obama und anderen Teilnehmern auf seiner unabhängigen Autorität über Sonderziehungsrechte und Goldreserven, nachdem die Bundesbank von dem Plan erfahren hatte.[5]

Die Aufregung um die Bazookas und die 1-Billion-US-Dollar-Brandmauern war Anfang 2011 von Marktteilnehmern in Gang gesetzt worden, die eine Ansteckung der Krise nicht nur auf Spanien, sondern sogar auf Italien befürchteten. In Italien hatte ein Machtkampf zwischen Ministerpräsident Silvio Berlusconi und Finanzminister Giulio Tremonti das Vertrauen der Märkte erschüttert. Der »Tremonti-Crash« sicherte dessen Verbleib an der Macht, da die Märkte ihm mehr Vertrauen schenkten als Berlusconi. Er half Tremonti, einen brodelnden Skandal um seine Wohnung und einen seiner Berater zu unterdrücken.[6]

Nichtsdestotrotz war die Firewall-Debatte real und sorgte dafür, dass EFSF und ESM eine Zeitlang parallel liefen. Der ESM profitierte von eingezahltem Kapital und verkörperte die Dauerhaftigkeit und Regularisierung des Bail-out-Ansatzes, der 2010 ursprünglich als temporär und exzeptionell dargestellt worden war. Jeder rechtliche Schritt in diese Richtung wurde von Klagen vor dem Bundesverfassungsgericht begleitet – in einer Art und Weise, die der in diesem Buch beschriebenen sehr ähnlich ist. Das Gericht bestätigte in der Regel den Kurs der Regierung, stärkte aber immer wieder die formalen Rechte der parlamentarischen Kontrolle – ebenfalls in einer Weise, die sich an den Ereignissen des Jahres 2010 ablesen lässt.

Ein weiterer Prozess, der sich wiederholte, war die Rolle der Autosuggestion in der politischen Auseinandersetzung. Indem sie von Widerstand und Verleugnung angesichts unerwünschter Entwicklungen dazu übergingen, sie zu akzeptieren, eine einstudierte Politik mit schrittweisen Änderungen anzuwenden und diese in der Öffentlichkeit als schiere Notwendigkeit zu verteidigen, gewöhnten sich Regierungsvertreter und Abgeordnete gleichermaßen an die Rettungsroutine und glaubten ihrer eigenen Propaganda meist aufrichtig.

Es gab jedoch auch wichtige Unterschiede zwischen 2010 und den nachfolgenden Ereignissen. Zum Beispiel unterschieden sich die späteren Programme deutlich in ihrer Konzeption und Ausrichtung. Es gab eindeutige Beispiele für politisches Lernen, wie die Methode der aufeinanderfolgenden begrenzten Vergleiche nahelegt, nicht zuletzt in der Frage des Bail-in und der Haircuts. Auch die bestehenden Programme wurden zu bestimmten Zeitpunkten erheblich verändert und überarbeitet. Eine umfassende Umschuldung wurde zu einem konkreten Thema und schließlich unter großem Aufsehen umgesetzt. Der Ansatz der Institutionen änderte sich im Laufe der Zeit, und der von Deutschland noch mehr. Solche aufschlussreichen Beispiele für politisches Lernen hatten auch mit Wechseln in der obersten Verwaltungsspitze des Finanzministeriums zu tun. Und dass Deutschland in seinen Forderungen mutiger wurde, war nicht zuletzt eine Folge davon, dass bestimmte Christdemokraten immer ungeduldiger wurden – ausdrücklich nicht Angela Merkel, aber in spürbarem Ausmaß sicherlich Wolfgang Schäuble und eine wachsende Gruppe von Abweichlern in der CDU und CSU. Sie waren nicht nur persönlich frustriert, vor allem von Griechenland, sondern erkannten auch, dass der Widerstand in Deutschland wuchs und 2012 zu einer euroskeptischen Partei führte, die das TINA-Narrativ sogar in ihrem Namen aufgriff: die Alternative für Deutschland (AfD).

Vor allem die Monetisierung der Staatsfinanzen durch die EZB gewann an Bedeutung und etablierte sich schließlich als die bevorzugte und inzwischen einzige Form der Stabilisierungspolitik, was zu einem sukzessiven Abschluss der EFSF- und ESM-Programme führte. Die Geschichte der fiskalischen Rettungspakete begann und endete mit Griechenland: 2015 erreichte die Eurokrise ihren dramatischen Höhepunkt, als Schäuble konkret auf einen Grexit drängte, um dann von Merkel zurückgehalten zu werden.[7]

Die Verbindung zwischen Staaten und Banken, die sich bereits in der Irland-Episode am deutlichsten gezeigt hatte, rückte in späteren Phasen der Krise, die in diesem Buch nicht behandelt werden, in den Mittelpunkt. Diese Verbindung wurde als Teufelskreis gesehen, der durch die »Bankenunion« überwunden werden sollte. Die strategischen Interessen, die mit der Bankenunion verbunden waren, klafften jedoch weit auseinander, vor allem zwischen Frankreich und Deutschland. Die Verhandlungen blieben viele Monate lang festgefahren, bevor sie auf der Tagung des Europäischen Rates am 29. Juni 2012 ihren Höhepunkt erreichten.

Wie beim Gipfel von Deauville wurde Bundeskanzlerin Merkel weithin so gesehen, als habe sie bei dieser Gelegenheit dem von Frankreich geführten Süden nachgegeben und zentrale Positionen des Finanzministeriums aufgegeben. Der Gipfelerklärung zufolge sollte die EZB künftig an der Einrichtung des SSM beteiligt werden, und dieser sollte zur Rekapitalisierung von Banken (und nicht nur von Staaten) zur Verfügung gestellt werden.[8] Nach diesem Ratsbeschluss erwiesen sich die konkreten Verhandlungen über den SRF und den SSM als äußerst kompliziert und langwierig. Sie machten die daraus resultierende institutionelle Architektur der Bankenunion hochgradig komplex und wären, wenn sie auf die Probe gestellt worden wären, nicht über jeden Zweifel an ihrer Wirksamkeit erhaben gewesen.

In Anlehnung an die in diesem Buch beschriebene Geschichte beschönigen die deutsch-französischen Kompromisse oft grundlegende Unterschiede hinsichtlich ihrer Wirtschaftskultur und Weltanschauung. An der Wurzel der dysfunktionalen institutionellen Architektur der WWU scheint es so etwas wie ein allgemeines Missverständnis zwischen den beiden wichtigsten europäischen Ländern zu geben. Der intergouvernementale Ansatz zur Lösung der Krise wurde letztlich durch die Verstrickungen unvereinbarer und divergierender nationaler Interessen blockiert. Infolgedessen kam es immer wieder zu einer Balkanisierung des europäischen Finanzwesens, die zu einem wiederholten Wiederaufleben der Spread-Dynamik führte – bis die EZB schließlich ein für alle Mal eingriff. Alle Versuche eines großen Wurfs in der institutionellen Gestaltung scheiterten. Ohne Draghis »whatever it takes« hätte der Euro seine Glaubwürdigkeit verloren.

Im Jahr 2011 hatte ich die Gelegenheit, mit einem leitenden Manager des Public Investment Fund von Saudi-Arabien, einem der größten Staatsfonds der Welt, über die Eurokrise zu sprechen. Ich fragte ihn offen, wie er das mit Euro-Anlagen verbundene Risiko einschätze. Er antwortete ebenso freimütig:»Wir haben alle Positionen im Euroraum aufgelöst.«Als ich meine Überraschung überwunden hatte, fragte ich ihn, was er sagen würde, wenn er die deutsche Regierung in dieser Situation beraten müsse. Er lachte und sagte:»Liquidieren, mein Freund.«

Diese Option blieb aber für uns hypothetisch, bestenfalls ein Gedankenspiel. Man mochte vielleicht wie im Planspiel die Wiedereinführung der D-Mark einmal durchgehen – zu keinem Zeitpunkt jedoch hätte man eine solche Variante als Option aktiven Handelns erachtet. Die Anekdote aus Saudi-Arabien veranschaulicht jedoch mit großer Deutlichkeit, dass die Eurokrise im Kern eine Glaubwürdigkeitskrise war, die sich aus einem anhaltenden Mangel an institutioneller Effizienz und Problemlösungskapazität speiste. Sie erklärt auch, warum die EZB schließlich die Geduld mit den Finanzpolitikern verlor und die Dinge selbst in die Hand nahm. Indem sie sich über die Bundesbank hinwegsetzte, schaffte die EZB das, was die Eurogruppe beharrlich versäumt hatte – eine dauerhafte Trendwende in der Marktstimmung. Draghi ersetzte die mangelnde institutionelle Glaubwürdigkeit des Euro durch den Erwartungseffekt der beeindruckenden»deep pockets«der Zentralbank. Die Eurokrise wurde nicht überwunden, sondern in einer Flut von Zentralbankgeld ertränkt, eine Vorgehensweise, die sich in Verbindung mit gemeinschaftlichen Schulden seither immer deutlicher abzeichnet.

Parallel zur fortgesetzten Ausweitung der Zentralbankbilanzen im Euro-Währungsgebiet wurde die deutsche Öffentlichkeit zunehmend auf den sogenannten Target-Saldo der Bundesbank gegenüber dem ESZB und der EZB aufmerksam. Target ist das Zahlungsausgleichssystem zwischen den Zentralbanken im Euroraum. Kritiker argumentieren, der Target-Saldo zeige eine stetig zunehmende Kapitalflucht innerhalb des Euroraums, besonders von Italien nach Deutschland.[9] Sie befürchten, dass Deutschland im Falle eines Auseinanderbrechens des Euro seine Target-Vermögenswerte abschreiben müsse. Die Debatte trug zu einer allgemeinen Ermüdung der Euro-Stabilisierungspolitik in Deutschland bei.

Die innenpolitischen Grenzen der fiskalischen Rettungsmaßnahmen wurden nicht nur in den Gläubigerländern, sondern auch in den Empfängerländern erreicht. Zypern war 2013 das letzte Land, das auf der Liste der Empfängerländer hinzukam. Slowenien, das ebenfalls die Beantragung eines Bail-outs in Erwägung gezogen hatte, überdachte seine Optionen nach den Ereignissen im zypriotischen Drama. Deutschland hatte im Vorfeld der Bundestagswahl und ganz im Gegensatz zur irischen Episode auf einem umfangreichen Bail-in und Abschlägen für die Bankeinleger bestanden. Deutsches Steuergeld für russische Oligarchen – das war selbst in der CDU nicht mehr zu vermitteln.

Der große Showdown der fiskalischen Etappe der Stabilisierungspolitik aber fand in Griechenland im Jahr 2015 statt. Nachdem auch ein zweites Programm gescheitert war, mussten die griechischen Schulden erneut auf ein drittes Programm umgeschichtet werden. Dies geschah inmitten erheblicher innenpolitischer Unruhen und der Machtübernahme durch die linksradikale Syriza-Partei im Rahmen eines Referendums gegen das Rettungspaket insgesamt. Ohne einen Roll-over befand sich Griechenland in der Zahlungsunfähigkeit und war allein auf die Notfall-Liquiditätshilfe (ELA) der EZB angewiesen, um die griechischen Banken weiterhin über Wasser zu halten. Die Hellenische Republik nahm die Europäische Investitionsbank (EIB) von der Zahlungsunfähigkeit aus und erfüllte ihre Verpflichtungen gegenüber Luxemburg, drohte aber mit einer sehr hohen Abschreibung der griechischen Schulden, die überall sonst gehalten wurden, vor allem auch bei der EZB. Diese Drohung hätte im Verfahren vor dem Bundesverfassungsgericht gegen die Beteiligung der Bundesbank an der Monetisierung der Stabilisierungspolitik nach hinten losgehen können. Sie hatte daher das Potenzial, die EZB zu erpressen, damit sie der weiteren Bereitstellung von ELA-Mitteln zustimmt, und wurde von der griechischen Regierung bewusst so genutzt.[10]

Deutschland schlug einen vorübergehenden Grexit vor und erreichte eine entsprechende Konstellation nationaler Interessen auf der Ebene der Finanzminister in der Eurogruppe, wobei es zum ersten Mal sein Vetorecht voll ausschöpfte. Die Konstellation in der Eurogruppe wurde jedoch von Angela Merkel auf der Ebene der Staats- und Regierungschefs gekippt, was schließlich zum dritten griechischen Programm führte.[11] Hinter den Kulissen hatten sich strategische Erwägungen und der Einfluss der USA mit französischen Interessen verbündet, um Griechenland in der Eurozone zu halten – nicht unähnlich den Ereignissen fünf Jahre zuvor, die in diesem Buch beschrieben wurden. Das dritte griechische Programm bedeutete auch die endgültige Akzeptanz des moralischen Risikos im Euroraum durch Deutschland, das inmitten politischer Turbulenzen innerhalb von CDU und CSU nachgab.

Von den beiden einzigen langfristig realisierbaren institutionellen Optionen – tiefere Integration oder Auflösung – war keine politisch vertretbar, keine wurde konzeptionell ausgearbeitet und keine wurde ernsthaft vertraulich oder gar öffentlich diskutiert. Dies zeigt deutlich die Unzulänglichkeiten des taktischen Durchwurstelns im Vergleich zur strategischen Planung und Entscheidung. Hier liegt der Unterschied zwischen Politik und Staatskunst. Erst in einer ernsten Krisensituation zeigt sich die politische Qualität des oder der Verantwortlichen.

Nachdem die Krise zunächst vor sich hin köchelte, wandelte sie sich mit der einsetzenden Monetisierung im Laufe der Zeit. Die fiskalischen Rettungsprogramme wurden sukzessive und vorzeitig zurückgezahlt, und der neu eingerichtete ESM wurde fast untätig. Ein neues Thema gewann an Bedeutung: Die Investitionspolitik wurde zum Kernelement des Wahlkampfprogramms von Jean-Claude Juncker bei den Wahlen zum Europäischen Parlament 2014. Deutschland verhinderte die Umwidmung von ESM-Mitteln für ein neues europäisches Investitionsvehikel, was stattdessen zum sogenannten Juncker-Plan und dem Europäischen Fonds für strategische Investitionen (EFSI) und seinem Nachfolger, dem sogenannten InvestEU-

Programm, führte, die beide im Wesentlichen auf bestehenden und erweiterten Operationen der EIB basierten, neu verpackt und für die Zwecke der politischen Kommunikation aufbereitet.

Mit dem EU-Solidaritätsfonds (EUSF) ließen sich die Mitgliedstaaten nach dem Brexit und nach der Covid-Pandemie weiter auf gemeinsame Haftung ein. Deutschland hatte die Kraft verloren, eine immer engere Schuldenunion zu verhindern, und sie stattdessen als unvermeidlich akzeptiert. Der Verlust der Preisstabilität und die politische Ökonomie der fiskalischen Dominanz über die Zentralbank schweben über dem Euroraum, wenn auch bisher mit erstaunlich geringen innenpolitischen Auswirkungen in der ehemaligen D-Mark-Zone. Den institutionellen und strategischen Fragen kann also nach wie vor ausgewichen werden, und das Durchwurschteln bleibt das Mittel der Wahl. Dies führt uns, ausgehend von den Ausführungen in diesem Buch, zu drei allgemeinen Schlussfolgerungen über den Euro und die künftige europäische Integration.

Lehren für den Euro und die europäische Integration

Was lässt sich über die WWU, den Euro und die EU sagen? Erweitern die Fallstudien Griechenland und Irland unser Verständnis der europäischen Integration in Währungs- und Wirtschaftsfragen? Es liegt auf der Hand, dass der auf Regeln basierte Rahmen, in dessen Mittelpunkt der SWP steht, und die Kombination aus »harten« und »weichen« Formen der WWU-Governance nicht in der Lage waren, die Krise zu verhindern. Es war durchaus möglich, die Regeln zu missachten (Griechenland), aber selbst wenn sie eingehalten wurden (Irland), konnte es zur Insolvenz kommen.

Die wiederholten Bemühungen um eine Reform des Governance-Systems seit 2004 machten in dieser Hinsicht keinen Unterschied. Trotz der No-Bail-out-Klausel übten die Finanzmärkte keine ausreichende Disziplin auf die mitgliedstaatliche Haushaltspolitik aus. Zentrale institutionelle Elemente der Finanz- und Wirtschafts-architektur fehlten. Folglich gab es zu Beginn ein dramatisches Defizit an Problemlösungsfähigkeit. Der Ansatz zur Bewältigung der ursprünglichen Banken- und Finanzkrise war ein nationaler, da die nationale Finanzpolitik als Backstop fungierte. Der anfängliche Ansatz für die darauffolgende griechische Insolvenz war überwiegend ebenfalls national, wurde aber durch eine IWF-Komponente ergänzt, da es auf nationaler und europäischer Ebene wiederum an Problemlösungsfähigkeit mangelte.

Erst in der Folgezeit, mit der Einrichtung der EFSF und des ESM und durch den Erwerb von Erfahrungen in der EZB und in der Kommission, entwickelte die EU die Fähigkeit, Rettungsmaßnahmen und Anpassungsprogramme vorzubereiten und umzusetzen. Die »epistemic community« der Finanzstaatssekretäre in der EWG wurde zunehmend mit dem Geschäft der Stabilisierung des Euroraums und der Überwachung der entsprechenden Prozesse und Projekte vertraut – ganz im Sinne des von Lindblom vorgeschlagenen Paradigmas des *muddling through*. Auch das Personal in den nationalen Finanzministerien wurde langsam aufgebaut und mit dem erforderlichen Know-how vertraut gemacht, allerdings in weit geringerem Maße als in den Troika-Institutionen. Selbst die nationalen Parlamente, soweit sie von Bedeutung waren, insbesondere in Deutschland, setzten Ressourcen ein und investierten in den Erwerb von Wissen und Talenten, um die Eurokrise zu verfolgen und zu verarbeiten.

Gewinnen wir einen besseren Einblick in die institutionelle Situation der EU und des Euroraums – und können wir Vorschläge für bestimmte Verbesserungen bei deutlich gewordenen Mängeln machen?

Ein massiver Kompetenzaufbau erfolgte im Bereich der Finanz-märkte, vor allem bei der Bankenaufsicht und Bankenabwicklung. Eine ganze Reihe neuer Institutionen oder Agenturen wurde eingerichtet, hauptsächlich unter dem Dach der EZB oder in Verbindung mit dem ESZB: die Europäische Bankenagentur (EBA), die

Europäische Wertpapier- und Marktaufsichtsbehörde (ESMA), die Europäische Aufsichtsbehörde für das Versicherungswesen und die betriebliche Altersversorgung (EIOPA), der SSM und die bereits erwähnten ESRB, SSM, SRB und SRF, die stark an den »Agenturansatz« der europäischen Integration erinnern. Der größte Teil dieser Entwicklung fand in dem Zeitraum statt, der in diesem Buch nicht behandelt wird.

Anders als die EFSF und der ESM als Kerninstitutionen für fiskalische Rettungsmaßnahmen weisen diese Agenturen weniger zwischenstaatliche Züge auf und können eher als Institutionen im Sinne eines supranationalen oder gemeinschaftlichen Ansatzes angesehen werden. Ihre Einrichtung führte zu einem harten politischen Ringen zwischen den europäischen Partnern. So wurde beispielsweise die EBA im Zuge des Brexits von London auf den Kontinent verlegt. Merkel galt als Verliererin der Pole-Position Frankfurts bei der Ansiedlung der EBA, da sich Deutschland parallel um die Europäische Arzneimittelagentur (EMA) bewarb, die ebenfalls aus London verlegt werden musste. Die deutsche Regierung war nicht in der Lage, zwischen diesen beiden Bewerbungen Prioritäten zu setzen und verlor folglich beide an Frankreich beziehungsweise die Niederlande.

Diese Beispiele zeigen, dass es in einigen Bereichen institutionelle Fortschritte gab. Im Gegensatz dazu wurden die Defizite bei der fiskalischen und wirtschaftlichen Governance oder sogar bei der politischen Union überhaupt nicht angegangen. Mehrere Versuche strategischer und institutioneller Reformen scheiterten – in ähnlicher Weise wie das in diesem Buch beschriebene Schicksal der Van-Rompuy-Taskforce.

Es schien unmöglich zu sein, sich nicht durchzuwurschteln – aber die Gründe dafür sind alles andere als klar. Es wurde strategisch gedacht, zumindest in einigen Kreisen. Weitreichende Überlegungen über die institutionelle Zukunft der europäischen Integration waren in der EZB am weitesten fortgeschritten. Was das Finanzministerium und den ministeriellen Austausch mit den europäischen Partnern, vor allem Frankreich, betrifft, so konnte man im Jahr 2012, als die Krise ihren endgültigen Höhepunkt erreichte, durchaus ein verstärktes Interesse am institutionellen Denken feststellen. So gab es in Europa einen Moment, in dem man das Unmögliche dachte und die Extreme in Betracht zog – beispielsweise den Zerfall und den Austritt Deutschlands aus der gemeinsamen Währung oder die vollständige Integration in eine politische Union. Politiker und Beamte waren für einen kurzen Augenblick nicht mehr nur damit beschäftigt, sich durchzuwurschteln, sondern begannen, über die Ursachen der Krise nachzudenken und darüber, wie sie grundsätzlich behoben werden können.

Wenn man sich ernsthaft mit der Aussicht auf einen Zerfall auseinandersetzt, scheint es hilfreich zu sein, sich stattdessen auf institutionelle Reformen zu konzentrieren. Die EZB war hinter den Kulissen die einflussreichste und am meisten überzeugende supranationale Institution bei solchen Überlegungen. Paradoxerweise war es auch die Zentralbank, die dieser Übung ein Ende setzte, indem sie mit der Monetisierung »all in« ging und Draghi im Sommer 2012 sein berühmtes »whatever it takes« ankündigte. Damit entlastete er die nationalen Regierungen sowohl von der Bürde der fiskalischen Stabilisierung als auch von strategischen Überlegungen. Fortan konnte man einfach weitermachen wie bisher und sich durchwurschteln.

Man sollte sich jedoch weiterhin vor Augen halten, dass die eigentliche Ursache der Eurokrise gerade im Fehlen einer politischen Union bestand. Ohne einen seriösen Bundeshaushalt und ohne Mittel des Finanzausgleichs, ohne gemeinsam emittierte Schulden und ohne gemeinsame Steuern, ohne eine demokratisch rechenschaftspflichtige föderale Regierung und föderale Aufgaben wie Verteidigung und äußere Sicherheit, ohne ein gewisses Maß an föderaler Kontrolle und Gerichtsbarkeit über die nationale Finanzpolitik – ohne ein föderales europäisches Gemeinwesen mit Inhalt und Ziel – sind die langfristigen Aussichten der gemeinsamen Währung düster. Sich nur auf die Monetisierung und gemeinschaftiche Schulden zu verlassen, um das untaugliche Schiff über Wasser zu halten, wird nicht funktionieren: Inflation ist kein gutes Rezept der Staatskunst. Irgendwann hat das Durchwurschteln ein Ende.

Polykrise

Können wir aus der Erzählung dieses Buches Erkenntnisse über andere Krisen und deren Bewältigung unter Merkel ableiten? Mit anderen Worten: Was lässt sich allgemein über die Regierung eines zeitgenössischen westlichen Landes im Krisenreaktionsmodus sagen, auch in Bezug auf jüngste Phänomene wie die Covid-Pandemie oder den Ukraine-Krieg? Der Begriff »Polykrise« von Edgar Morin beschreibt eine Vielzahl von Episoden, in denen Regierungen, Gesellschaften und Volkswirtschaften aus unterschiedlichen Gründen unter erheblichen Druck geraten.[12] Diese Episoden scheinen manchmal unzusammenhängend zu sein, andere wiederum sind eindeutig voneinander abhängig. Manchmal treten sie nacheinander auf, ein anderes Mal sind sie koinzident.

Ein traditionelles Gebäck in Deutschland ist der Baumkuchen, ein Pyramidenkuchen mit vielen Schichten, die den Ringen eines gefällten Baumes ähneln. Der Blick auf die Polykrise, die Deutschland und Europa betrifft, ist wie ein Schnitt durch die Schichten dieses Baumkuchens, wobei jede Schicht andere Phasen und Aspekte der Polykrise darstellt. Aus Sicht der deutschen Regierung begannen die wichtigsten Krisenschichten unter Angela Merkel mit der Banken- und Finanzkrise von 2007/2008, die sich in eine Wirtschaftskrise mit starken Auswirkungen auf den Arbeitsmarkt verwandelte. Die nächste Stufe der Krise waren die Rettungsaktionen für Griechenland und Irland, gefolgt von Portugal, Spanien und Zypern. Andere Krisenschichten würden den Rahmen dieses Buches sprengen, aber es wirft ein Licht auf sie, wie die folgenden Beispiele zeigen.

2012 verschärfte die Nuklearkatastrophe von Fukushima in Japan den Zusammenbruch des Vertrauens in die Kernenergie in Deutschland. Merkel leitete eine drastische Änderung der Energiepolitik und den einzigen vollständigen Ausstieg aus der Kernenergie in der Welt ein. Zugleich wurde die deutsche Wirtschaft immer abhängiger von billigem Gas und Öl aus Russland. Ein Jahrzehnt später verwandelte der Ukraine-Krieg die Abhängigkeit Deutschlands von Russland in eine Energiekrise von historischem Ausmaß. Russische Energie war günstig und bequem und vermittelte die Illusion, dass Deutschland parallel aus der Kernenergie *und* kohlenstoffhaltigen Energieträgern aussteigen könne, indem es auf eine Kombination aus stark subventionierten erneuerbaren Energien und Gas setzte. Die Krisensituation ab 2022 ist eine direkte Folge des Durchwurschtelns ohne maßgebliche geostrategische Überlegung in den Jahren zuvor. Sie ist sowohl durch eine vorangegangene gravierende Abweichung der Politik von der Realität als auch durch eine radikale Veränderung der Realität selbst gekennzeichnet.

Was die Abweichung von der Realität betrifft, so ähneln die Entstehung und der Ausbruch der Energiekrise der Eurokrise: Auf die Realitätsverweigerung folgt eine plötzliche und drastische Anpassung der politischen Parameter, die mit einem enormen fiskalischen Aufwand – in diesem Fall dem Kauf von sehr teurem Flüssigerdgas aus Übersee und dem Aufbau der erforderlichen Infrastruktur in Rekordtempo – eingedämmt wird. Die Politik reagiert, indem sie sich durchwurschtelt und mit aller Kraft versucht, den nächstbesten Ausweg aus dem dringendsten Problem zu finden – ohne sich den vermeintlichen Luxus strategischer Voraussicht zu gönnen, der in Wirklichkeit eher eine Notwendigkeit gewesen wäre.

Während der gesamten Merkel-Ära nahmen die geopolitischen Spannungen zwischen der von den USA geführten westlichen Welt und den aufstrebenden Regionalmächten China, Russland und in geringerem Maße Iran, Türkei und Nordkorea zu. Diese Spannungen erwiesen sich als fruchtbarer Boden für eine Vielzahl sicherheitspolitischer und militärischer Zwischenfälle, die vom Krieg in Georgien über die Einnahme der Krim oder wiederholte bewaffnete Konflikte zwischen Armenien und Aserbaidschan bis hin zu größeren westlichen Interventionen und militärischem Engagement in Nordafrika, dem Nahen Osten und Afghanistan reichten.

Die hier behandelten innenpolitischen Überlegungen Deutschlands erklären bis zu einem gewissen Grad den katastrophalen Niedergang seiner militärischen Fähigkeiten unter Merkel – entgegen der geopolitischen Lageverschlechterung. Trotz der zunehmenden Unfähigkeit zum militärischen Handeln engagierte sich Deutschland stark in Afghanistan und war dort 2021 an dem krachenden Scheitern des Westens beteiligt. Als sich die Feindseligkeiten zwischen Russland und der Ukraine 2022 verschärften, wurde Deutschland völlig unvorbereitet auf falschem Fuß erwischt. Auch hier sehen wir eine Kombination aus einer Politik, die sich über einen langen Zeitraum weit von der Realität entfernt hat – vor allem durch fehlgeleitetes Durchwurschteln – und einer plötzlichen Änderung der Realität selbst. Militärplaner sowie außen- und sicherheitspolitische Experten kritisierten den Abbau der deutschen Wehrfähigkeit scharf. Das galt auch für Merkels folgenreiche Entscheidung 2011, die Wehrpflicht abzuschaffen. Diese Maßnahme war innerhalb der CDU und CSU heftig umstritten, entsprach aber vermutlich den politischen Präferenzen einer Mehrheit des Volkes. Sie entsprach auch dem Merkelschen Inkrementalismus, da die formale Abschaffung (oder die sogenannte Aussetzung) der Wehrpflicht nur der Endpunkt eines langen, schrittweisen und quälenden Verfalls war. In der Überwindung parteiinterner Widerstände, insbesondere in der Bundestagsfraktion von CDU und CSU, spiegelt der Vorfall, auch wenn er weniger dramatisch ist als die Bail-out-Beschlüsse, dennoch einige ihrer Merkmale wider.

Ähnlich wie bei den Bail-out-Entscheidungen von 2010 gab es auch in der Militär- und Energiepolitik erheblichen ausländischen Druck seitens der US-Regierung auf die Bundesregierung, ihren Kurs zu ändern. Doch hierbei war Trumps Demarche gegenüber Berlin vielleicht sogar kontraproduktiv. Da Donald Trump in Deutschlands veröffentlicher Meinung extrem unpopulär war (und ist), mag er die deutsche innenpolitische Haltung zugunsten von russischem Gas und für die weitere Degradierung der Bundeswehr verhärtet haben. Doch die militärpolitische Wende im Jahr 2022, die sogenannte Zeitenwende, wird wiederum durch einen enormen fiskalischen Aufwand untermauert. Ähnlich wie in der Geschichte dieses Buches erlaubt es die nach wie vor hohe Leistungsfähigkeit des deutschen Steuerzahlers, frühere Fehler gutzumachen und auf Pump weiterzuwirtschaften.

Im Jahr 2015 zog Deutschland mehr als eine Million Migranten aus dem Nahen Osten, Afrika und Zentralasien an. Dieser Zustrom hat sich etwas verlangsamt, hält aber bis zum Zeitpunkt der Erstellung dieses Buches an und wird durch Flüchtlinge aus dem Krieg zwischen Russland und der Ukraine erweitert. In der akuten Krisensituation des Jahres 2015 entschied sich Merkel mit Rücksicht auf innenpolitische Präferenzen gegen den Schutz der Landesgrenzen. Ihre Entscheidung entsprach nicht den Werten von CDU und CSU – in starker Anlehnung an die Bail-out-Entscheidung von 2010. Aber anders als 2010 war das Parlament nicht einmal beteiligt: Zur Kritik von Verfassungsrechtlern, die argumentieren, dass wesentliche Entscheidungen der Regierung der parlamentarischen Unterstützung bedürfen, stimmte der Bundestag nicht über die Migrationspolitik ab. Parteiinterner Widerstand wurde im Keim erstickt, wie ich ab 2016 am eigenen Leibe erlebte.

Die politischen Auswirkungen der Migrationskrise gingen in dieselbe Richtung und verstärkten die Auswirkungen der Eurokrise. Die konservativen Positionen in der CDU und CSU wurden geschliffen, wodurch sich die AfD im politischen Spektrum Deutschlands etablieren konnte. Eine Zeit lang konnten die Unionsparteien mehr Wähler mit Mitte-Links-Orientierung anziehen, als sie auf der rechten Seite verloren, aber dieser Effekt war nicht von Dauer. Die Wahlabstinenz stieg in einem fast ungebrochenen Trend an, da unterprivilegierte Teile der Bevölkerung eine Repräsentationslücke erfuhren – bis schließlich die Bereitschaft wuchs, bei Wahlen gegen das Establishment zu stimmen.[13]

Ein ähnlicher, wenn nicht sogar noch ausgeprägterer Effekt war auf der anderen Seite des Ärmelkanals zu beobachten, wo die Brexit-Bewegung nicht zuletzt aufgrund der Art und Weise, wie die EU und Deutschland mit den verschiedenen Krisen umgingen, an Schwung gewinnen konnte. Wie ein Beamter des britischen Finanzministeriums in London mir einmal anvertraute:»Ihr habt mehr dafür getan, dass Griechenland in der Eurozone bleibt, als dass das Vereinigte Königreich in der EU bleibt.« Der Brexit war ein strategisches Desaster für Deutschland, nicht nur in Bezug auf den Handel, sondern auch im Hinblick auf die Tatsache, dass Großbritannien und Deutschland früher stark übereinstimmende haushalts-, wirtschafts- und finanzpolitische Präferenzen hatten. Zusammen brauchten sie nur einen weiteren EU-Mitgliedstaat, um eine Sperrminorität im EU-Rat zu bilden. Nach dem Brexit ist es für südliche EU-Mitgliedstaaten viel einfacher geworden, Mehrheiten gegen Deutschland zu formieren – nicht nur im EU-Rat, sondern auch in anderen EU-Gremien wie der EIB.

Im Jahr 2020 kam mit der Covid-Pandemie eine weitere Krisen-schicht auf dem Baumkuchen hinzu. Diese Episode ist das deut-lichste Beispiel für das Regieren per Durchwurschteln, wenn man davon ausgeht, dass bei Ausbruch der Pandemie keinerlei Informa-tionen über die Letalität des SARS-CoV-2-Virus vorlagen. Ähnlich wie beim Ausbruch der Eurokrise gab es eine Phase der Verleugnung, als beispielsweise im Rheinland noch Karneval gefeiert wurde und Gesundheitsbeamte und Politiker erklärten, dass Gesichtsmasken nutzlos seien. Die Kehrtwende im März 2020 mit dem brutalen Lockdown war abrupt, schien aber gerechtfertigt, wenngleich zu spät. Die Härte der Covid-Politik wurde schnell pfadabhängig, ähn-lich wie bei der Rettungspolitik im Jahr 2010. Doch weit stärker als in der Eurokrise kam es in Deutschland zu einer dogmatischen Monopolisierung des öffentlichen Diskurses – unter bewusster Missachtung liberaler Beispiele wie Schweden und unter moralischer Diffamierung abweichender Expertenbeiträge. Sowohl die Medien als auch der staatliche Rundfunk zeigten eine bemerkenswerte Gleichförmigkeit, und der allgemeine Grad an Konformismus in der deutschen Gesellschaft war beunruhigend. Vor allem aber führten die tatsächlichen oder vermeintlichen Anforderungen der Seuchenbekämpfung zu schwerwiegenden Eingriffen in die Versammlungs- und Demonstrationsfreiheit und schränkten die bürgerlichen Freiheiten in vielerlei Hinsicht ein. Die Covid-Krise führte zu einem *muddling through* in seiner reinsten Form: Politische Maßnahmen wurden in rascher Folge schrittweise verschärft, und durch die Unterdrückung abweichender Stimmen wurde jedes Mal auf schnellstem Wege eine Einigung als einziger Test für eine »gute« Politik erzielt. Diese Einigung wurde routinemäßig durch ein Gremium herbeigeführt, das in Deutschland formal nicht einmal eine verfassungsrechtliche Grundlage hatte, eine Schaltkonferenz zwischen der Bundeskanzlerin und den Ministerpräsidenten der Bundesländer.

Regieren per Durchwurschteln

Welche Art des Regierens herrschte in Deutschland und in der EU zum Zeitpunkt der Eurokrise vor? Hat nach »Steuerung« in den 1980er-Jahren[14] und dem »Governance-Turn« in den 1990er-Jahren[15] das Zeitalter der »Polykrise«[16] einen anderen Typus politischer Herrschaft hervorgebracht? Brauchen wir nach »Problemlösungsfähigkeit«, »Interaktionsformen« und »Regulierungsstaat« einen neuen konzeptionellen Ansatz, um die Politikgestaltung in Deutschland und Europa zu verstehen?

Ich habe gezeigt, dass die Eurokrise – als eine Krisenschicht unter vielen auf dem Baumkuchen der Polykrise – Teil eines Wandels in der Art des Regierens ist, weg vom »Mehrebenensystem« und hin zum *muddling through*. Die Institutionen der Multi-Level-Governance bleiben bestehen, werden aber durch komplexe Situationen, die sich ihrer Kontrolle entziehen, überfordert. Durchwurschteln ist, wie Lindblom argumentiert, der bevorzugte Weg, mit Komplexität umzugehen. Die Akteure auf staatlicher und europäischer Ebene befinden sich in einem verzweifelten Prozess von Versuch und Irrtum. »Fahren auf Sicht« ist eine recht treffende und bekannte Selbstbeschreibung des politischen Lebens in Deutschland während des Krisenmanagements.[17]

Im »Nebel der Krise« – in Anlehnung an den *fog of war* – kann Inkrementalismus die einzige Möglichkeit sein, überhaupt zu konkreten Entscheidungen zu gelangen. Als solcher ist er nicht per se problematisch. Ein Problem entsteht jedoch, wenn die Krise so beschaffen ist, dass ihre Ursachen in wichtigen strukturellen, institutionellen und architektonischen Mängeln liegen. Ich habe argumentiert, dass dies bei der WWU der Fall ist. Ein inkrementeller Ansatz bei der Politikgestaltung sollte nicht die Chancen übersehen, welche die Krise für die Behebung solch grundlegender Probleme mit sich bringt. Es gilt das viel zitierte Wort der Krise als Chance.

Allerdings suggeriert Lindbloms Gegenüberstellung der »Zweigmethode« und der »Wurzelmethode« eine falsche Dichotomie. Bei der Staatskunst geht es weder um die eine noch um die andere Methode – stattdessen muss der Staatsmann tiefgreifend über die strategische Vision nachdenken, die seine schrittweisen, taktischen Schritte leiten sollte – und für die Staatsfrau an der Spitze gilt das gleichermaßen. Andernfalls ist ein Durchwurschteln ohne strategische Vision gleichbedeutend mit einer schiefen Ebene. Wie Lindblom selbst zugibt, birgt das Durchwurschteln die sehr ernste Gefahr, die er als Beagle Fallacy bezeichnet: Sie bezieht sich auf die begrenzte Sichtweise eines Beagle-Hundes, der zwar einen ausgezeichneten Geruchssinn hat, aber durch seine schlechte Sehkraft möglicherweise Beute übersieht, die direkt vor ihm steht, wenn diese sich im Windschatten befindet. Übertragen auf den politischen Kontext bedeutet die Beagle Fallacy, dass durch die Konzentration auf schrittweise, kleine Veränderungen, Inkrementalismus also, das übergeordnete Ziel oder eine breitere Vision aus den

Augen verlorengehen kann. Organisationen oder politische Entscheidungsträger riskieren, wichtige Veränderungen oder größere Bedrohungen zu übersehen, weil sie sich nur auf unmittelbare, kleinere Anpassungen konzentrieren.

Nach und nach entstehen in Europa neue Institutionen, die das ursprüngliche System der Multi-Level-Governance ergänzen. Die wichtigsten davon sind zwischenstaatlich, aber auch die Gemeinschaftsebene wird schrittweise gestärkt. Das *muddling through* bringt auch die manchmal sehr plötzliche und drastische Abkehr von zentralen Positionen in politischer und rechtlicher Hinsicht mit sich – wie etwa die No-Bail-out-Klausel. Der Aufbau solcher Institutionen und ein tiefgreifender politischer Wandel zeigen, dass politische Entscheidungen an kritischen Punkten Pfadabhängigkeit schaffen. Eine Krisensituation ist fast per Definition ein derartiger kritischer Punkt. In der Krise getroffene politische Entscheidungen sind oft fest verankert, nicht zuletzt auf institutioneller Ebene. Die in diesem Buch beschriebenen Fälle sind dafür beispielhaft.

Inkrementelle Schritte können zu tiefgreifenden Veränderungen führen – manchmal wird dies mit einer Salamitaktik verglichen. Das Durchwurschteln in der Krise führt zu drastischen und plötzlichen politischen Veränderungen, in diesem Fall insbesondere im Widerspruch zu den langgehegten Werten der Unionsparteien CDU und CSU. Unter der Dringlichkeit der Krise wird die gesamte deutsche politische rechte Mitte gefügig gemacht und hierarchisch gezwungen, die Ergebnisse der merkelschen Politik zu akzeptieren und sie im Parlament und im öffentlichen Diskurs zu unterstützen. Folglich gibt es keine Entscheidungsfindung von unten nach oben oder die von Lindblom favorisierte »Polyarchie« mehr, sondern eine reine Top-down-Steuerung mit starken Tendenzen zur Oligarchie. Abweichungen werden sanktioniert, zunehmend unter moralischen Gesichtspunkten und zunehmend auch in der breiteren Sphäre des öffentlichen Diskurses.

Zum Zeitpunkt der Abfassung dieses Berichts ist keineswegs klar, ob sich die politische Mitte-Rechts jemals wieder erholen wird und was dies für die Aussichten der Demokratie in Deutschland bedeuten könnte. Demokratien können sterben.[18] Das Durchwurschteln hat per se nichts Demokratisches an sich. Es kann autoritäre Herrschaftsformen beinhalten oder sogar zu ihnen hinführen. Durchwurschteln ist nicht mit schwacher Macht zu verwechseln – eher das Gegenteil ist der Fall. Wie wir in diesem Buch gesehen haben, blieb die deutsche Bundeskanzlerin nicht nur die zentrale Figur im politischen System, sondern Merkel genoss in der Praxis sogar einen beträchtlichen Machtzuwachs, indem sie ihren Regierungsstil des *muddling through* verfolgte.

Diejenigen, die sich um die Vitalität der repräsentativen und parlamentarischen Demokratie sorgen, können sich mit Fug und Recht fragen, ob die Merkel-Ära dauerhafte Schäden in unserer politischen Kultur verursacht hat. Besonders bemerkenswert ist, dass nicht nur die staatlich finanzierten Medien, sondern auch die freie Presse auf die Linie der Regierung eingeschwenkt sind. Die meistgelesene regierungskritische Zeitung während der Eurokrise war noch die *Frankfurter Allgemeine Zeitung* – bis hin zu dem Punkt, dass Finanzminister Schäuble sich lange weigerte, von dieser Zeitung überhaupt noch interviewt zu werden. Aber diese kritische Rolle einer der größten deutschen Zeitungen verschwindet beispielhaft in den späteren Phasen des Durchwurschtelns. Die Uniformität der Medien spiegelt und verstärkt eine Stromlinienförmigkeit der Gesellschaft insgesamt.

muddling through, wie es in diesem Buch beschrieben wird, erstickt das öffentliche Forum und verwandelt den »Body Politic« – den Leviathan – in einen Schwarm. Dieser Prozess wird durch die sogenannten sozialen Medien und die Rolle der kulturellen und akademischen Elemente der Gesellschaft erheblich verstärkt. Die Interaktion zwischen der politischen Ebene, den Medien, der Kultur, der Wissenschaft und der digital einwilligenden, lautstarken Mehrheit des Volkes wird zu einer sich selbst verstärkenden Rückkopplungsschleife. Die Feindseligkeit gegenüber Andersdenkenden wächst. Sie verlieren ihren Arbeitsplatz und ihr Ansehen, und einer nach dem anderen verstummt. Eine autoritäre Herrschaftsform ist das durchaus mögliche Ende des Durchwurschtelns – aber kein notwendiges. Es liegt an uns.

Abkürzungen

AfD: Alternative für Deutschland
BaFin: Bundesanstalt für Finanzdienstleistungsaufsicht
BIZ: Bank für Internationalen Zahlungsausgleich
CAC: Kollektive Handlungsklausel
CCSF: Gemeinsamer Währungsstabilisierungsfonds
CDS: Kreditausfalltausch
CDU: Christlich Demokratische Union
CSU: Christlich Soziale Union
DG-ECFIN: Generaldirektion Wirtschaft und Finanzen
DSA: Analyse der Schuldentragfähigkeit
EBA: Europäische Bankaufsichtsbehörde
ECOFIN: Ministerrat für Wirtschaft und Finanzen
EDP: Verfahren bei einem übermäßigen Defizit
EFC: Wirtschafts- und Finanzausschuss
EFSF: Europäische Finanzstabilisierungsfazilität
EFSI: Europäischer Fonds für strategische Investitionen
EFSM: Europäischer Finanzstabilisierungsmechanismus
EIB: Europäische Investitionsbank
EIOPA: Europäische Aufsichtsbehörde für Versicherungswesen und
betriebliche Altersversorgung
ELA: Notfall-Liquiditätshilfe
EMF: Europäischer Währungsfonds
EMS: Europäisches Währungssystem
EPC: Wirtschaftspolitischer Ausschuss
ESM: Europäischer Stabilitätsmechanismus

ESMA: Europäische Wertpapier- und Marktaufsichtsbehörde
ESRB: Europäischer Ausschuss für Systemrisiken
ESZB: Europäisches System der Zentralbanken
EU: Europäische Union
Eurostat: Europäisches Statistisches Amt
EUSF: Solidaritätsfonds der Europäischen Union
EWG: Eurogruppen-Arbeitsgruppe
EZB: Europäische Zentralbank
FSB: Rat für Finanzstabilität
FTS: Finanztransaktionssteuer
IWF: Internationaler Währungsfonds
KfW: Kreditanstalt für Wiederaufbau
KOM: Europäische Kommission
NATO: North Atlantic Treaty Organization
NRW: Nordrhein-Westphalen
OMO: Offenmarktgeschäft
SBRM: Mechanismus zur Umstrukturierung von Staatsanleihen
SDRM: Mechanismus zur Umstrukturierung von Staatsschulden
SMP: Programm für Wertpapiermärkte
SoFFin: Sonderfonds Finanzmarktstabilisierung
SPD: Sozialdemokratische Partei Deutschlands
SPV: Zweckgesellschaft
SRB: Single Resolution Board
SRF: Einheitlicher Auflösungsfonds
SSM: Einheitlicher Aufsichtsmechanismus
SWP: Stabilitäts- und Wachstumspakt
TFEU: Vertrag über die Arbeitsweise der Europäischen Union
TINA: There is no alternative (Es gibt keine Alternative)
USA: Vereinigte Staaten von Amerika
USD: US-Dollar
WWU: Wirtschafts- und Währungsunion

Literatur

Alexander, Robin: *Die Getriebenen. Merkel und die Flüchtlingspolitik: Report aus dem Innern der Macht.* München: Siedler, 2017.

Beck, Ulrich, und Edgar Grande:»Empire Europa: Politische Herrschaft jenseits von Bundesstaat und Staatenbund«, *Zeitschrift für Politik* 4/2005, S. 397–420.

Beckert, Jens, und Lukas Arndt:»The Greek Tragedy Narratives and Imagined Futures in the Greek Sovereign Debt Crisis«, *MPIfG Discussion Paper* 4/2024, https://pure.mpg.de/rest/items/item_3592041_1/component/file_3592429/content.

Bertelsmann Stiftung (Hg.): *Managing the Crisis. A comparative analysis of economic governance in 14 countries.* Gütersloh: Bertelsmann Stiftung, 2010, http://www.eeg.ru/files/managcris_de.pdf.

Crecine, John P., und Aaron Wildavsky: *The Political Economy of the Budgetary Process.* Chicago: Markham Publishing Company, 1972.

Elsässer Lea, Svenja Hense und Armin Schäfer:»Government of the People, by the Elite, for the Rich: Unequal Responsiveness in an Unlikely Case«, *MPIfG Discussion Paper* 5/2018, https://pure.mpg.de/rest/items/item_2598861_4/component/file_2599529/content.

Enderlein, Henrik: *Nationale Wirtschaftspolitik in der europäischen Währungsunion.* Frankfurt a. M.: Campus, 2004.

Hauptmeier, Sebastian, Martin Heipertz und Ludger Schuknecht:»Expenditure Reform in Industrialised Countries: A Case-Study Approach«, *Fiscal Studies* 3/2007, https://papers.ssrn.com/sol3/papers.cfm?abstract_id=1061835.

Heipertz, Martin: *How strong was the Bundesbank? A Case Study of Policy-Making of German and European Monetary Union.* Brüssel: CEPS, 2001, https://www.ceps.eu/ceps-publications/how-strong-was-bundesbank-case-study-policy-making-german-and-european-monetary-union.

Heipertz, Martin: *Der Europäische Stabilitäts- und Wachstumspakt: Institutionendesign im Selbstbindungsdilemma.* Köln: Universität, 2005, https://kups.ub.uni-koeln.de/1446/1/Dissertation_Heipertz_KUPS.pdf.

Heipertz, Martin, und Amy Verdun: *Ruling Europe. The Politics of the Stability and Growth Pact.* Cambridge: Cambridge University Press, 2010.

Hübner, Marina: *Wenn der Markt regiert. Die Politische Ökonomie der Europäischen Kapitalmarktunion.* Frankfurt a. M.: Campus, 2019.

Kindleberger, Charles P.: *The World in Depression, 1929–1939. History of the World Economy in the Twentieth Century* 4. Berkeley/Los Angeles: University of California Press, 1973.

Kohler-Koch, Beate, und Berthold Rittberger: »The ›Governance‹ Turn‹ in EU Studies«, *Journal of Common Market Studies*, Annual Review, 2006, S. 27–49.

Levitsky, Steven, und Daniel Ziblatt: *How Democracies Die.* Harlow: Penguin, 2019.

Lindblom, Charles E.: »The Science of ›Muddling Through‹«, *Public Administration Review* 1959, S. 237–248, https://www.jstor.org/stable/973677?origin=crossref.

Macho, Thomas: »Schuld und Schulden – Wie moralisch ist die Ökonomie?«, *Aus Politik und Zeitgeschichte,* 2016, https://www.bpb.de/shop/zeitschriften/apuz/218005/schuld-und-schulden.

Mayntz, Renate: »Politische Steuerung und gesellschaftliche Steuerungsprobleme – Anmerkungen zu einem theoretischen Paradigma«, *Jahrbuch zur Staats- und Verwaltungswissenschaft,* 1987, S. 89–110.

Mayntz, Renate, und Fritz W. Scharpf (Hg.): *Gesellschaftliche Selbstregelung und politische Steuerung.* Frankfurt a. M.: Campus, 1995.

Mérand, Frédéric: *The Political Commissioner: A European Ethnography*. Oxford: Oxford University Press, 2021.

Morin, Edgar, und Anne Brigitte Kern: *Homeland Earth. A Manifesto for the New Millenium. Advances in Systems Theory, Complexity, and the Human Sciences*. Cresskill, N. J: Hampton Press, 1999.

Richter, Heinz A.: *Geschichte Griechenlands im 20. Jahrhundert, Band 2, 1939–2004*. Ruhpolding: Rutzen, 2015.

Sargent, Thomas J., und Neil Wallace: »Some Unpleasant Monetarist Arithmetic«, *Federal Reserve Bank of Minneapolis Quarterly Review* 3/1981, S. 1–17.

Scharpf, Fritz W.: »The European social model«, *Journal of Common Market Studies* 4/2002, S. 645–670.

Scharpf, Fritz W.: »Legitimacy in the multilevel European polity«, *European Political Science Review* 2/2009, S. 173–204.

Schäuble, Wolfgang: *Erinnerungen. Mein Leben in der Politik*. Stuttgart: Klett-Cotta, 2024.

Schuknecht, Ludger: *Public Spending and the Role of the State: History, Performance, Risk and Remedies*. Cambridge: Cambridge University Press, 2021.

Schuknecht, Ludger, und Vincent Siegerink: »The political economy of the G20 agenda on financial regulation«, *European Journal of Political Economy* 2020, https://doi.org/10.1016/j.ejpoleco.2020.101941.

Simon, Herbert A.: *Administrative Behavior: A Study of Decision-Making Processes in Administrative Organizations*. New York: Macmillan, 1947.

Sinn, Hans-Werner: *The Economics of Target Balances*. London: Palgrave Macmillan, 2020.

Varoufakis, Yanis: *Adults in the Room. My battle with Europe's deep establishment*. London: The Bodley Head, 2017.

Wildavsky, Aaron: *The Politics of the Budgetary Process*. Boston: Little, Brown and Company, 1964.

Zohlnhöfer, Reimut: »Between a Rock and a Hard Place: The Grand Coalition's Response to the Economic Crisis«, *German Politics* 2/2011, S. 227–242, DOI: 10.1080/09644008.2011.582100.

Anmerkungen

Vorwort

1 Zum Beispiel https://internationalepolitik.de/de/was-fuer-ein-hegemon.
2 Siehe https://www.ecb.europa.eu/press/key/date/2012/html/sp120726.en.html.
3 *The Telegraph*, 8. Mai 2010.
4 Siehe https://podcasts.ox.ac.uk/after-crash-restoring-economic-growth.
5 Siehe https://dserver.bundestag.de/btp/17/17042.pdf#P.4125.
6 Siehe https://dserver.bundestag.de/btp/17/17039.pdf.
7 Siehe https://archive.vn/20180320091111/http://archive.defense.gov/Transcripts/Transcript.aspx?TranscriptID=2636.
8 Siehe Schäuble (2024).

1 Einführung und etwas Theorie

1 Siehe Heipertz/Verdun (2010).
2 Siehe https://ec.europa.eu/economy_finance/publications/european_economy/2010/pdf/ee-2010-1_en.pdf.
3 Siehe Schäuble (2024).
4 Siehe Schäuble (2024).
5 Siehe Mayntz (1987) sowie Mayntz/Scharpf (1995).
6 Siehe Kohler-Koch/Rittberger (2006).
7 Siehe Morin (1999).
8 Lindblom (1959).
9 Wildlavsky (1964).
10 Crecine (1972).

2 Merkel prokrastiniert

1 Siehe https://www.ecb.europa.eu/pub/pdf/annrep/ar2010en.pdf.
2 Siehe Richter (2015).

3 Heipertz/Verdun (2010).

4 Europäische Zentralbank (2010).

5 Siehe *Frankfurter Allgemeine Zeitung*, 4. Juni 2010.

6 Siehe https://www.bundesverfassungsgericht.de/SharedDocs/Entscheidungen/DE/2010/05/rs20100507_2bvr098710.html.

7 Siehe https://www.gesetze-im-internet.de/euzbbg_2013/BJNR2170000 13.html#:~:text=%C2%A7%201%20Mitwirkung%20des%20Bundesta ges,zum%20fr%C3%BChestm%C3%B6glichen%20Zeitpunkt%20 zu%20unterrichten.

8 Siehe Schäuble (2024).

9 Siehe http://www.bverfg.de/e/rs19980331_2bvr187797.html.

10 Siehe https://www.bundesbank.de/resource/blob/691524/47af4189b2d 15ae6c9edbaeof63091c6/mL/1998-04-konvergenzlage-data.pdf.

11 Zum Beispiel Scharpf (2002) und Enderlein (2004).

12 Siehe https://www.deutsche-finanzagentur.de/fileadmin/user_upload/ Pressemitteilung/dt/2019/2019-07-01_pm05_Jahresabschluss_FMS_ dt.pdf.

13 Siehe Bertelsmann Stiftung (2010), Zohlnhöfer (2011), Schuknecht/ Siegerink (2020) und Schuknecht (2021).

14 Siehe https://www.bis.org/publ/qtrpdf/r_qt1006y.htm.

15 Siehe https://www.consilium.europa.eu/media/20485/112856.pdf.

16 Siehe https://www.bundesbank.de/resource/blob/706992/b70256499 02da9f90a9bd88f04c8348b/mL/2010-03-monthly-report-data.pdf, Seite 60.

17 Siehe Schäuble (2024).

18 *Welt am Sonntag*, 7. März 2010.

19 *Financial Times Deutschland*, 8. März 2010.

20 Siehe https://www.dw.com/de/bundesregierung-treibt-ewf-pl%C3%A4 ne-voran/a-5340783.

21 *Frankfurter Allgemeine Zeitung*, 12. März 2010.

22 Ebenda.

23 Ebenda.

24 Ebenda.

25 *Financial Times*, 12. März 2010 (eigene Übersetzung).

26 Siehe Schäuble (2024).

27 *Handelsblatt*, 12. März 2010.

28 Siehe https://dserver.bundestag.de/btp/17/17032.pdf.

29 Siehe Schäuble (2024).

30 Siehe https://dserver.bundestag.de/btp/17/17030.pdf.

31 *Wall Street Journal*, 18. März 2010 (eigene Übersetzung).

32 Ebenda.

33 Ebenda.

34 Siehe Schäuble (2024).

35 Ebenda.

36 Siehe beispielsweise Macho (2016).
37 Siehe https://www.consilium.europa.eu/media/21429/20100325-state
ment-of-the-heads-of-state-or-government-of-the-euro-area-en.pdf (eigene Übersetzung).
38 Ebenda.
39 *Handelsblatt*, 19. März 2010.
40 *Wall Street Journal*, 19. März 2010 (eigene Übersetzung).
41 *Frankfurter Allgemeine Zeitung*, 30. März 2010.
42 Siehe https://www.ecb.europa.eu/press/pr/date/2010/html/pr100408
_1.en.html.
43 Deutsche Welle, 12. April 2010, https://www.dw.com/en/euro-zone-of
fers-greece-lifeline/a-5456148.
44 *Frankfurter Allgemeine Zeitung*, 12. April 2010.
45 *Frankfurter Allgemeine Zeitung*, 13. April 2010.
46 *Frankfurter Allgemeine Zeitung*, 16. April 2010.
47 *Welt*, 16. April 2010.
48 *Handelsblatt*, 22. April 2010.
49 *Frankfurter Allgemeine Zeitung*, 28. Dezember 2013.
50 SWR2 Tagesgespräch, 16. April 2010.
51 Eigene Übersetzung. Siehe https://www.marketwatch.com/story/greece-
formally-requests-financial-rescue-reports-2010-04-23.

3 Der schwere Entschluss

1 Siehe https://www.ft.com/content/35fe6cfe-4ec7-11df-abb5-00144feab49a.
2 *Frankfurter Allgemeine Zeitung*, 26. April 2010.
3 Siehe Schäuble (2024).
4 Ebenda.
5 Ebenda.
6 Alle Zitate aus *Bild am Sonntag*, 25. April 2010.
7 Ebenda.
8 *International Herald Tribune*, 26. April 2010 (eigene Übersetzung).
9 Siehe https://www.gesetze-im-internet.de/wfstg/BJNR053700010.html.
10 Siehe https://www.ecb.europa.eu/press/pr/date/2010/html/pr100503.
en.html (eigene Übersetzung).
11 *Handelsblatt* 28. April 2010.
12 *Tagesspiegel*, 13. Februar 1998.
13 *Financial Times*, 27. April 2010.
14 *Börsen-Zeitung*, 27. April 2010.
15 *Frankfurter Allgemeine Zeitung*, 19. März 2010.
16 Siehe https://www.ft.com/content/a7a677d8-230d-11df-a25f-00144feab
49a.

17 Siehe https://www.zeit.de/wirtschaft/2010-04/deutsche-bank-griechen land.

18 Siehe https://www.consilium.europa.eu/media/25673/20100502-euro group_statement_greece.pdf (eigene Übersetzung).

19 Zum Beispiel *Zeit Online*, 4. Mai 2010.

20 Siehe https://dserver.bundestag.de/btp/17/17039.pdf.

21 Ebenda.

22 *Handelsblatt*, 1. Juni 2010.

23 Zum Beispiel die Frage 7 im Folgenden: https://dserver.bundestag.de/btd/17/063/1706312.pdf.

24 Siehe https://www.tweedekamer.nl/downloads/document?id=1ee72c0 c-4d2e-4aec-9626-2b2be0e5e03a&title=Assessment%20of%20the% 20programme%20parameters%20underlying%20the%20external %20financial%20support%20to%20Greece.pdf (eigene Übersetzung).

25 Siehe https://www.imf.org/external/pubs/ft/scr/2010/cr10110.pdf (eigene Übersetzung).

26 Siehe https://dserver.bundestag.de/btd/17/015/1701544.pdf.

27 Siehe https://dserver.bundestag.de/btd/17/016/1701641.pdf.

28 Siehe https://www.bundesrat.de/SharedDocs/downloads/DE/plenarpro tokolle/2010/Plenarprotokoll-869.pdf?__blob=publicationFile&v=4.

29 *Tagesspiegel*, 4. Juli 2010.

30 Siehe https://www.irishstatutebook.ie/eli/2010/act/7/schedule/1/enac ted/en/html.

31 Siehe https://www.irishstatutebook.ie/eli/2010/act/7/schedule/2/enac ted/en/html.

32 Siehe https://eur-lex.europa.eu/legal-content/EN/TXT/?uri=uriserv%3 AOJ.L_.2010.145.01.0006.01.ENG&toc=OJ%3AL%3A2010%3A145%3 ATOC.

33 Zum Beispiel https://www.imf.org/external/pubs/ft/scr/2010/cr10111. pdf und https://ec.europa.eu/economy_finance/publications/occasio nal_paper/2010/pdf/ocp61_en.pdf.

34 Siehe http://www.bverfg.de/e/rs20100507_2bvr098710.html.

35 Siehe http://www.bverfg.de/e/rs20110907_2bvr098710.html.

4 Windstärke 12

1 *Focus* und *Frankfurter Allgemeine Zeitung*, 10. Mai 2010.

2 Siehe https://www.consilium.europa.eu/media/21430/20100507-state ment-of-the-heads-of-state-or-government-of-the-euro-area-en.pdf (eigene Übersetzung).

3 Siehe Alexander (2017).

4 Siehe Schäuble (2024).

5 Siehe Heipertz (2001 und 2005).

6 Siehe https://web.archive.org/web/20110928064140/http://www.cducsu
.de/upload/schaeublelamers94.pdf.

7 Vorschlag der Kommission: https://eur-lex.europa.eu/legal-content/
EN/TXT/?uri=COM%3A2010%3A2010%3AFIN Final: https://eur-lex.
europa.eu/legal-content/EN/TXT/?qid=1484663483987&uri=CE
LEX:32010R0407.

8 Siehe https://eur-lex.europa.eu/eli/reg/2002/332/oj.

9 Siehe Schäuble (2024).

10 Siehe https://www.consilium.europa.eu/uedocs/cms_data/docs/press
data/en/ecofin/114324.pdf (eigene Übersetzung).

11 *The Telegraph*, 8. Mai 2010 (eigene Übersetzung).

12 Siehe Anmerkung 111.

13 *Focus*, 10. Mai 2010.

14 *Frankfurter Allgemeine Zeitung*, 19. Februar 2010.

15 Siehe Schäuble (2024).

16 *Frankfurter Allgemeine Zeitung*, 11. Mai 2010.

17 Siehe Schäuble (2024).

18 Zu einer spieltheoretischen Abhandlung über sogenannte Tit-for-Tat-
Interaktionen der EZB siehe Hübner (2019).

19 Siehe https://www.ecb.europa.eu/press/pr/date/2010/html/pr100510.
en.html (eigene Übersetzung).

20 Sargent/Wallace (1981).

21 Siehe Schäuble (2024).

22 Zur »politischen Kommission« siehe Mérand (2021).

23 *Le Point*, 21. Juni 2024.

24 Siehe https://www.cap.lmu.de/download/2011/JB_2011_Bilanz_Ender
lein.pdf.

25 Hans-Werner Sinn (2020), siehe auch Kapitel 7.

26 Siehe https://www.ecb.europa.eu/mopo/pdf/SMP_breakdown_history.
csv?2383121633ce6b0629a608d3091e9f6e.

27 *Frankfurter Allgemeine Zeitung*, 18. Mai 2010.

28 *Wall Street Journal*, 30. Juni 2010.

29 *Spiegel*, 31. Mai 2010.

30 *Frankfurter Allgemeine Zeitung*, 4. Juni 2010.

31 *Börsen-Zeitung*, 11. Mai 2010.

32 Siehe https://dserver.bundestag.de/btp/17/17042.pdf#P.4125.

33 Siehe https://dserver.bundestag.de/btp/17/17044.pdf.

34 Siehe https://www.bundestag.de/parlament/plenum/abstimmung/ab
stimmung?id=113.

35 Siehe https://dserver.bundestag.de/btd/17/022/1702223.pdf.

36 Siehe Schäuble (2024).

37 *Financial Times Deutschland*, 21. Mai 2010.

38 Siehe https://www.consilium.europa.eu/uedocs/cms_data/docs/pressda
ta/en/misc/114977.pdf.

39 Siehe https://www.tandfonline.com/doi/full/10.1080/13569775.2023.2
195693#d1e125.
40 Siehe https://www.piie.com/publications/chapters_preview/6857/01iie
6857.pdf.
41 Siehe https://www.esm.europa.eu/sites/default/files/20111019_efsf_
framework_agreement_en.pdf.
42 Siehe https://www.esm.europa.eu/press-releases/efsf-becomes-fully-
operational-0.
43 Siehe https://www.jura.uni-hamburg.de/media/die-fakultaet/personen/
hirte-heribert/ecfr/6/sester.pdf.
44 Siehe https://legalblog.ie/efsf/.
45 Siehe http://www.g20.utoronto.ca/2010/g20finance100605.html.
46 Siehe http://www.bverfg.de/e/rs20100609_2bvr109910.html.
47 Siehe https://www.ardmediathek.de/video/tagesschau/tagesschau-20-
00-uhr/das-erste/Y3JpZDovL2Rhc2Vyc3RlLmRlL3RhZ2Vzc2NoYXU
vODBkOTc4MmEtNTNlNC00OTUwLThjYzItNjY1OTI3ODc3NTA1.
48 Hauptmeier/Heipertz/Schuknecht (2007).
49 *Frankfurter Allgemeine Zeitung*, 8. August 2010.

5 Kein Land in Sicht

1 Siehe https://www.ecb.europa.eu/pub/pdf/other/art1_mb201103en_
pp99-119en.pdf.
2 Siehe Beck/Grande (2005).
3 Siehe Scharpf (2009).
4 Siehe https://www.consilium.europa.eu/media/21369/qc3010507enc.
pdf (eigene Übersetzung).
5 Siehe https://www.politik-kommunikation.de/politik/dieses-europa-
ist-eine-lachnummer.
6 Siehe https://www.bruegel.org/sites/default/files/private/wp_attach
ments/101109_BP_as_jpf_jvh_A_European_mechanism_for_sove
reign_debt_crisis_resolution_a_proposal.pdf.
7 Siehe https://www.brot-fuer-die-welt.de/fileadmin/mediapool/blogs/Hanf
staengl_Eva/kaiser_berlin_23.1.14_praesentation.pdf.
8 Siehe https://www.sachverstaendigenrat-wirtschaft.de/fileadmin/datei
ablage/download/publikationen/arbeitspapier_04_2016.pdf.
9 Siehe https://www.fsb.org/work-of-the-fsb/implementation-monitoring/
reports-to-the-g20/mr_201006.
10 Siehe https://www.spiegel.de/international/europe/george-soros-says-
germany-must-change-course-on-euro-crisis-a-841061.html.
11 Siehe https://www.reuters.com/article/us-g20-obama-letter-text-idUS
TRE65H2NU20100618.
12 Siehe Schäuble (2024).

13 *Financial Times*, 24. Juni 2010.
14 Ebenda (eigene Übersetzung).
15 Ebenda (eigene Übersetzung).
16 Siehe https://ec.europa.eu/economy_finance/articles/euro/documents/com_2010_367_en.pdf.
17 *Börsen-Zeitung*, 1. Juli 2010.
18 Siehe https://www.eba.europa.eu/risk-and-data-analysis/risk-analysis/eu-wide-stress-testing/eu-wide-stress-testing-2010.
19 Siehe https://ec.europa.eu/commission/presscorner/detail/en/IP_10_1059 (eigene Übersetzung).
20 Siehe https://www.consilium.europa.eu/media/27405/117236.pdf.
21 Siehe https://www.consilium.europa.eu/uedocs/cms_data/docs/press data/en/ec/117496.pdf.

6 Irland – der Musterschüler fällt durch

1 Siehe https://www.ecb.europa.eu/press/pr/date/2010/html/pr101009.en.html.
2 Siehe https://archiv.bundesregierung.de/resource/blob/656922/478604/81cb5f72d691edaceood9e33c67c5a27/2010-10-19-erklaerung-gipfeltreffen-deauville-eng-data.pdf.
3 Siehe https://www.eu.dk/~/media/files/eu/franco_german_declaration.ashx?la=da (eigene Übersetzung).
4 Siehe https://www.cvce.eu/en/obj/press_briefing_by_nicolas_sarkozy_and_angela_merkel_deauville_18_october_2010-en-7e4c59e1-9277-45ae-a53a-eb5820478cd5.html.
5 Siehe https://www.sueddeutsche.de/politik/spekulationen-ueber-nachfolge-schaeubles-meisterschaft-der-buechsenspanner-1.1009121.
6 *Frankfurter Allgemeine Zeitung*, 19. Oktober 2010.
7 Siehe Stark (2001) sowie Heipertz/Verdun (2011).
8 *Süddeutsche Zeitung*, 19. Oktober 2010.
9 *Frankfurter Allgemeine Zeitung*, 20. Oktober 2010, Reuters, 21. Oktober 2010.
10 *Financial Times*, 20. Oktober 2010.
11 Siehe https://eur-lex.europa.eu/LexUriServ/LexUriServ.do?uri=CELEX:12002E104:EN:HTML.
12 *Frankfurter Allgemeine Zeitung*, 2. November 2010.
13 Varoufakis (2017).
14 Siehe https://www.ecb.europa.eu/pub/pdf/other/art2_mb201107en_pp71-84en.pdf.
15 Siehe https://op.europa.eu/en/publication-detail/-/publication/d3e77637-a963-11eb-9585-01aa75ed71a1/language-en.
16 *Spiegel*, 8. November 2010.

17 Siehe https://www.esm.europa.eu/system/files/document/20111019_efsf_framework_agreement_en.pdf.

18 *Spiegel*, 8. November 2010.

19 Siehe https://www.consilium.europa.eu/media/25732/117742.pdf (eigene Übersetzung).

20 Siehe https://www.consilium.europa.eu/media/25730/117744.pdf (eigene Übersetzung).

21 Siehe https://www.consilium.europa.eu/media/25731/117743.pdf (eigene Übersetzung).

22 *Frankfurter Allgemeine Zeitung*, 16. November 2010.

23 Ebenda.

24 Siehe https://www.theguardian.com/business/2010/nov/18/ireland-bailout-central-bank-governor (eigene Übersetzung).

25 Siehe https://www.consilium.europa.eu/media/25729/117898.pdf (eigene Übersetzung).

26 Eigene Übersetzung.

27 *Frankfurter Allgemeine Zeitung*, 17. November 2010.

28 Siehe https://www.bis.org/faq/ireland.htm.

29 *Frankfurter Allgemeine Zeitung*, 16. November 2010.

30 Siehe https://eur-lex.europa.eu/legal-content/EN/TXT/?qid=14846634 83987&uri=CELEX:32010R0407.

31 Siehe Hauptmeier/Heipertz/Schuknecht (2007).

32 *ZDF Berlin direkt*, 21. November 2010.

33 Siehe https://www.consilium.europa.eu/media/25727/118051.pdf (eigene Übersetzung).

34 Siehe https://www.imf.org/external/pubs/ft/scr/2010/cr10366.pdf.

35 Siehe https://ec.europa.eu/economy_finance/articles/eu_economic_situation/pdf/2010-12-07-mou_en.pdf.

36 *Financial Times Deutschland*, 29. November 2010.

37 Siehe https://www.consilium.europa.eu/uedocs/cms_data/docs/pressdata/en/ecofin/118050.pdf (eigene Übersetzung).

7 Durchwurschteln als Regierungsform

1 Siehe https://www.tagesschau.de/wirtschaft/kein-bankrott-athen100.html.

2 Siehe Beckert/Arndt (2024).

3 Siehe https://www.consilium.europa.eu/uedocs/cms_data/docs/pressdata/en/ecofin/129381.pdf.

4 Siehe http://www.g20.utoronto.ca/2011/2011-cannes-declaration-111104-en.html.

5 Siehe https://www.reuters.com/article/idINIndia-60370520111107.

6 Siehe https://www.nytimes.com/2011/07/12/business/global/italy-evo lves-into-eus-next-weak-link.html.
7 Siehe Schäuble (2024).
8 Siehe https://www.consilium.europa.eu/media/21548/20141020-ban king_union_-_relevant_ec_conclusions.pdf.
9 Sinn (2020).
10 Varoufakis (2017).
11 Siehe https://www.consilium.europa.eu/media/20353/20150712-euro summit-statement-greece.pdf.
12 Morin (1999).
13 Elsässer/Hense/Schäfer (2018).
14 Mayntz (1987) und Mayntz/Scharpf (1995).
15 Kohler-Koch/Rittberger (2006).
16 Morin (1999).
17 Siehe https://www.faz.net/agenturmeldungen/dpa/merkel-ueber-athen -krise-man-muss-auf-sicht-fahren-13677480.html.
18 Levitsky/Ziblatt (2019).